旅游企业人力资源管理创新路径研究

吴佩莹 鲍 军 ◎ 著

吉林大学出版社

·长春·

图书在版编目（CIP）数据

旅游企业人力资源管理创新路径研究 / 吴佩莹, 鲍军著. -- 长春：吉林大学出版社, 2024.9. -- ISBN 978-7-5768-4387-3

Ⅰ.F590.6

中国国家版本馆 CIP 数据核字第 20247TK866 号

书　　名	旅游企业人力资源管理创新路径研究
	LÜYOU QIYE RENLI ZIYUAN GUANLI CHUANGXIN LUJING YANJIU
作　　者	吴佩莹　鲍　军　著
策划编辑	殷丽爽
责任编辑	张宏亮
责任校对	杨　宁
装帧设计	守正文化
出版发行	吉林大学出版社
社　　址	长春市人民大街 4059 号
邮政编码	130021
发行电话	0431-89580036/58
网　　址	http://www.jlup.com.cn
电子邮箱	jldxcbs@sina.com
印　　刷	天津和萱印刷有限公司
开　　本	787mm×1092mm　1/16
印　　张	15
字　　数	270 千字
版　　次	2025 年 8 月　第 1 版
印　　次	2025 年 8 月　第 1 次
书　　号	ISBN 978-7-5768-4387-3
定　　价	72.00 元

版权所有　翻印必究

前 言

改革开放以来,中国旅游业作为最早开放的涉外行业之一,始终保持着快速和健康的发展态势。旅游业是劳动密集型行业,属于服务业。旅游的一切经营活动都围绕"人"这一中心展开。近年来,随着人们生活水平的不断提高,旅游业市场竞争越发激烈,当今旅游企业的竞争不只是旅游产品的竞争,更是人才的竞争,人才是构成企业核心竞争力的关键战略资源。人力资源管理在旅游企业中的地位与作用尤为重要,直接关系到旅游企业的生存与发展。近年来,旅游行业的快速发展为其带来了前所未有的机遇与挑战。一方面,旅游市场的持续扩大和消费者需求的多元化为旅游企业提供了广阔的发展空间;另一方面,行业内竞争的加剧、技术的快速进步,以及人才流动的日益频繁,也给旅游企业的人力资源管理带来了巨大压力。因此,如何有效管理人力资源、激发员工潜能、提升服务质量,已成为旅游企业亟待解决的关键问题。旅游企业有效的人力资源管理就是通过对旅游企业员工进行科学合理的选聘与调用,来充分挖掘员工的潜能,最大限度地调动他们的积极性,发挥他们的主观能动性及创造性,实现旅游服务创新的最终目标。

人力资源是指在一个国家或地区中,处于劳动年龄、未到劳动年龄和超过劳动年龄但具有劳动能力的人口之和。对人力资源的有效管理已成为企业的共同战略。人力资源管理职能在企业中的地位也日益重要。旅游企业管理要建立有效的现代企业管理体制和运行机制,使旅游企业快速可持续发展,真正起到支柱产业、重点产业和先导产业的作用,关键在于提高旅游企业人力资源管理与开发的效率。人力资源管理创新对于旅游企业的意义深远。首先,它是提升服务质量的关键。

通过优化人力资源配置，招聘并培养具备专业知识和服务技能的员工，旅游企业能够提升客户满意度，进而提升市场竞争力。其次，人力资源管理创新有助于构建高效团队。通过合理的人力资源配置和团队建设活动，可以促进部门间的沟通与协作，提高团队的整体执行力和应变能力。最后，创新的人力资源管理策略是旅游企业实现可持续发展的基础。通过不断培养和引进优秀人才，激励员工创新、创造，旅游企业能够在激烈的市场竞争中保持领先地位，实现长远发展。

旅游企业人力资源管理，是通过招聘、甄选、培训等管理形式对旅游企业相关人力资源进行有效运用，满足旅游企业当前及未来发展的需要，保证实现组织目标与成员的最大化发展。具体来说就是预测企业人力资源需求，制订人力需求计划、招聘选择人员并进行有效组织、考核绩效、支付报酬，进行有效激励、结合企业与个人需要进行有效开发以便实现最优绩效的全过程。在行业快速发展的过程中，旅游企业人力资源管理也有着典型的特点和发展趋势，通过梳理，笔者发现其主要体现在以下五方面：一是灵活用工趋势增强和人才多元化趋势增强。随着旅游市场的快速变化和消费者需求的多样化，旅游企业将更倾向于采用灵活用工模式，如远程办公、兼职、项目制合作等，以应对市场波动和降低人力成本。这种趋势不仅提高了企业的运营效率，也满足了员工对于工作灵活性的需求。旅游企业将更加注重构建多元化的人才结构，包括不同年龄段、不同专业背景、不同技能水平的人才。这种多元化的人才结构有助于企业更好地适应市场变化，提升服务质量和创新能力。二是数字化与智能化技术对人力资源管理提出了更高要求。旅游企业将加大在人力资源信息系统（HRIS）上的投入，通过数字化手段实现招聘、培训、绩效管理等流程的自动化和智能化。这不仅可以提高管理效率，还能实现数据的精准分析和决策支持。例如，人工智能在招聘与选拔中的应用，利用人工智能技术进行简历筛选、人才测评和面试辅助等，可以大幅提高招聘的效率和准确性。同时，人工智能还能帮助企业更好地了解员工的需求和潜力，为人才培养和职业规划提供有力支持。三是更加关注提升员工的体验与满意度。随着职场压力的增加，旅游企业将更加注重员工的心理健康和福利保障。通过实施心理健康服务、灵活的工作时间、丰富的员工福利等措施，提升员工的满意度和忠诚度。通过强化员工发展与培训（如内部培训、外部学习、职业规划等），帮助员工提升专业技能和职业素养。同时，企业还将鼓励员工参与创新项目和实践活动，激发员工的创造力和创新精神。四是注重企业内部文化与价值观的塑造。通过明确的企业使命、愿景和价值观来引导员工的行为和决策。同时，企业还通过举办文化活动、宣传企业文化等方式，增强员工的归属感和认同感。随着环保意识的增强和可持续发展重要性的日益凸显，旅游企业将更加注重在人力资源管理中融入可持续发展的理念。通过推广绿色办公、节能减排等措施，降低企业对环境的影响；同时，通过培训和教育，引导员工关注环境保护和社会责任。五是有意识提升企业国际化与全球化视野。随着全球化的深入发展，旅游企业将更加注重国际化人才的引进和培养。通过与国际知名高校、培训机构等合作，吸引和培养具有国际视野和跨文化沟通能力的优秀人才；同时，通过参与国际交流和合作项目等方式，提升企业的国际竞争力和影响力。

本书共分为六章，第一章为新时代人力资源管理变革概述，包含人力资源管理的基本概念、人力资源管理的时代变革、人力资源管理的目标、职能与责任和新时期人力资源管理的理论创新四个方面；第二章为旅游企业人力资源管理，包含我国旅游业的发展及趋势、旅游企业人力资源管理现状分析、旅游企业人力资源管理创新的必要性三个方面；第三章为旅游企业人才引进创新，包含企业人才引进、旅游企业人才的招聘流程、旅游企业人才引进的创新策略三个方面；第四章为旅游企业人才培养创新，包含重新定义旅游企业员工培训、旅游企业人才培训的流程、旅游企业员工职业生涯管理、旅游企业人才培训的创新策略四个方面；第五章为旅游企业人才激励体系创新，分为绩效管理强化企业执行力、薪酬管理保障企业竞争力和激励管理点亮企业生命力；第六章为旅游企业领导力创新，主要讨论领导力研究的相关理论基础、领导力概述以及旅游企业实践中的领导力创新策略。本书在阐述旅游企业人力资源管理创新的过程中，充分借鉴了国内外先进的人力资源管理理论。这些理论包括人力资源规划、招聘与选拔、培训与开发、绩效管理、薪酬与福利管理及员工关系管理等。通过系统梳理这些理论，并结合旅游企业的实际情况，本书为旅游企业的人力资源管理提供了实践创新的体系建议。针对旅游企业人力资源管理的特点和需求，本书提出了一系列创新做法。首先，强调以人为本的管理理念，注重员工的个性化发展和职业规划，提高员工的归属感和忠诚度。其次，引入现代化的管理手段和技术，如大数据、云计算、人工智能等，提高人力资源管理的效率和精准度。最后，注重团队建设和企业文化建设，通过组织丰富多彩的团队活动和营造积极向上的企业氛围，增强员工的凝聚力和向心力。

笔者相信，通过不断地创新与实践，旅游企业的人力资源管理水平将得到显著提升，为企业的持续健康发展提供强有力的支持。同时，笔者也期待本书的出版能够激发更多旅游企业和管理者的思考与探索，共同推动旅游行业的人力资源管理迈向新的高度。

在撰写本书的过程中，笔者参考了大量的学术文献，得到了许多专家学者的帮助，在此表示真诚感谢。由于笔者水平有限，书中难免有疏漏之处，希望广大同行及时指正。

吴佩莹　鲍　军

2024 年 3 月

目 录

第一章 新时期人力资源管理变革 1
 第一节 人力资源管理的基本概念 1
 第二节 人力资源管理的时代变革 5
 第三节 人力资源管理的目标、职能与责任 11
 第四节 新时期人力资源管理的理论创新 21

第二章 旅游企业人力资源管理 32
 第一节 我国旅游业的发展及趋势 32
 第二节 旅游企业人力资源管理现状分析 43
 第三节 旅游企业人力资源管理创新的必要性 48

第三章 旅游企业人才引进创新 54
 第一节 企业人才引进 54
 第二节 旅游企业人才的招聘流程 61
 第三节 旅游企业人才引进的创新策略 68

第四章 旅游企业人才培养创新 75
 第一节 重新定义旅游企业人才培训 75
 第二节 旅游企业人才培训的流程 91
 第三节 旅游企业员工职业生涯管理 98
 第四节 旅游企业人才培训的创新策略 110

第五章 旅游企业人才激励体系创新 122
第一节 绩效管理强化企业执行力 122
第二节 薪酬管理保障企业竞争力 142
第三节 激励管理点亮企业生命力 164

第六章 旅游企业领导力创新 188
第一节 领导力研究的相关理论基础 188
第二节 领导力概述 195
第三节 旅游企业实践中的领导力创新策略 210

参考文献 230

第一章 新时期人力资源管理变革

本章介绍了新时代人力资源管理变革的相关内容,包括人力资源管理的基本概念,人力资源管理的时代变革,人力资源管理的目标、职能与责任,新时期人力资源管理的理论创新,从思维创新、实践创新两个角度提出新时期人力资源管理的关键。

第一节 人力资源管理的基本概念

一、人力资源的概念

(一)人力资源的定义

人力资源一词,英文名称为"human resources",指在一个国家或地区中,处于劳动年龄、未到劳动年龄和超过劳动年龄但具有劳动能力的人口之和,也称"人类资源""劳动力资源""劳动资源"。这种劳动能力,构成了其能够从事社会生产和经营活动的要素条件。

人力资源的状况可以从数量和质量两个维度进行衡量。数量指有劳动能力的人口,质量则指劳动人口的体质、知识和劳动技能水平。适量的人力资源是生产的先决条件,但过量则会导致人力资源的浪费,出现失业人数增多的状况。现代科技高速发展的背景下,人力资源质量对经济发展愈发重要。体力和智力是衡量人力资源质量的指标,知识和技能的重要性也不可忽视。人力资源实质上指的是能独立参加社会劳动、推动社会经济发展的人,包括劳动年龄内和劳动年龄外的人口。

（二）人力资源的相关概念

在理论与实践中，人口资源、人才资源、人力资本与人力资源十分相似，容易混淆。因此，准确地把握这些概念和它们之间的相互关系，有助于我们准确地理解人力资源的实质、内涵及重要性。

1. 人口资源、人才资源与人力资本的概念

人口资源指一个国家或地区的人口总量，是人力资源和人才资源的基础，包括劳动能力者、未来可能具备劳动能力的劳动者及丧失劳动能力的人。

人才资源指具有较多科学知识和劳动技能，且能在价值创造中起重要作用的人。人才资源是人力资源的优质部分。

人力资本是体现在劳动者身上的资本，包括体力、经验、知识和技能等，能为人们带来剩余价值或利润。与非人力资本相比，人力资本的特征在于其与个人不可分离，须经支配使用才能发挥职能。人力资本实质上是资产化、可货币计量的人力资源。

2. 人力资源、人口资源、人才资源三者的关系

在探讨人力资源、人口资源和人才资源这三者的关系时，我们首先需要明确它们各自的本质区别。人口资源和人才资源的本质都在于人本身，而人力资源的本质则在于人的脑力和体力。从这个角度来看，它们之间并没有直接的可比性。具体来说，人口资源更多关注的是人的数量，而人才资源则更多关注人的质量。尽管如此，这三者在数量上仍存在着一种包含关系。

具体来说，人口资源是这三者中数量最多的，它是人力资源形成的基础。在庞大的人口资源中，那些具备一定脑力和体力的人才构成了人力资源的一部分。换句话说，人力资源是从人口资源中筛选出来的，具备一定劳动能力的人群。而人才资源又是人力资源中的一部分，它指的是那些在脑力和体力方面表现更为出色、质量更高的个体。因此，在数量上，人才资源是这三者中最少的。

从比例上来看，人才资源在整个人口资源中所占的比例是最小的。这是因为人才资源是从人力资源中进一步筛选出来的，而人力资源又是从人口资源中筛选出来的。因此，人才资源的形成是一个层层筛选的过程，最终能够成为人才资源的个体数量自然也是最少的。

我国是人口众多的大国，人口资源丰富，但高素质的劳动力资源，特别是人才资源较少，主要表现为劳动力素质结构失调，高素质劳动力供不应求；农村专

业技术人才短缺；专业技术人才资源素质结构不能满足需要；高级专业技术人才不足。因此，注重教育、注重培养、注重人力资源的合理开发利用已经成为人们的共识，只要我们坚持不懈，就能够充分利用我国人口资源的优势，不断增加人才资源的数量，实现我国由人口资源大国向人力资源强国的转变。

3. 人力资源和人力资本的联系与区别

人力资源和人力资本均以人为基础，研究对象也均为脑力和体力两个要素，具有一致性。人力资本理论是人力资源管理的基础，两者共同研究人力在经济增长中的作用。具体区别如下。

（1）社会价值关系：人力资本是通过投资获得的能力或技能，其价值在于通过提高生产力来回收投资成本。劳动者通过投入脑力和体力参与生产，应获得相应的报酬，这体现了人力资本与社会价值的因果关系。相比之下，人力资源强调的是劳动者脑力和体力在生产中的贡献，它与社会价值应当是因果溯因的关系。

（2）研究角度和重点：人力资本从成本收益角度展开研究，关注投资回报；人力资源从投入产出角度展开研究，关注对经济发展的贡献。

（3）计量形式：人力资源为存量概念，人力资本则兼具存量和流量；人力资源指可贡献的体力和脑力，人力资本则与生产流量和投资存量相关。

综上，人力资源和人力资本虽有关联，但含义各异。

二、人力资源管理的含义

人力资源管理这一概念自诞生以来，经历了近一个世纪的演变和发展。它早已不再局限于早期的那种功能单一、仅处理日常人事事务的管理模式，而是逐渐演变成了一种更为复杂和全面的管理体系。这种体系的核心目标是确保企业能够保持其竞争力，通过有效地开发和利用"人"的潜力推动企业的长期发展。在这个过程中，人力资源管理不仅关注员工的招聘、培训、绩效评估和薪酬福利等传统领域，还扩展到了对员工的职业发展规划、企业文化建设、员工关系管理及战略人力资源规划等多个方面的关注。通过这些综合性的管理活动，人力资源管理致力于构建一个高效、和谐且具有持续竞争力的企业环境。

（一）人力资源管理的定义

人力资源管理最早由彼得·德鲁克（Peter F.Drucker）在1954年提出，并逐渐成为企业职能性管理活动。不同专家对其定义有所侧重，但普遍认为其是通过对员工行为的管理，实现企业和员工的利益最大化。人力资源管理主要通过招聘、培训、考核、激励等手段实现，目的是调动员工积极性，激发员工的潜力，确保企业战略目标的实现。

人力资源管理的内涵主要包括四个方面：一是人力资源开发与管理的目标在于实现特定目的，包括个人、企业、社会等层面的利益最大化；二是必须有效运用现代管理技术以达成人力资源管理的目标；三是人力资源管理研究涉及人际关系、个人利益的权衡、人与工作的协调、人力资源潜力的挖掘、工作效率与效益的提升，以及相关的理论、方法、工具和技术；四是必须结合相应的管理手段以达到理想的效果。

人力资源管理的核心职责在于通过实施一系列策略和措施有效地吸引、保留、激励和开发人力资源，从而推动企业目标的实现，并确保企业在激烈的市场竞争中得以生存和发展。这一过程具体体现在以下六个方面：第一，求才，即招聘合适的人才。企业需要通过各种渠道和方法，吸引那些具备企业所需技能和潜力的优秀人才，确保企业拥有足够的人力资源储备。第二，用才，指的是合理配置和使用人才。企业需要根据员工的专长和岗位需求，将合适的人才安排到合适的岗位上，充分发挥他们的能力和潜力，提高工作效率和质量。第三，育才，即培养和发展人才。企业应通过培训、学习和发展计划，不断提升员工的技能和知识水平，帮助他们适应不断变化的工作环境和市场需求。第四，激才，指的是激励员工。企业需要通过薪酬福利、晋升机会、表彰奖励等手段，激发员工的积极性和创造力，使他们更加投入工作和忠诚于企业的发展。第五，护才，即保护人才。企业应为员工提供一个安全、健康和公平的工作环境，确保员工的合法权益得到保障，从而增强员工的归属感和忠诚度。第六，留才，即留住人才。企业需要通过各种措施，如提供有竞争力的薪酬福利、职业发展机会和良好的企业文化，留住那些对企业具有重要价值的关键人才，防止人才流失。通过以上六个方面的具体实践，人力资源管理能够有效地推动企业目标的实现，促进企业在市场竞争中更好地生存和发展。

人力资源管理的最终目标是通过促进人与工作的有效匹配，促进企业战略的实现。

（二）人力资源管理与传统人事管理的区别

人力资源管理与传统人事管理既有历史渊源又有本质区别。传统人事管理以事为中心，忽视人的价值，只重视拥有人才而不重开发利用。而人力资源管理以人为中心，重视人力资源的开发利用，强调市场机制和人的参与管理。传统人事管理部门的定位为行政部门，属于公司的职能部门，受管理者支配，从事事务性工作。而人力资源管理部门则被纳入决策层，注重对人才的开发和高效利用，人力资源管理结合了多学科的最新成果，实现了管理的现代化，并注重管理要素和管理活动与环境的互动。表1-1-1是传统人事管理与人力资源管理的区别。

表1-1-1 传统人事管理与人力资源管理的区别

比较项目	人力资源管理	传统人事管理
管理视角	视员工为第一资源、资产	视员工为成本
管理目的	企业和员工利益的共同实现	企业短期目标的实现
管理活动	重视培训、开发	重利用、轻开发
管理内容	非常丰富	简单的事务管理
管理地位	战略层	执行层
管理部门	生产效益部门	单纯的成本中心
管理模式	以人为中心	以事业为中心
管理方式	强调民主参与	命令式、控制式
管理性质	战略性	战术式、分散式

第二节 人力资源管理的时代变革

一、新时期新要求

随着全球化和数字化进程的加速，新时期的商业环境日新月异，企业也面临着前所未有的挑战与机遇。在这样的背景下，人力资源管理作为企业战略的核心组成部分，其变革显得尤为必要。传统的人力资源管理模式已难以满足企业快速发展的需求，必须进行深刻的变革，以适应新时期的发展需要。新时期的人力资源管理需要更加灵活、敏捷，能够快速响应外部变化，同时激发内部创新和员工潜能。

首先，全球市场竞争的加剧要求企业拥有更加灵活、高效的人力资源管理体系。企业需要迅速响应市场变化，调整业务策略，而这一切都离不开人力资源管理的支持。其次，员工队伍的多样性和个性化需求也对人力资源管理提出了新的要求。企业需要构建更加包容、多元的工作环境，以满足不同员工的需求，提升员工的归属感和忠诚度。最后，数字化转型为人力资源管理提供了新的工具和手段，但也带来了新的挑战，如数据安全、隐私保护等问题需要人力资源管理人员具备更强的专业素养和技能。

传统的以控制和规范为核心的人力资源管理模式已不再适应快速变化的商业环境。变革的必要性体现在以下4个方面。

（1）技术革新：人工智能、大数据、云计算等技术的应用改变了传统的工作方式和管理模式。因此，人力资源管理需要适应技术发展带来的新挑战。

（2）人才竞争：全球化使得人才流动更加频繁。因此，企业需要在吸引、保留和发展人才方面作出更多努力。

（3）组织变革：扁平化、网络化的组织结构逐渐取代层级制。对此，人力资源管理需要支持这种组织变革。

（4）员工期望：新一代员工对工作的期望不仅是薪酬福利，更重视工作意义、个人成长和平衡工作生活。人力资源管理需要重视员工个人价值的提升。

二、人力资源管理的发展与成长

（一）西方人力资源管理的发展历史

西方学者对人力资源管理的发展阶段进行了深入的研究，提出了各自的观点。结合不同学者的观点，我们认为可以将其在西方的发展历史分为以下六个阶段。

1. 人事管理萌芽阶段

人力资源管理的前身称为人事管理，人事管理的出现是随着18世纪后半叶工业革命的到来而产生的。工业革命有三大特征，即机械设备的发展、人与机器的联系、需要雇佣大量人员的工厂建立。这样，当时的所有问题都归结为如何吸引农业劳动力放弃原有的生产和生活方式到工厂来工作，然后将工业生产所需要的一些基本技能传授给他们,同时使他们能够适应工业文明的行为规则,从而最大限度地发挥劳动分工和生产协作所带来的巨大生产潜力。这场革命导致两种现象:一是劳动专业化水平提高;二是工人生产能力的提高,工厂生产的产品剧增。人事管理萌芽阶段的管理思想有以下几个特点:把人视为经济人;确立了工资支付制度和劳动分工;初步有了智力劳动和体力劳动的区别;"雇佣管理"主要功能用于招聘,其管理以"事"为中心。

2. 科学管理阶段

著名的科学管理之父弗雷德里克·泰勒在1878—1890年是费城伯利恒钢铁公司的工程师。为解决工人消极怠工问题,他对工人的工作效率进行了研究,试图找到一种最好的、能最快完成工作的方法。这种工作方式最有效率:速度最快、成本最低。为此,需要将工作最基本的元素进行分析,然后再用最有效的方式重新组合起来。这一时期,劳动力从农村进入城市,从小作坊、小工厂走向大工厂。在当时的情况下,集中化、大型化、标准化为其特色。在这一时期,人力资源管理思想有以下几个特点:出现劳动定额、劳动定时工作制,并能合理地对劳动成果进行计算;企业根据标准方法有目的地对工人进行入职培训,并根据工作的特点分配给工人适当的工作;明确划分了管理职能和作业职能;已经能组织起各级的指挥体系,对人的管理灌输了下级服从上级的严格等级观念。

3. 人际关系运动阶段

1924—1932年,哈佛大学商学院乔治·埃尔顿·梅奥和罗特利斯伯格等人在芝加哥的西方电器公司霍桑工厂进行的霍桑实验提供了一个有史以来最著名的行为研究成果。霍桑实验的研究结果启发人们进一步研究与工作有关的社会因素的作用。这些研究的结果导致了所谓的人际关系运动,它强调组织要理解员工的需要,这样才能让员工满意并提高生产效率。这一时期,人力资源管理有以下几个特点:承认人是社会人,人除了物质、金钱的需要外,还有社会、心理、精神等方面的需要;在管理形式上,承认非正式组织的存在,承认在法定的组织存在之外,另有权威人物的存在;在管理方法上,承认领导是一门艺术,而且应以人为核心改善管理的方法;重视对个体的心理和行为、群体的心理和行为的管理。

4. 人力资源管理阶段

人力资源管理的概念产生于20世纪五六十年代,然而它在80年代中后期才受到企业的普遍重视。人力资源管理的出现标志着人事管理职能发展到了一个新的阶段。它的内容已经全面覆盖了人力资源规划、工作分析、员工招募与甄选、绩效评估与管理、培训与开发、薪酬福利与激励计划、员工关系与劳资关系等各项职能。人力资源管理这一概念对人事管理概念的取代，并不仅仅是名称上的改变和内容上的进一步丰富，更是一种管理观念上的根本性变革。这一阶段有以下几个特点：管理转为以"人"为中心，重视个体需要，尊重隐私权；以管理为主转为以开发为主，培训员工的技能和自觉性；管理刚性转为管理柔性，实现个性化管理和人性化管理；重视团队建设、员工的协作和沟通，员工参与管理企业中的事务。

5. 战略性人力资源管理阶段

进入20世纪80年代以后，企业在发展过程中一个突出的现象就是兼并。为了适应兼并的需要，企业必须制定出明确的发展战略，因而战略管理渐渐成为企业管理的重点。而人力资源管理对企业战略的实现有着重要的支撑作用，所以需要从战略的角度思考人力资源管理的问题。战略性人力资源管理就是指有计划的人力资源使用模式以及旨在提升组织绩效、实现组织战略和具体的经营目标的各种活动。战略性人力资源管理阶段有如下几个特点：认为人力资源是组织获得竞争优势的重要源泉；企业在制定战略时，考虑未来五年至十年的人力资源配置，从战略角度来研究人力资源的开发、培养与使用；企业为了获得竞争优势，将人力资源管理的政策、实践、方法及手段等构成一种战略系统，将人力资源管理的各个部分有机地结合起来，进行系统化管理；从企业的战略高度，主动分析和诊断人力资源现状，为决策者准确、及时地提供各种有价值的人力资源相关数据，协助决策者制订具体的人力资源行动计划，支持企业实现战略目标。

（二）我国人力资源管理的发展历史

中华人民共和国成立以来，我国企业管理经历了计划经济、经济改革两大发展阶段。人力资源管理从单一计划体制下的人事管理转变到目前多种所有制并存下的人力资源管理，具体可以分为以下4个发展阶段。

1. 人事管理阶段

中华人民共和国成立以后，我国确定了计划经济体制，实行"统包统配"的就业制度，企业无权自行招聘所需人员。

在此阶段，人事管理的主要内容是一些流程性、事务性的工作，如员工人事档案管理、招工录用、劳动纪律、考勤、职称评定、离职退休、计发工资等。企业人事部主要服务于国家，配合国家有关政策的落实。

2. 人力资源管理阶段

改革开放以来，随着我国经济体制改革的不断深入，国有企业的劳动人事工作也在不断发展进步。1979年，国务院颁发了《关于扩大国营工业企业经营管理自主权的若干规定》（简称《规定》），重新规定了企业人事管理的职责权限范围。《规定》指出：允许企业根据生产需要和精简效能的原则决定自己的机构设置和人员配备；企业有权根据国家下达的劳动指标进行招工，进行岗前培训；企业有权对成绩优异、贡献突出的职工给予奖励；企业有权对严重违反劳动纪律的职工给予处分，甚至辞退。

随着这些规定的落实，企业在用人方面有了更大的空间，自由的人员流动渠道逐渐形成；劳动人事管理制度逐渐完善，劳动定额管理、定员定编管理、技术职称评聘、岗位责任制等在企业中广泛应用；工资管理规范化，打破了分配的平均主义，增强了工资的激励作用。这些措施表明，我国企业的人力资源管理工作发生了巨大的变化，已经初步具备了人力资源管理的某些功能和作用。

3. 人力资本管理阶段

在管理理念上将员工看成资本，认为进入企业的人已经是资本，不再是资源；在发展观上，完成了以物为本向以人为本的转变。此阶段的人力资源管理从追求数量转为追求质量。人力资源管理工作的重心转移到员工的绩效管理，建立现代薪酬体系，营造良好的工作氛围和优秀的企业文化环境等，并开始考虑整合企业人力资源，通过工作分析和人才盘点，更加合理地配置企业人力资源；通过加大培训力度，提高员工的工作技能和绩效能力；通过改革和优化薪酬体系，使之更有激励性，进而提高人力资本投资回报率。

人力资源经理秉持人力资本理念，在企业人力资源管理过程中倡导重视人才、开发人才、有效配置人才、激励人才的观念，带动整个企业人才观的转变，自身也向人力资源专家的方向迈进。

4. 战略人力资源管理阶段

随着知识经济和全球化时代的到来、经营环境不确定性的加强，以及企业竞争的加剧，人才的作用越来越重要，企业对人才的争夺战也愈演愈烈，人才成为企业竞争的核心，也成为提升企业核心竞争力的关键。在此背景下，企业人力资源管理就需要与企业战略密切结合，使人力资源更好地服务于企业战略。基于此，人力资源经理进入企业的决策层，以专家顾问和战略合作伙伴的身份参与决策，推动变革，使人力资源管理上升到战略人力资源管理阶段。

5. 新时期人力资源管理阶段

新时期人力资源管理典型的几种提法有人力资源三支柱模型、人力资源可持续发展、绿色人力资源管理等。

（1）人力资源三支柱模型，包括三个方面。①人力资源共享服务中心（HRSSC）：负责处理企业中所有与人力资源管理有关的基础性行政工作，如员工招聘、薪酬福利核算与发放、社会保险管理等，以提高工作效率和服务质量。②人力资源业务伙伴（HRBP）：作为人力资源部门与业务部门之间的桥梁，负责了解业务需求并提供定制化的人力资源解决方案，支持业务战略的实施。③专家中心（COE）：集中了人力资源领域的专业知识和最佳实践，负责设计和推行各项人力资源政策、流程和系统，如薪酬体系设计、绩效管理体系建立等。

三支柱模型的核心理念是通过组织能力再造，让人力资源管理更好地为企业创造价值。它基于对企业人力资源组织和管控模式上的创新，打破了传统意义上按专业职能划分的人力资源管理组织架构，转而以业务需求为导向，提供更为灵活和高效的人力资源服务。

随着技术的进步和管理理念的更新，三支柱模型也在不断发展和演变。例如，一些企业开始将共享服务中心升级为共享交付中心（SDC），以更好地满足企业的需求。此外，三支柱模型也开始尝试与人工智能等新兴技术相结合，逐步实现数字化转型以提高人力资源管理的智能化水平。

（2）人力资源可持续发展，是指在人力资源管理活动中融入可持续发展的理念，旨在实现经济、环境和社会三个方面的平衡，以实现企业的长期成功发展和社会福祉的提升。这种管理方式强调在招聘、培训、绩效管理、劳动关系等各个方面采取措施，以促进企业的可持续发展。

人力资源可持续发展对于企业来说至关重要，因为它有助于企业在追求经济效益的同时，也考虑到环境保护和社会责任。这样不仅能够提升企业的公众形象，还能够吸引和保留人才，提高员工的工作满意度和忠诚度，最终促进企业的长期稳定发展。

（3）绿色人力资源管理是指将"绿色"理念应用到人力资源管理领域，形成的新的管理理念和管理模式。其主要任务是通过采取符合"绿色"理念的管理手段，实现企业内部员工的心态和谐、人态和谐和生态和谐，从而为企业带来经济效益、社会效益和生态效益相统一的综合效益，实现企业和员工的共同、持续发展。

第三节 人力资源管理的目标、职能与责任

在一切资源中，人力资源是最宝贵的，同时也是现代管理的核心。要不断提高人力资源管理的水平，首先要明确人力资源管理的目标、要开展的职能工作，以及人力资源管理的责任。

一、人力资源管理的目标

人力资源管理目标涉及企业在人力资源管理活动中所肩负的职责以及旨在实现的绩效指标。该目标不仅包括企业整体的目标，还兼顾员工个人的职业发展与成长。人力资源管理的核心在于协调企业目标的达成与员工个人的全面进步，确保在促进企业发展的过程中，员工亦能实现相应的成长与提升。具体而言，人力资源管理的目标主要包括以下三个方面。

（一）取得最大的使用价值

对于人力资源来说，最关键的问题就是如何通过科学合理的开发和管理手段，确保人力资源的高效运作。我国在人力资源制度方面进行改革的核心目标正是实现这一愿景。为了使人的使用价值最大化，必须尽可能地挖掘和发挥人的有效技能，确保每个人都能在其岗位上发挥最大的潜力和效能。通过优化人力资源配置，提升员工的技能和素质，能够更好地激发员工的潜力，从而推动整个企业的发展和进步。

（二）发挥最大的主观能动性

发挥人的主观能动性是人力资源管理的十分重要的目标和任务。影响人的主观能动性发挥的因素主要有以下3个方面。

1. 基本因素——价值标准和基本信念

在我们的日常生活中，动机的产生是行为发生的必要前提。人的主观能动性主要受动机驱动，动机越强烈，个体的主观能动性就越强，行为的执行力也就越强；如果动机不足，个体的主观能动性就会减弱，行为的执行力也会相应降低。而动机的强弱又受到价值标准和基本信念的深刻影响。因此，要理解一个人的行为动机，就必须深入了解其价值标准和基本信念。

2. 实际因素——现实的激励因素

在企业管理中，现实的激励因素的优劣对于激发员工的主观能动性具有至关重要的作用。只有通过强有力的激励措施，才能真正调动员工的主观能动性，使他们在工作中表现出更高的积极性和创造力。通常情况下，现实的激励因素涵盖了多个方面，包括但不限于以下四个关键要素。

第一，任用情况对于员工的工作积极性有着直接的影响。当员工感受到自己被公司重视并得到适当的职位安排时，他们会更加投入和努力工作。第二，信任程度也是激励因素中的重要内容。如果管理层对员工表现出充分的信任，赋予他们更多的责任和自主权，员工往往会以更高的工作热情和忠诚度来回报这种信任。另外，晋升制度的公平性和透明度同样对员工起到激励作用。一个明确且公正的晋升机制能够激发员工的上进心，使他们为了更高的职位和更大的挑战而努力工作。第三，工资制度的合理性和竞争力也是激励员工的重要因素。合理的薪酬体系能够确保员工的努力得到相应的回报，从而提高他们的工作满意度和忠诚度。第四，奖励制度的设计同样至关重要。通过设立各种形式的奖励，如奖金、表彰、休假等，公司可以有效地激发员工的积极性和创造力。除此之外，参与程度、生活福利的完善程度等也影响着员工的主观能动性。

3. 偶发因素

偶发因素指的是在企业内部发生的一些偶然性事件，这些事件可能会对员工的主观能动性造成显著影响。例如，当员工得到他人的称赞和表扬，体验到友好的示意和善意的互动，以及感受到他人的尊重和认可时，这些积极的偶发事件会对他们产生深远的影响。这些积极的体验不仅会提升员工的满意度，使他们感到自己是企业中不可或缺的一部分，从而提升归属感，还会增强他们的成就感，使他们觉得自己在企业中有所贡献，从而激发更强的责任感。这种责任感会进一步激发他们的主观能动性，使他们在工作中更加积极主动，愿意为企业的发展贡献更多的力量。

相反，如果企业中发生了一些消极的偶发事件，如忽视、批评、恶意的言行或不尊重的行为，这些负面的体验会对员工产生不利影响。这些消极的偶发因素会削弱员工的满意度和归属感，使他感到自己不被重视或不被需要，从而降低他们的成就感和责任感。当员工感到自己的努力没有得到应有的认可和尊重时，他们可能会产生不满和敌意，这种不满和敌意不仅会影响他们个人的工作表现，还可能对整个企业的氛围和团队合作产生负面影响。因此，企业管理者需要充分认识到偶发因素对员工主观能动性的影响，并采取相应的措施。

（三）培养全面发展的人

人类社会的进步和发展，涵盖了经济、政治、军事和文化等多个领域，其最终的核心目标都应当聚焦于人的全面发展。无论是经济的繁荣、政治的稳定、军事的强大还是文化的繁荣，这一切的努力和成就都应当服务于人的根本利益和需求。具体而言，这些发展成果的最终指向，是不断提升人们的工作效率和生活质量，使人们在物质和精神两个层面都变得更加富裕和充实。通过不断改善生活条件，提高教育水平，力求实现人的全面发展和自我完善。

二、人力资源管理的职能

（一）人力资源管理职能概述

人力资源管理的核心功能涵盖招聘、激励、发展和维系，其中招聘是基础，激励处于核心地位，发展作为实现手段，维系则确保了整体的稳定性。这些职能彼此关联，形成辩证统一的整体。尽管在形式上可能表现出相似性，但它们在本质上却各有差异。人力资源管理的具体职能包括职位分析和评价、人力资源规划、招聘录用、培训开发、绩效管理等方面，这些职能相互协作，共同推动企业目标的达成。

1. 职位分析和评价

在人力资源管理系统中，职位分析与职位评价构成了核心基础。一方面，人力资源规划、招聘、培训及薪酬体系的构建等都应以职位分析为依据。企业应根据职位要求对员工进行相应的培训与职业发展指导。薪酬、福利及奖惩制度的制定与实施，应以职位说明书为依据，以确保其科学性和公平性。另一方面，职位评价负责监督和调整人力资源规划、培训、绩效评估及员工关系管理等方面的工作。通过职位评价，可以对员工的绩效进行客观判断，分析导致工作效率低下的原因，并探索提升效率的有效途径。

2. 人力资源规划

人力资源规划在人力资源管理的职能循环体系中扮演着至关重要的角色，它不仅是整个体系的起点，而且确保了其他各项职能得以顺利执行。通过深入分析职位需求和职责，能够有针对性地解决企业在人力资源管理层面上面临的难题。

具体来说，人力资源规划可以分为两个主要部分：总体规划和业务规划。总体规划与职位分析紧密相连，通过对各个职位的详细分析，确保人力资源配置的合理性和高效性。而业务规划则在其他管理职能中发挥着至关重要的作用，它不仅为企业的战略决策提供支持，还为各项具体业务的实施提供了人力资源保障。

在人力资源规划的过程中，供需预测是一个关键环节。通过对未来人员需求和供给的预测，能够为招聘和解聘提供可靠的支持，从而确保员工数量的合理性。另外，绩效考核和薪酬管理也可以作为预测的基础，帮助企业全面评估员工的工作状态和贡献，为调整职位设置、处理人员空缺、职位提升及人力资源供给等工作的开展提供依据。通过这一系列的规划和管理措施，企业能够更好地应对市场变化，优化人力资源配置，提升整体运营效率。

3. 招聘录用与人力资源管理职能间的关系

招聘录用旨在激发潜在合适人选对企业职位的兴趣，并促使他们提出申请，以确保人才与岗位的匹配度。该过程是企业与外部环境互动的关键途径，亦是人力资源管理的根基所在。通过招聘录用，企业能够有效地执行人员补充计划，提高员工与职位的契合度，减少培训开支，并提高整体企业效能。此外，招聘录用亦体现了企业与个人之间的双向选择，其中，具有吸引力的薪酬和福利是吸引人才的重要手段。一个全面而高效的招聘录用机制有助于促进员工关系的和谐，预防内部矛盾的产生。

4. 培训开发

培训开发在人力资源管理职能体系中扮演着至关重要的角色，它不仅是连接各个职能的桥梁，而且在企业的运行过程中起到了承上启下的关键作用。

第一，培训开发作为人力资源管理中的一个重要环节，是在完成人力资源规划和招聘录用工作之后不可或缺的步骤。职位说明书详细列出了员工在特定岗位上所需掌握的知识和技能，以及应具备的职业素养和行为准则，这些都为培训开发提供了明确的指导。而通过培训和开发，可以教授给员工从事对应工作所需的知识和技能，使其提高工作效率和质量，更好地完成工作任务。人力资源规划、招聘录用及培训开发这三者之间存在着密切的联系，它们相互配合，共同为后续人力资源管理工作的开展奠定了坚实的基础。

第二，培训开发与绩效管理之间存在着最为直接和紧密的联系，这种联系体现在多个方面。首先，培训开发的核心目标在于提升员工对职位的适应性，通过参加培训和学习，员工能够更好地掌握岗位所需的知识和技能，从而在工作中表现出更高的专业水平。其次，培训开发不仅关注个体的成长，还着眼于整个企业的发展。通过提升员工的综合素质和能力，培训开发能够有效地推动企业整体绩效的提升。这不仅体现在工作效率的提高上，还包括员工满意度的提升和团队协作的优化。最后，培训开发的目的是实现企业的既定目标，通过不断优化员工的能力结构和提升工作表现，企业能够更好地应对市场变化，实现长期稳定的发展。因此，培训开发与绩效管理之间形成了一个良性循环，培训开发为绩效管理提供了坚实的基础，而绩效管理又反过来指导和推动培训开发的持续改进。

第三，培训开发与薪酬管理之间也存在着紧密且不可分割的联系。员工的薪酬不仅有工资和福利等货币形式，还包括各种非货币报酬形式，而培训正是其中一种较为重要且常见的形式。培训不仅能够提升员工的技能和知识水平，还能增强他们的职业发展潜力，从而提高员工的工作满意度和忠诚度。通过提供培训机会，企业能够更好地吸引和留住优秀人才，进而提升整体的工作效率和团队凝聚力。因此，培训开发与薪酬管理关系密切，它不仅是一种非货币报酬形式，更是企业激励员工、提升竞争力的重要手段。通过提供培训机会，企业能够激励员工提升自身能力，同时也能够增强员工对企业的忠诚度和满意度。

第四，从员工关系管理的角度来看，培训开发不仅为各部门员工提供了一个宝贵的交流平台，还进一步促进了员工之间的互动和合作。培训开发通过企业文化教育和发展需求教育等方式，促进部门内部形成共同的追求和价值观，这种共同的价值观和追求有助于增强员工之间的凝聚力，使他们更加团结一致，共同为公司的目标和愿景而努力。此外，培训开发还为员工提供了学习和成长的机会，使他们能够不断地提升自己的技能和能力，从而更好地适应公司的发展需求。通过这种方式，培训开发不仅有助于提高员工的工作满意度和忠诚度，还能够为公司培养出更多优秀的人才，推动公司的发展。

5. 绩效管理

绩效管理工作内容包括计划、监控、考核和反馈。通过绩效管理可以发现并改进员工工作中的问题。在人力资源管理体系中，绩效管理处于核心地位。其他职能实质上都是为了实现企业绩效和达成企业目标。职位分析通过制定岗位说明书，明确目标和责任，为绩效考核和问责提供依据。培训开发作为激励手段，能提高员工技能和企业绩效，其内容的确定需基于绩效考核结果。薪酬管理与绩效管理直接相关，绩效考核结果决定员工绩效工资和奖金。员工关系管理旨在促进团队协作，提升绩效。

6. 薪酬管理

薪酬管理作为人力资源管理的核心组成部分，同样至关重要，薪酬水平体现了企业的市场竞争力和企业的整体薪资状况。在设定薪酬时，必须综合考虑企业的经济实力以及社会上普遍的薪酬水平，确保薪酬体系的合理性和竞争力。此外，职位分析和人力资源规划是薪酬设定的重要依据，通过科学的职位评估和人力资源需求分析，可以确保薪酬体系的公平性和合理性。

一个公平合理的薪酬制度对于促进企业内部的团结和协作具有重要意义。通过确保员工在薪酬上的公平待遇，可以增强员工的归属感和忠诚度，从而提高团队的整体凝聚力。同时，合理的薪酬差距可以激发员工之间的良性竞争，特别是对于那些绩效突出的员工，通过拉开薪酬差距，给予他们相应的奖励和认可，可以进一步激发他们的工作积极性和创新能力。

此外，培训和开发也是薪酬体系中不可或缺的一部分。通过提供培训和发展机会，企业可以激励那些积极上进的员工，帮助他们提升个人能力和职业素养，从而在未来的薪酬调整中获得更多的回报。这种激励机制不仅有助于员工个人的成长和发展，也能为企业培养更多的人才，提升企业的薪酬潜力和竞争力。

7. 员工关系管理

员工关系管理职能在人力资源管理中扮演着至关重要的角色，它是人力资源管理的基础职能之一，需要其他人力资源管理职能的配合与支持。同时，员工关系管理职能也会对其他人力资源管理职能产生深远的影响。

首先，通过培训开发和薪酬管理制度的完善，企业的员工关系可以得到显著的提升。培训开发能够提升员工的技能和知识水平，使他们更好地适应工作需求，而薪酬管理制度的完善则能够确保员工的付出得到合理的回报，从而增强员工的满意度和忠诚度。

其次，建立良好的员工关系不仅能够提高企业的凝聚力，还能增加员工对企业的责任感。当员工感到自己被重视和尊重时，他们更愿意为企业的目标和使命而努力工作。这种积极的工作态度和高度的责任感，最终会促进企业绩效的提升。

再次，员工关系管理中对员工职业生涯的设计和管理，依赖于职位说明书和企业的人力资源规划。职位说明书明确了每个职位的职责和要求，而人力资源规划则确保了企业在不同发展阶段对人才的需求得到满足。通过这样的设计和管理，可以确保员工的个人职业目标与企业的发展目标保持一致，从而实现双赢。

最后，通过员工关系管理，企业可以发现并细化到不同岗位对人才的具体需求。了解这一点有助于企业在招聘过程中更有针对性地选择合适的人才。此外，员工关系管理还可以帮助企业确定通过哪些渠道、在哪个地域招聘员工更有利于企业员工关系的良好发展。具体到企业的不同发展阶段，企业可能需要引进具有创新精神和变革能力的"鲶鱼"型人才，以激发企业活力；或者在稳定发展时期，更需要"把稳持重"的人才来维持企业的稳定和持续发展。这些决策对于提高招聘录用的质量和降低招聘成本具有极其重要的意义。

（二）当前人力资源管理存在的问题

在现阶段，企业在进行人力资源的管理过程中存在很多的问题，不仅造成了人力资源的流失，还造成了资源的浪费。很多优质人才由于受到岗位的局限，其才能得不到发挥，造成人才资源的浪费。

1. 人力资源管理职能的水平过低

在企业现有人力资源的基础上，通过深入分析和挖掘人力资源管理的结构和目标，可以对企业人力资源的组成进行分析，进而进行调整和规划，从而提升人力资源管理水平。通过资源优化配置，充分发挥出每个人的特长，进而提高企业现有人力资源管理效率。但是，就目前来说，很多企业缺乏深入分析和挖掘人力资源结构和目标的能力，因而企业人力资源管理水平低下。而且，企业内部缺乏完善的培训机制和科学的奖励措施，对人力资源的管理并没有非常重视，加上传统企业人力资源管理职能的制约，导致现有企业人力资源管理模式比较单一，水平较低。而且企业现有人力资源管理层综合素质参差不齐，较多从事人力资源管理工作的人员缺乏过硬的专业知识，无法采用新的管理手段对人力资源进行科学的管理，导致企业人力资源缺乏竞争力。

2. 缺少科学有效的规划方法

企业人力资源管理职能的转化关系到企业的进一步发展，对提升企业竞争实力影响重大。但是，在企业实际的管理过程中，人力资源管理职能转化方面缺乏科学合理的方案，没有根据企业的实际情况对企业未来人力资源的发展方向进行科学的预测，也就无法满足企业人力资源的需要。在人力资源的规划过程中，企业没有站在时代的角度综合考虑其在未来发展中对人才的需要，没有做好人才储备，因而，在企业需要某一类型人才时，会出现人才短缺的情况而阻碍企业的发展。

（三）提升人力资源管理职能的措施

1. 制定科学的管理策略

人才对于经济的发展至关重要，因此，在现阶段竞争如此激烈的背景下，企业应该充分地认识到人才的重要性，并从中吸取经验教训，树立人才观念，不仅要吸引人才，用好人才，更要留住人才。因此，科学合理的人才资源管理策略能促进企业进一步发展，提升企业的社会地位和经济收益。牢固树立科学的用人观念和"人力资源是第一资源"的理念，通过合理调整和配置人力资源，确立科学的用人机制，才能为企业保留住人才，提升企业人力资源管理职能，促进企业发展。

2. 加强人力资源规划

企业的用人观念不应局限于把人才引进来，更要做好对人才的充分利用，通过进行科学的人力资源规划管理，改变现阶段企业中存在的人才引不进、留不住的现状。而且还要根据企业的实际情况，预测企业未来发展可能需要的人才类型，提前做好规划，并采取相应措施，做好储备，保障企业在有需求时能及时地获得所需要的人才，促进企业的连续生产。另外，还要杜绝盲目引进人员的现象，减少企业不必要的资源浪费。

3. 优化人力资源结构

现阶段，很多企业的人力资源结构不合理，存在很多浪费现象，因此，要想提升人力资源管理职能，必须优化人力资源结构。首先，应制定淘汰机制。为了更有效地发挥出人力资源的价值，企业应该制定淘汰机制，解决企业内部冗员的问题，优胜劣汰，才能保持企业在人力资源方面的优势。其次，还要加强对企业内部人员的培训。科技的变化日新月异，员工也应该与时俱进，用先进的知识手段武装自己，而企业要做的就是为员工提供继续学习的平台。最后，企业内部应该实行轮岗制，根据每个人的特长合理安排岗位，这样才能保证人尽其用，发挥出每个员工的价值，避免人才的浪费。

4. 完善考核机制和激励机制

提升企业的人才资源管理职能，还要注意完善考核机制和激励机制，通过科学的考核和激励机制，加强对人力资源的公平管理，充分激发人才的工作积极性和创造性。所以，企业要结合自身的实际情况遵循人岗相适与人尽其才的原则，制定合理的奖励方案，并通过合理配置，让员工感受到自己的价值，以增强企业的向心力。在制定激励政策时，应该以"按业绩付酬"为主，兼顾公平并采用固定工资和浮动工资相结合的分配办法。企业还可以采用股权分红的方法，这样，不仅可以使个人的利益与业绩相结合，还能激发员工们的整体意识。另外，企业管理者在制定激励政策时，应该从满足人的精神需要出发，营造一个和谐的环境，这样才能激发员工的上进心和积极性。

三、人力资源管理的责任

理论上讲，所有的管理者都要承担人力资源管理的责任，加里·德斯勒（Gary Dessler）在他所著的《人力资源管理》一书中列举了一家大公司人力资源管理者在有效的人力资源管理方面所负的责任包括以下 10 个方面：

（1）把合适的人配置到适当的工作岗位上；

（2）引导新员工进入企业（熟悉环境）；

（3）培训新员工适应新的工作岗位；

（4）提高每位新员工的工作绩效；

（5）争取实现创造性的合作，建立和谐的工作关系；

（6）解释公司政策和工作程序；

（7）控制劳动力成本；

（8）开发每位员工的工作技能；

（9）创造并维持部门内员工的士气；

（10）保护员工的健康以及改善工作的物质环境。

企业制定的各种人力资源管理制度和政策、作出的各种人力资源管理决策必须反映本企业的实际，因而要求人力资源管理部门要能够充分了解企业的状况和各部门的需要。这一方面需要人力资源部门去调查研究，另一方面也需要各个部门及时准确地反映情况，只有这样才能保证制度、政策和决策具有可行性。

企业的各种人力资源管理制度和政策的实施，单单依靠人力资源管理部门是不够的，还需要各个部门的支持和配合，只有这样，制定出来的制度和政策才能有效落实。

人力资源管理的实质是要提高员工的工作技能，激发员工的工作热情，从而推动企业目标的实现。因此，人力资源的管理活动要贯穿于员工的日常管理之中，而员工是分散在各个部门之中的，这就需要直线管理者能够承担起这部分责任。人力资源管理部门和非人力资源管理部门在履行人力资源管理各个职能时的大致分工情况见表1-3-1。

表1-3-1　人力资源管理部门和非人力资源管理部门的分工

职能	人力资源管理部门	非人力资源管理部门
职位分析	1. 根据其他部门提供的信息，编制职位说明书 2. 与其他部门进行沟通，修订职位说明书	1. 向人力资源管理部门提供信息 2. 配合人力资源管理部门修订职位说明书
人力资源规划	1. 汇总各部门的需求计划，综合平衡预测公司的人员需求 2. 预测公司的人员供给 3. 拟定平衡供需计划	向人力资源管理部门提出人员需求计划
招聘录用	1. 根据规划确定招聘的时间、范围 2. 发布招聘信息 3. 对应聘人员进行初步筛选 4. 配合其他部门对应聘者进行测试，确定最终人选 5. 为新员工办理各种手续	1. 提出人员需求及任职要求 2. 在人力资源管理部门的配合下确定最终的人选

续表

职能	人力资源管理部门	非人力资源管理部门
培训开发	1. 建立培训体系，包括培训的形式、项目、责任等 2. 汇总各部门的需求，平衡并形成公司的培训计划 3. 组织实施培训计划 4. 收集反馈意见	1. 向人力资源管理部门提出培训的需求 2. 参加有关培训项目 3. 提出意见
绩效管理	1. 建立绩效管理体系，包括考核内容的类别、周期、方式和步骤等 2. 指导各部门确定考核指标的内容和标准 3. 对管理者进行考核培训 4. 组织考核实施 5. 处理员工对考核的申诉 6. 保存考核结果 7. 根据考核结果进行相关的决策	1. 具体确定本部门考核指标的内容和标准 2. 参加考核者的培训 3. 具体实施本部门的考核 4. 与员工进行沟通，制订绩效改进计划 5. 根据考核的结果向人力资源管理部门提出相关的建议
薪酬管理	1. 建立薪酬体系，包括薪酬的结构发放方式、确定的标准等 2. 核算员工的具体薪酬数额 3. 审核各部门的奖惩建议 4. 办理各种保险	向人力资源管理部门提出相关的奖惩建议
员工关系管理	1. 制定企业文化建设方案并组织实施 2. 建立沟通的机制和渠道 3. 听取员工的各种建议 4. 规划员工的职业生涯	1. 具体实施企业文化建设方案 2. 向人力资源管理部门提出员工职业生涯发展的建议 3. 直接处理员工的有关意见

第四节　新时期人力资源管理的理论创新

人力资源管理是建立在一系列的假设基础之上的。比如，员工是喜欢他们的职位还是讨厌他们的职位？他们的工作具有创造性吗？这些关于人的基本假设就是企业管理中的人性假设。企业招聘需求是什么样的，提供什么内容的培训，采取何种管理风格和管理方式，实际上都是基于人性假设的企业行为的反映。目前人才依旧是企业发展第一资源。面对现在企业中员工的常见问题，比如高离职率、低敬业度，还有些新的现象如"精神性离职""躺平式员工"，企业采取高压策略是否有效？企业突破困境的思路就是重视员工体验管理，而这些需要我们在人力资源管理的基础理论中寻找答案。

一、构建依据：人性假设理论

任何企业的人力资源管理都依赖于自身所拥有的人性假设，如惠普公司的弹性管理以人性假设的Y理论为基础，海尔集团以斜坡球体理论为人性假设。好的人力资源管理系统能够最大限度地发挥人性的优点，最大限度地克服人性的弱点，从而使企业的自我生存和永续发展与个人的职业生涯发展和人生幸福实现同步。人力资源管理主要基于以下人性假设理论。

（一）"经济人"的假设

"经济人"的假设，起源于享乐主义哲学和英国经济学家亚当·斯密（Adam Smith）关于劳动交换的经济理论。亚当·斯密认为："人的本性是懒惰的，必须加以鞭策；人的行为动机源于经济和权力维持员工的效力和服从。"①

根据"经济人"的假设而采取相应的管理策略，可以归纳为以下3点：

（1）管理工作重点在于提高生产率、完成生产任务，而对于人的感情和道义上应负的责任，则是无关紧要的。简单地说，就是重视完成任务，而不考虑人的情感、需要、动机、人际交往等社会心理因素。从这种观点来看，管理就是计划、组织、经营、指导、监督，这种管理方式叫作任务管理。

（2）管理工作只是少数人的事，与广大工人群众无关。工人的主要任务是听从管理者的指挥，拼命干活。

（3）在奖励制度方面，主要是用金钱来刺激工人产生积极性，同时对消极怠工者采用严厉的惩罚措施，即"胡萝卜加大棒"的政策。

（二）X理论与Y理论

美国管理学家道格拉斯·麦格雷戈（Douglas M.McGregor）在其著作《企业中人的方面》中提到关于两种完全相反人性假设的理论：X理论和Y理论。他在对管理者的行为进行深入观察后得出结论：一个管理者关于人性的观点是建立在一系列特定假设的基础之上。管理者倾向于根据这些假设来塑造自己对下属的行为。

---

① 魏文轩，潘国兵，郭寻. 员工奉献需要之管理[M]. 北京：知识产权出版社，2011：114.

1. 管理者根据 X 理论持有四个假设

（1）员工天生惰性强，尽可能逃避工作。

（2）员工逃避承担责任，宁愿寻求指导、支配和领导。

（3）由于员工厌恶工作，必须对其采取强迫命令，进行管制和约束等软硬兼施的管理措施，以实现企业目标。

（4）员工视个人安全高于一切，并且员工不具有上进心。

2. 管理者根据 Y 理论持有四个假设

（1）员工并不天生厌恶工作，会把工作看作同休息或娱乐一样自然的事情。

（2）员工愿意对工作负责，能进行自我引导和自我控制。

（3）员工具有想象力和创造力。

（4）员工有被尊重和自我实现的需要，不能把控制和惩罚作为实现企业目标的唯一办法，管理过程中努力将个人目标和企业目标融合一致。

X 理论与 Y 理论是关于人们工作原动力的理论，X 理论是悲观、僵化和静态的，认为人们的工作原动力是消极的，必须强迫、控制他们朝着企业的目标前进；而 Y 理论则是乐观、灵活和动态的，认为人们的工作原动力是积极的，只要给其创造一定的条件，他就会努力工作，达到确定的目标，并取得相应的成就。

（三）超 Y 理论

超 Y 理论是由美国管理心理学家约翰·莫尔斯（J.J.Morse）和杰伊·洛希（J.W.Lorsch）提出的。超 Y 理论在对 X 理论和 Y 理论进行实验分析比较后，认为 X 理论并不一定是毫无用处，Y 理论也不是灵丹妙药。该理论主张权宜的管理思维，管理方式要适合于团队特征、成员素质等，主张工作、组织、个人、环境之间互相匹配，各因素相辅相成、互为补充。

1. 超 Y 理论主要内容

（1）员工带着许多不同的动机和需要参加工作，但最主要的需要是实现其胜任感。

（2）胜任感每个员工都有，但对不同的员工有不同的满足方法，胜任感的取得不仅受外部环境的影响，还与本人的其他需要（如权力、地位、成就、待遇、交往等）相互制约。

（3）工作目标、工作性质的变化，其他因素如组织形式、工作分配、领导方式、职工培训、控制水平等都要随之变化。当工作任务与企业结构和管理模式相适时，胜任感容易得到满足，工作成效就显著。如果不适合，工作成效就不明显。

（4）一个目标实现后，会产生新的更高的目标，胜任感不会消失，而是持续发挥作用。

2. 超Y理论的主张

由于超Y理论具有主体需求差异性、组织方式相异性、控制程度应变性及目标确立递进性等特点，从人力资源管理的角度，超Y理论有以下主张。

（1）人们参加工作是基于不同的需要，员工管理要求不同，适用的管理方式也因人而异。

（2）管理应当使工作、团队和人员紧密配合，特定的工作由适合的团队和人员来担任。

（3）先从工作性质的确认、工作目标的了解和员工素质的情况等方面来考虑，然后再确定组织机构的构建、管理层次的划分、工作的分配、职工的培训、薪酬和控制程度的安排。

（4）各种管理理论均有其可取之处，采取的组织形式、管理模式和领导方式应与工作性质和工作人员素质相协调，最终实现提高工作效率的目的。

超Y理论强调人是"复杂"的人，人有很多需求、动机、目的，并且随环境的变化而变化，管理者对人性的认识要因人而异，重点在于权变。当企业管理方法、管理模式、管理环境适应员工的需求时，员工就会展现出工作的积极性。

（四）人性的正态分布模型

国内学者何凡兴在对西方学者提出的人性假设理论进行深入研究的基础上，提出了关于"人性的正态分布模型"①（又称人性优缺点模型，或者超XY理论），如表1-4-1所示。

表1-4-1 人性优缺点模型

缺点	马斯洛的（中性）需求层次理论	优点
惰性、投机取巧、X理论	自我实现	好竞争、好创新、Y理论

---

① 何凡兴.在什么情况下需要"无私奉献"[J].企业管理，2001，（03）：60-61.

续表

缺点	马斯洛（中性）需求层次理论	优点
妒忌、死要面子、斤斤计较	自尊（不愿被淘汰）	公开、公平、公正
孤独、厌世、自闭、无聊	爱、归属、娱乐	爱工作、爱社交、感谢生活
贪婪、贪污受贿	安全、内心平衡	居安思危、勤奋
纵欲、斩断欲望	衣、食、住、行、性	有节制、张弛有度

该理论认为，人性既有优点、美德，也有缺点、弱点。人性化管理的关键就是要根据人性的优缺点来设计企业的制度（体制、机制），尤其是人才机制，使企业的制度和机制能够充分发挥人性的优点，最大限度地抑制人性的弱点，从而使员工和企业都获得可持续发展。该模型包括以下要点。

（1）人类的许多外在特征和表现形式，如身高、体重、智力水平等，往往呈现出一种正态分布的曲线模式。这种模式的特点是大多数个体集中在中间区域，而两端的极端情况相对较少。这种现象不仅适用于生理特征，同样适用于人类行为和心理表现。例如，在企业环境中，员工的工作表现和态度也遵循类似的分布规律。我们可以观察到，大多数员工在无私奉献、合法利己及损人利己这三个维度上，往往呈现出"中间大、两头小"的分布状态。换句话说，绝大多数员工的行为和态度都集中在中间的某个区域，而那些极端无私或极端自私的个体相对较少。此外，心理学家亚伯拉罕·马斯洛（Abraham H.Maslow）提出了"自我实现"的概念，将其定义为一个人能够从事自己真正喜爱和热衷的活动，从而实现个人潜能和满足内心深处的需求。

（2）在绝大多数情况下，大多数人的行为动机主要是出于合法利己的考虑。所谓"合法利己"，是指个体通过合法和正当的手段来追求和实现个人的最大利益，以满足自身多样化的需求和欲望。这种行为模式不仅在市场经济体系中得到体现，而且存在于各种竞赛和竞争场合，如奥林匹克运动会等体育赛事中。市场经济的核心原则之一就是鼓励个体通过合法途径追求个人利益，从而推动整个社会经济的发展和繁荣。同样，在体育竞赛中，运动员通过公平竞争来实现个人荣誉和成就，这也是合法利己的一种表现。马斯洛的需求层次理论进一步阐释了这一观点，他认为人类的需求从基本的生理需求到自我实现的需求，都是个体在追求合法利己的过程中逐步实现的。因此，马斯洛的需求层次理论实质上可以被视为一种合法利己论,强调了个体在满足自身需求的同时,也能够为社会带来积极的影响和贡献。

(3)无私奉献是人性的重要部分,包括四种情况:只付出不求回报、付出远超回报、不嫉妒他人成就、让贤于更优秀的人。后两者是企业始终需要的部分,前两者在特定情境下需要。另外,应倡导上限法则,通过教育、文化熏陶,激发员工优点和奉献精神。

(4)人性中往往存在一些缺点和弱点,如惰性和逃避责任,有时人们也会做出一些损人利己的行为。针对这一问题,企业需实施公开、公平、公正的竞争淘汰机制,以克服员工惰性和培养优秀人才。管理中应采取下限法则,防止人性缺点和弱点泛滥,通过制度控制其对工作的影响。

上述模型适合一个人在不同时候的表现,也适合所有员工在同一时刻的表现,对于它的运用,首先需要改变思维方式,需要将一元论与概率论有机地结合起来,同时也需要将精确与模糊、大多数与少数的对立协调起来。

人性假设理论对人力资源管理有重要的意义,它是企业各类人员实施人力资源管理的依据,如海尔集团著名的斜坡球体理论认为,企业在市场上所处的位置如同斜坡上的小球,它受到内部职工惰性和外部竞争形成的压力。如果没有止动力,小球就会下滑,这个止动力就是OEC管理;如果没有牵引力,小球就不会上升,这个牵引力就是创新能力(如图1-4-1所示)。其中,"OEC"即英文"Overall、Every、Control、Clear"的缩写,其内容:O——Overall(全方位)、E——Everyone(每人)、Everything(每件事)、Everyday(每天)、C——Control(控制)、Clear(清理)。"OEC"管理法也可表示为"日事日毕、日清日高",即每天的工作每天完成,每天工作要清理并要每天有所提高。

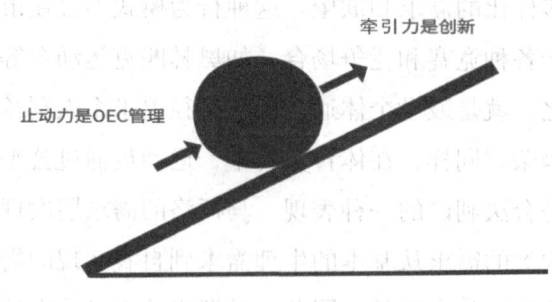

图1-4-1 海尔的斜坡球体理论

从高层管理者角度讲，其倾向于何种人性假设，将会影响他确定怎样的人力资源战略、人力资源政策和企业的人事管理哲学。对人力资源专业人员而言，其采纳何种人性假设，将会影响企业的人力资源管理制度、流程和方法。若企业人性假设偏重于 X 理论，该企业的人力资源管理体系必然会侧重有效的约束机制的建立，更加重视对人力资源成本的控制，不重视员工的开发和激励。反之，如果企业偏重于 Y 理论，那么该企业的人力资源管理体系必然会侧重有效的激励机制的建立，重视员工潜能的开发，而把控制和约束放在次要位置。

二、人力资源管理的相关命题

人力资源管理关心的是与"人"相关的命题，其核心是认识人性、尊重人性，强调现代人力资源管理"以人为本"。然而，自从经济社会出现企业这种组织形态，企业人力资源管理命题的核心就围绕人力资源开发与管理适应企业的发展展开，也就是将人力资源个体的行为统一到企业共同的目标和规则上来，即"以企业为本"。有效的人力资源管理按照企业的规则，支持企业的使命、核心价值观，刺激战略、企业、流程的变革和发展。因此，人力资源命题的本质就是从人力资源角度构建企业的核心能力和竞争优势，从而形成一个具有高度适应能力的企业。现代人力资源管理的命题关注人与企业的共同发展，主要关心人与职位的关系、人与企业的关系、人与价值的关系等，这构成了现代人力资源管理的相关命题。

（一）人与职位

人与职位命题主要是指人与职位的匹配问题，人要符合职位的需求，人的能力和职位的要求要相匹配，也就是人与职位的动态配置，这是人力资源管理首先要解决的命题。

1. 人与职位的双向匹配

人不适合从事以不变的速度和标准的节奏进行的工作。而适合从事可以经常改变广度、节奏和速度，以及操作程序多样化和丰富化的职位。同时，特定职位要满足个性化的人力资源的需求，尤其是知识型员工。知识型员工具有高人力资本、工作自主等特性，因此，职位也要求能满足其特性的需求，来开发团队及个人的潜能，以提升工作效率。

2. 人与职位的动态匹配

过去，企业职位要求个人的素质和能力符合其从事的专业领域的能力需求。现在，一方面，个人素质要符合岗位职位的需求；另一方面，工作职位要能挖掘人的潜能，拓展人的个性，让人产生成就感，这是员工用来衡量自身价值、界定自己和他人能力的一种方法。换言之，让职位满足人的心理需求，实现人与职位的动态匹配。

3. "能力+职位"的复合式管理体系

过去，企业主要构建基于职位的管理体系，要求人去适应职位，职位若产生变化，则要求员工自身的素质、能力、技能与之相适应。现在，"能力+职位"的复合式管理体系以职位分析与管理系统及胜任力系统为基础，其中基于职位的人力资源管理职能以职位为基础，基于能力的人力资源管理职能以实践能力为基础。

（二）人与企业

人与企业匹配是战略人力资源管理的一个热点命题。企业系统中，人力资源管理子系统是一个重要的序参量，支配着各子系统的行为，主宰着企业的整体演化过程。具体而言，各子系统的运作都对人力资源提出了不同的要求，同时，各子系统目标的实现都依赖于人力资源管理的支持。人力资源管理直接调节着人与企业匹配的关系，是促进人与企业匹配的中心环节。人与企业匹配的研究是关于人与企业之间产生相容性的前因和后果研究。

1. 人与企业命题的内涵

人与企业的命题实质上反映了人与企业相互作用的结果，人与企业的相互作用也是人与企业匹配研究最为核心的环节。人与企业的相互作用涉及三个方面：个体特征对企业的影响、企业特征对个体的影响，以及个体、企业和行为的交互作用。人与企业匹配反映了个体的特征、资源和需要与企业的特征、资源和需要之间的相似性、互补性及相容的程度，最终通过行为体现出来。

（1）企业文化与个人特质相匹配

人和企业在战略和文化上要相适应，人的素质与能力要同企业的战略、文化与核心能力相匹配，要保持企业和人的同步成长和发展，使得人的内在需求能够在企业中得到满足，个人价值得到实现；同时，人也要符合企业战略与文化的需求，使个人目标与企业目标一致。

（2）企业期望与个人期望相匹配

人与企业之间的矛盾源于双方在期望与目标上的冲突，主要体现在6个方面：①个人目标期望与企业目标期望失衡；②个人的自我角色定位与基于分工的企业角色期望矛盾；③个人的责任认知与企业的责任期望偏离；④个人的能力水平与企业的能力期望不匹配；⑤个人的实质贡献与企业的业绩期望存在差距；⑥个人的行为与企业对员工的行为期望相悖。这些矛盾导致收益与预期相矛盾，阻碍了利益共同体的形成。需建立合理收益预期，解决矛盾，实现人与企业的匹配与发展。

（3）企业发展与个人发展相匹配

企业发展以企业整体效率和企业长期绩效的提升为目标，个人的发展以个人职业生涯的发展和高回报薪酬与福利为主要目标，二者会产生一些矛盾。一方面，可能存在企业发展影响个人职业发展的情形，企业战略的转变导致企业业务流程和资源要求的变化，如果需要现有人力资源转换岗位或提升技能，个人的职业生涯发展将受到影响；另一方面，可能存在个人职业发展影响企业发展的情形，个人核心专长无法在企业中得到发挥，员工可能会出现情绪低落、消极怠工等情绪和行为，影响企业的发展。

人与企业的整体协同包括三个层面的内容：一是整个企业的核心人力资源队伍建设要与企业的核心能力相匹配，以支撑企业核心能力的形成；二是企业的人力资源结构要符合企业业务结构与发展模式的需求，要依据企业业务结构的调整与优化进行人力资源结构调整与优化；三是每个个体的能力要符合企业战略和文化的需求，个体要认同企业的文化，形成自己的核心专长与技能。

2. 人与企业命题在人力资源管理中的体现

支撑人与企业命题的人力资源管理涵盖了业务流程管理、企业设计与管理及文化管理等活动，旨在实现业务流程、企业战略和企业文化的适配，解决人与企业的整体协同问题。

（1）业务流程管理是在企业既定战略目标和全面分析内外部经营环境的基础上对企业业务流程进行分析、设计和管理。人力资源战略规划为组织业务流程长期有效地运行与管理提供适配的人力资源。

（2）企业设计与管理是在企业流程设计基础上，为达成战略目标，进一步优化企业结构、管理模式、岗位与人员配置。具体包括：通过绩效管理确保个体与企业目标一致；基于能力建立人力资源管理体系，使员工的个人专长与企业的核心能力相匹配；建立基于利益相关者的薪酬体系，形成利益与事业共同体；驱动员工为了共同利益与目标而协同合作，实现员工与企业共同发展。

（3）文化管理在人力资源管理中扮演着至关重要的角色。通过构建一个多层次、相互影响的文化体系，企业不仅能够为员工营造良好的工作氛围，还能够形成一个利益共同体与事业共同体，从而推动企业的持续发展和成功。该文化体系包含企业核心价值、理念文化、制度文化、行为文化和形象文化等多个方面。

在文化管理的过程中，企业需要建立一个基于利益相关者价值的企业文化体系，特别是价值分配体系。这意味着企业要明确企业内部各阶层的收益预期，确保每个员工都能在企业的发展中获得相应的回报。通过这种方式，企业能够形成一个利益共同体与事业共同体，使员工与企业之间形成紧密的联系，共同为企业的长远发展而努力。

（三）人与价值

在当今社会，人力资源管理的核心议题已经转向了人与价值的问题，这涉及一个全面的人力资源价值链管理，其核心包括人力资源的价值发现、价值创造、价值评价及价值分配。

首先，人力资源管理部门必须深入领会企业的发展战略及其策略目标，通过细致分析业务状况与组织架构，明确人力资源的战略定位、目标、原则及政策。其次，应对当前人力资源状况进行详尽的审视，识别出人力资源现状与战略目标之间的差距，并分析现状与未来战略需求的不匹配之处。此外，还需对人力资源的供给与需求进行精确预测，以便揭示供求之间的差距。再次，应设计并实施一套全面的系统解决方案，以应对人力资源管理中所面临的战略性问题。这将包括对现有业务职能的深入分析和调整，确保人力资源管理系统能够更好地支持公司的整体战略目标。企业可通过一系列政策安排，确保人力资源战略规划能够顺利落地，并具体化为可执行的措施和行动计划。这将涉及对企业的组织结构、人力资源流程、绩效管理体系及员工发展计划的全面审视和优化，以确保人力资源部门能够高效运作，为公司的长期发展提供坚实的人才支持和制度保障。最终，必须对人力资源战略规划的执行状况进行持续的评估与监控，以确保其能够满足企业战略发展的需求，进而挖掘人力资源管理的战略价值。通过这一流程，企业能够更有效地管理和优化其人力资源，确保在激烈的市场竞争中维持其竞争优势。

基于价值创造的培训与开发有利于开发和保持人力资源创造价值的能力。职业生涯管理活动主要包括六个步骤，即职业生涯机会评估、确定职业生涯目标、选择职业生涯路线、选择职业、制订培训计划、评估与反馈，其中职业生涯机会评估包括自我评估、企业因素评估、社会因素评估三个维度。由此可见，职业生涯管理体系的设计思路和目的更倾向于培养人和发展人，体现的是人力资源管理价值链中的价值创造部分。

绩效管理激励人力资源创造价值，解决人力资源价值贡献排序问题。技能等级评定是针对员工面临的职业发展"天花板"问题而开展的一系列工作，其目的在于通过对员工的价值贡献（技能层面而非绩效层面）对其进行部分评价，并基于价值贡献对其进行激励。它将员工的职业发展活动与企业的薪酬体系进行对接，通过员工的技能提升实现员工个人薪酬增加、企业价值增值的共赢目的。

薪酬管理解决人力资源价值分配问题，保证人力资源价值贡献的公平回报。基于价值贡献的薪酬体系是根据任职者在特定岗位上的业绩水平和价值贡献大小确定其薪酬水平的。薪酬的组成部分主要包括与年度工作业绩、目标达成有关的中期奖励计划，以及与长期工作绩效、目标有关的长期激励计划（股权、奖金等）。其关键在于核心人力资源的激励体系（如员工持股方案、股票期权等）设计、利润分享计划、经理人杠杆收购、绩效年薪制设计及核心人才的薪酬设计等。

第二章　旅游企业人力资源管理

本章对旅游企业人力资源管理进行了介绍，包含我国旅游业的发展及趋势、旅游企业人力资源管理现状分析、旅游企业人力资源管理创新的必要性。

第一节　我国旅游业的发展及趋势

一、我国旅游业的发展历程

中华人民共和国旅游事业的发展，大体经过了初创、开拓、发展、规划四个阶段。

（一）初创时期（1949—1955年）

这一时期，我国旅游业发展的主要任务是增进我国与各国人民的相互了解和友谊，宣传我国的社会主义。

中华人民共和国旅游业首先经营的是国际旅游业务。1949年11月，华侨服务社在厦门成立。此后，广东省的深圳、拱北、广州、汕头等十几个城市都建立了华侨服务社。1957年4月22日，华侨旅行服务社总社在北京成立。从此，中华人民共和国旅游业从早期的公费接待少量观光团，发展到组织华侨、港澳同胞自费观光、旅游、探亲。侨乡探亲旅游是我国旅游业初创阶段的主要形式。

1954年4月15日，中华人民共和国第一家面向外国人的旅行社——中国国际旅行社（以下简称"国旅"）在北京诞生。国旅是为适应日益繁重的外宾接待工作而设立的。1954年"日内瓦会议"后，特别是1955年"万隆会议"的召开，使中国的国际地位得到空前提高，国际影响力日益提升，与中国建立外交关系的国家数量明显增加。

（二）开拓时期（1956—1966年）

从1956年到1966年，是中国旅游事业的开拓阶段。这一时期，我国的国际旅游市场发生了根本变化。经由全国人大常委会正式批准，中国旅行游览事业管理局于1964年7月22日正式成立（以下简称"旅游局"），旅游局作为国务院的直属机构，负责全国旅游事业的管理。

旅游局成立后，国旅总社以接待为主，旅游局则负责管理全国的旅游事业，制订发展规划并统筹安排。从此，我国的旅游事业步入了正式发展的轨道。同第一阶段相比，它具有如下特点。

第一，以中国旅行游览事业管理局的成立为标志，我国旅游事业进入一个新的时期。

第二，与西方世界的旅游机构发生了联系，我国的国际旅游市场开始出现重大转移，海外客源市场更为广泛。

第三，旅游者的组成也发生了较大变化，多是民间团体组成的旅行团，零散客人增多。

第四，来华旅游者的数量和经济收益均有较大增加。

（三）发展时期（1978—1991年）

改革开放以后，我国旅游事业进入了全面大发展时期，在短短的十几年中，我国旅游业取得了巨大成就，具体表现在以下3个方面。

1. 从中央到地方建立起了一套旅游管理体制

为了加强对旅游工作的领导，1978年，经国务院批准，中国旅行游览事业管理局改为"中国旅行事业管理总局"，各省、市、自治区也相应成立了国务院旅游工作领导小组，负责旅游业的发展规划，统筹协调与旅游业有关的部门的工作。

2. 旅行社迅猛发展

这一时期，旅游者大量增加，使得旅行社如雨后春笋般发展起来。国际旅行社增加了地方分支社，新成立了一些派生机构。"1985年，我国旅行社数量为450家，至1988年底增至1 573家"[①]。从结构看，在原来以入境接待为主的外联

[①] 搜狐网.【旅行社简史】我国旅行社业发展历程回顾与展望[J/OL].（2017-10-18）[2024-03-15].https://www.sohu.com/a/198911755_748790.

旅行社和接待旅行社分工的基础上，产生了专门组织接待国内旅游者的三类旅行社。

3. 旅游资源得到进一步开发

改革开放以后，国家每年都拨出专款对风景名胜区进行开发建设、整修和保护。此外，国家还投资新建了一批旅游区、旅游景点。旅游商品销售点已遍布全国各旅游城市和风景旅游点。

（四）规划时期（1992年至今）

1. 市场导向规划阶段（1992—2003年）

我国旅游业从20世纪90年代初开始引导和促进旅游产品结构的战略调整，其标志就是应原国家旅游局等部门建议，国务院批准试办国家级旅游度假区，一系列文件的出台表明我国旅游规划市场开始走向成熟。1998年，中央经济工作会议将旅游业确立为国民经济新的增长点；1999年，国民休假制度改革，"黄金周"制度开始实施，对旅游业产生了巨大影响。1997—2003年，世界旅游组织先后承担了我国四川、山东、云南、海南、安徽、贵州、黑龙江7省的旅游规划。

2. 目的地整合规划阶段（2003—2014年）

2003年5月，《旅游规划通则》《旅游资源分类、调查与评价》和《旅游区（点）质量等级的划分与评定》三部旅游规划国家标准正式开始实施。随后，专业化旅游规划公司也蓬勃兴起，《2004—2010年全国红色旅游发展规划纲要》（2004）、《国民旅游休闲纲要》（2013）等文件相继出台。各地旅游部门在区域旅游合作上加快了脚步，环渤海、山东半岛、大西北、长三角、闽浙赣皖等区域旅游合作协议相继签署，掀起区域旅游合作热潮。这些都促进了目的地整合旅游规划的兴起。

3. 全域旅游规划阶段（2014—2018年）

2015年3月，中共中央国务院《关于加快推进生态文明建设的意见》正式通过，"绿水青山就是金山银山"的理念被写进中央文件，"全域旅游"应运而生。2015年9月，国家旅游局发出《关于开展"国家全域旅游示范区"创建工作的通知》。2016年，全国旅游工作会议提出，要扎实开展全域旅游示范工作，2016年2月公布首批共计262个国家全域旅游示范区创建名录，同年11月公布第二批国家全域旅游示范区创建名录，共计238个。2017年3月，国务院总理李克强在政府工作报告中明确提出："完善旅游设施和服务，大力发展乡村、休闲、全域旅游"①，"全域旅游"首次写入《政府工作报告》。同年6月，国家旅游局发布《全域旅游示范区创建工作导则》，提出创建工作坚持"注重实效、突出示范；宽进严选、统一认定；有进有出、动态管理"三大方针。2018年，国务院办公厅印发《关于促进全域旅游发展的指导意见》，标志着全域旅游上升到国家层面。

4. 旅游高质量规划阶段（2018年至今）

2017年，"高质量发展"表述首次提出，此后，旅游业高质量发展在理论和实践层面展开，地方旅游业高质量发展实施意见、三年行动计划、规划等相继出台。例如，2020年4月《临沧市旅游业高质量发展三年行动计划（2020—2022年）》印发，2021年6月泉州市出台了《关于促进旅游业高质量发展的意见》，2022年4月《承德市旅游业高质量发展规划》印发实施。这些实施意见、行动计划、规划的相继出台，为旅游业高质量发展提供了丰富的地方实践。

二、未来旅游业的发展趋势

据未来学家赫尔曼·卡恩（Herman Kahn）预测，未来旅游业将成为世界上最大的产业，就业人口中将有很大一部分人从事旅游业。笔者认为，未来旅游业有如下发展趋势。

（一）旅游的多样化趋势

随着人们在旅行方面的经验不断积累，他们对旅游的期望也在不断提升。现代交通工具的迅猛发展，如私家车、高速列车和超音速飞机的出现，使人们前往旅游目的地所需的时间大幅缩短。这些先进的交通工具不仅提高了旅行的效率，还为人们提供了更多的选择和便利。无论是自驾游还是乘坐公共交通，人们都可以更加轻松地规划自己的行程，享受更加丰富多彩的旅行体验。这种交通方式的变革，无疑成为旅游业的发展的巨大推动力，使得更多的人能够实现他们的旅游梦想，探索世界各地的美丽风光。

---

① 中华人民共和国中央人民政府."全域旅游"首次写入政府工作报告意味什么[EB/OL].（2017-03-06）[2024-03-15].https://www.gov.cn/zhengce/2017-03/06/content_5173906.htm.

随着信息网络技术的广泛普及和深入应用，越来越多的旅游者开始在出行前通过各种在线平台和工具自行规划和设计他们在目的地的行程。这种转变不仅改变了旅游者的行为模式，也对旅行社的传统服务功能产生了深远的影响。在过去，旅行社的主要服务功能包括组织和安排团体旅游、提供包车服务、代购各类票务及预订酒店客房等。然而，随着信息网络技术的发展，这些服务功能逐渐被各种在线平台和自助服务所取代。未来的旅行社可能更多地扮演旅游顾问和定制服务提供者的角色，帮助旅游者设计和实现更加个性化和高质量的旅游体验。与此同时，随着社会的发展和人们生活水平的提高，旅游需求也呈现出多样化和个性化的趋势。例如，现代旅游者不再仅满足于传统的观光旅游，而是更加倾向于休闲娱乐型、运动探险型等多种类型的旅游方式。他们追求的不仅是风景的美丽，更是旅游过程中的体验和感受。这种多样化的需求对旅游设施和服务提出了更高的要求。旅游企业需要不断创新和改进，以满足旅游者日益增长的需求。例如，在老龄化社会背景下，老年人出游需求不断增加，旅游企业可以针对这一特定群体提供特色旅游服务。这些服务可以包括专门为老年人设计的旅游线路、舒适的住宿环境、便捷的交通设施及贴心的医疗保障等，以确保老年人在旅游过程中能够享受到安全、舒适和愉悦的体验。

（二）旅游的大众化趋势

随着社会经济的发展和人们生活水平的提高，旅游已经不再被看作一种奢侈的高消费行为，而是逐渐融入人们的日常生活中，成为一种普遍的休闲方式。人们的工作和生活方式也在悄然发生变化，越来越多的职业需要频繁出差，或者允许远程工作，这使得人们有更多的机会进行远距离的长途旅行。这种现象不仅促进了旅游业的发展，也带来了前所未有的大量人群交流与迁移。传统的地域观念在这样的背景下进一步被削弱。随着跨越国界、跨越文化的旅行越来越频繁，旅游的国际化趋势愈发显著，越来越多的国家和地区成为旅游目的地，吸引了来自世界各地的游客。旅游景点和旅游服务也越来越注重国际化标准，以满足不同国家游客的需求。同时，随着旅游市场的不断发展和完善，旅游的淡旺季界限也趋于模糊。

（三）旅游空间扩展的趋势

科技进步使旅游的空间活动范围更加广阔，不但可以进行环球旅行，甚至以后还可能向深海、月球或更远的宇宙空间发展，出现革命性的新旅游方式。

由此可见，未来旅游的市场将是规模异常广阔、活动异常频繁、科技含量异常高的极其繁荣的市场。旅游经营管理者要充分研究未来旅游的发展趋势，制定旅游业发展的战略目标，规划旅游事业发展的蓝图，进一步发展好我国的旅游产业。

三、我国旅游业面临的机遇和挑战

近年来，我国旅游业面临复杂环境，既有机遇也有挑战，主要包括以下几个方面。

（1）"进入新发展阶段，旅游业面临高质量发展的新要求。"[1] 当前人们的闲暇时间逐渐增多，旅游需求越来越旺盛，消费向高品质、多样化转变，这为旅游业的发展提供了必要保障，同时，旅游产品和服务消费呈现出线上线下相融合的趋势。未来我国旅游业应以满足人民美好生活需求为目标，优化产品和服务。

（2）"构建新发展格局有利于旅游业发挥独特优势，也对旅游业提出了扩大内需的重要任务。"[2] "2021年全年中国社会消费品零售总额44.1万亿元，增长12.5%。最终消费支出对经济增长贡献率达65.4%，消费重新成为经济增长第一拉动力"[3]。我国人口众多，人们生活水平也在显著提升，因此消费潜力巨大。而旅游业在拉动经济、促进消费方面具有独特优势，旅游业的发展能进一步促进当地的经济增长，同时助力我国的城市更新及乡村振兴。

---

[1] 中华人民共和国中央人民政府. 国务院关于印发"十四五"旅游业发展规划的通知[EB/OL].（2021-12-22）[2024-03-14].https：//www.gov.cn/zhengce/content/2022-01/20/content_5669468.htm.

[2] 中华人民共和国中央人民政府. 国务院关于印发"十四五"旅游业发展规划的通知[EB/OL].（2021-12-22）[2024-03-14].https：//www.gov.cn/zhengce/content/2022-01/20/content_5669468.htm.

[3] 海外网. 商务部：2021年消费重新成为中国经济增长第一拉动力[EB/OL].（2022-01-25）[2024-03-14].https：//baijiahao.baidu.com/s?id=1722912715612987973&wfr=spider&for=pc.

（3）"实施创新驱动发展战略为旅游业赋予新动能，也对旅游业提出了创新发展的新要求。"①"十四五"期间，新科技的发展带来了产业变革，并影响着人们生活的方方面面，新的产品、服务、管理模式应运而生，不断推动产业的进一步发展。新科技的发展也影响了旅游全链条，推动旅游业从资源驱动向创新驱动转变。未来我国旅游业应更加重视数字化、智能化产品的应用，以科技手段优化产品及服务，推动旅游业的快速发展。

（4）"建设文化强国为旅游业明确了发展方向，也需要旅游业更加主动发挥作用。"②党的十九届五中全会中明确了2035年建成文化强国的宏伟蓝图，并对旅游业的发展目标进行了明确的规划。建设世界旅游强国，是实现文化强国战略目标的必然要求。我们应当坚持社会主义核心价值观，将社会主义先进文化、革命文化和中华优秀传统文化融入旅游业的发展之中，推动旅游业实现高质量发展。同时，需均衡推进物质文明和精神文明建设，通过旅游业促进文化的广泛传播，深入挖掘文化内涵，将历史文化与现代文明有机结合，努力实现旅游业社会效益与经济效益的和谐统一。

（5）"强化系统观念有利于旅游业全面协调可持续发展，也对旅游业提出了统筹发展和安全的新任务。"③我们必须正确处理好发展与安全的关系，确保在追求发展的同时，绝不以牺牲安全为代价。必须坚守安全底线，为旅游业的稳健发展打下坚实的基础。这意味着我们需要树立国家安全观，强化底线思维，确保在任何情况下都不放松对安全的重视。同时，要掌握旅游意识形态的话语权，加强安全生产管理，确保旅游活动中的每一个环节都符合安全标准，避免任何可能导致安全事故的因素出现。此外，坚持生态优先、绿色发展的核心理念，将把生态保护作为工作的重中之重，全面落实各项生态保护责任。致力于通过具体的行动

---

① 中华人民共和国中央人民政府.国务院关于印发"十四五"旅游业发展规划的通知[EB/OL].（2021-12-22）[2024-03-14].https://www.gov.cn/zhengce/content/2022-01/20/content_5669468.htm.

② 中华人民共和国中央人民政府.国务院关于印发"十四五"旅游业发展规划的通知[EB/OL].（2021-12-22）[2024-03-14].https://www.gov.cn/zhengce/content/2022-01/20/content_5669468.htm.

③ 中华人民共和国中央人民政府.国务院关于印发"十四五"旅游业发展规划的通知[EB/OL].（2021-12-22）[2024-03-14].https://www.gov.cn/zhengce/content/2022-01/20/content_5669468.htm.

和措施，彰显生态价值，让旅游业在促进经济发展的同时，也能成为生态保护的积极力量。只有这样，才能确保旅游业的可持续发展，为后代留下一个更加美好的自然环境。

四、旅游业发展的总体要求和主要任务

（一）总体要求

自党的十八大召开以来，党中央对旅游业的发展予以高度关注，并且习近平总书记的重要论述为旅游业的高质量发展提供了明确的指导方向。《"十四五"旅游业发展规划》（以下简称《规划》）明确了五项基本原则，根据《规划》，我国旅游业到2025年发展水平会显著提升，现代旅游业体系也会更加完善，有效供给更加丰富，能更好地满足人民群众的需求。《"十四五"旅游业发展规划》详细阐述了"十四五"期间旅游业发展的指导思想、基本原则和宏伟目标，强调了以习近平新时代中国特色社会主义思想为指导，以高质量发展为核心，深化供给侧结构性改革，强化需求侧管理，推动文化和旅游的深度融合，致力于完善现代旅游业体系。展望2035年，旅游业的综合功能将得到全面发挥，我国将基本建成世界旅游强国。《规划》中虽然未设定具体的量化指标，但已然传递出明确的信号，即旅游业应以高质量发展为主题，注重结构的优化和质量的提升，不再单纯追求速度和规模。

（二）主要任务

《"十四五"旅游业发展规划》的目标是构建现代旅游业体系，推动旅游业高质量发展。《规划》从七个方面对未来一段时期旅游业发展作出全面部署，重在统筹供给侧与需求侧、统筹资源保护与资源开发、统筹资源驱动与创新驱动、统筹空间布局与项目建设、统筹市场开发与市场管理、统筹国内国际两个市场。

1. 坚持创新驱动发展

为何将创新驱动摆在发展之首？回顾过去四十年，我国旅游业之所以取得辉煌成就，主要得益于改革开放和人口红利的双重作用。然而，随着传统红利效应的逐渐减弱，科技创新和文化创意正成为推动发展的新引擎。互联网、大数据、人工智能等前沿技术的迅猛发展，有效促进了实体经济与数字经济的深度融合。

新一代信息技术在旅游领域的广泛运用,催生了诸多新产业、新业态和新模式,标志着我国旅游业正迈向以科技创新为驱动力的新阶段。《规划》明确将科技创新作为推动旅游业发展的核心动力,并将其置于全局性的重要位置。创新驱动的实质,体现在旅游全要素、全环节的智能化水平提升以及新技术的广泛应用上。首先,要积极推进智慧旅游的发展,创新公共服务模式,打造智慧旅游城市、智慧旅游景区等。其次,要加速对新技术的应用与技术创新,以提升旅游业的整体效能。最后,要提高创新链的综合效能,推动构建旅游大数据体系、信息化监管体系等,为旅游业的持续健康发展提供坚实的技术支撑。

2. 优化旅游空间布局

旅游业的发展,对于促进人口的流动具有重要作用。在规划过程中,必须紧密围绕国家战略、资源特点及人民需求,引导市场力量聚焦关键领域,着力解决区域发展不平衡的问题。一方面,要立足于国家战略和旅游资源的合理布局,构建新的发展格局,明确各区域的发展定位和重点任务,大力支持具有特色的地区发展旅游业,以此推动地方经济社会的全面进步。另一方面,应聚焦于功能优化和需求导向,精心打造旅游客源地和目的地,优化城乡旅游休闲空间布局,推动旅游休闲功能融入城市综合功能,努力构建城乡互补、协调发展的新格局。

3. 构建科学保护利用体系

在推动旅游资源开发的过程中,必须坚持科学保护与合理利用相结合的原则,坚决避免盲目开发行为,实现保护与开发的统筹兼顾。高质量地开发是我们的核心追求,应始终将保护放在优先位置,力求实现开发与保护的和谐共生。在旅游业发展的初期阶段,我国主要依赖于自然和人文资源。而今,随着资源观念的转变,不论是自然景观还是人文风貌,抑或是现代资源、休闲生活,只要加以科学的开发和利用,都能成为优质旅游资源。因此,对旅游资源进行全面普查、保护和传承显得尤为关键。《规划》着重强调了文化和旅游资源的重要性,提出了系统性规划,旨在构建一个科学的保护与利用体系,创新保护与利用的模式,推进国家文化公园、国家公园的建设,打造保护与利用的高地,构建历史文化走廊、精神家园及文旅体验空间。

4. 完善旅游产品供给体系

供给侧结构性改革的核心目标在于提升供给体系的质量和效率,致力于削减无效供给,拓展有效供给。在消费模式、生活方式、社交习惯的持续演变中,旅游需求亦呈现出新的发展趋势。新的需求催生新的供给,而新的供给又进一步激发新的需求。当前,旅游业呈现出年轻化、信息多元化、休闲化、散客化等显著特征。网红城市如成都、西安、重庆等,不仅以景点吸引游客,更以其生活化、生产化、生态化的环境成为旅游热点。因此,丰富旅游产品供给,需从资源端、供给侧和需求侧等多角度出发,坚持标准化与个性化相结合的原则,以满足人民群众多样化、多层次的旅游需求。

首先,要丰富和优化优质产品供给,创新旅游产品体系,特别是要建设一批具有世界影响力的旅游景区和度假区,打造国家级旅游休闲城市和街区。其次,要增强市场主体的活力,通过做强做优骨干旅游企业,培育大型旅游集团并提升国际影响力,同时支持中小微企业不断创新、发挥特色和专业优势,实现差异化发展。最后,要积极推进"旅游+"和"+旅游"战略,促进旅游与科技、教育、交通等领域的深度融合,延伸产业链条,催生新的业态,从而创造更大的社会和经济价值。

5. 拓展大众旅游消费体系

随着我国全面建成小康社会,旅游消费在人民群众生活中的地位和作用日益凸显。我们要在"十四五"规划和2035年远景目标的引领下,围绕构建新发展格局,坚持扩大内需战略基点,推进需求侧管理,为旅游消费营造良好的发展环境。《规划》从五个方面提出了进一步激发旅游消费潜力的政策措施。归纳起来就是有充裕的时间消费、有丰富的消费选择、有完善的消费保障,有获得感的消费体验。具体来说,从这五个方面入手拓展大众旅游消费体系包括优化消费环境、拓展消费领域、提升消费服务、完善公共服务设施、创新宣传推广方式。通过这些措施,我们必将进一步推动旅游消费的高质量发展,为满足人民日益增长的美好生活需要作出贡献。

6. 建立现代旅游治理体系

众所周知,旅游业作为一个综合性产业,其发展需要全面的治理策略。市场监管直接关系到人民群众的切身利益,维护市场秩序是确保旅游业健康发展的基础。根据《规划》所提出的五项举措,首先,应依法治理旅游行业,完善监管机制,严厉打击违法违规行为,切实保护游客的合法权益;其次,应加强旅游安全管理工作，确保旅游业的持续健康发展；再次，要提升信息化监管能力，构建智能化的监管平台；此外，要积极推进旅游信用体系建设，公开曝光失信行为，树立诚信典范；最后，要推动文明旅游的实践，整治不文明行为，积极传播文明旅游的新风尚。

7. 深化旅游开放合作体系

"百闻不如一见"，这句古语道出了旅游体验作为一种生动直观的见证和传播方式的独特魅力。旅游不仅是一次简单的出行，更是一种深入人心的文化交流和文明传播活动。它像一座桥梁，连接着不同民族的意识形态，让人们在行走中感受世界文化的多元与包容。

在当今社会，旅游已经成为传播文明、交流文化、增进友谊的重要渠道。它如同一把钥匙，打开了通往不同文化的大门，让人们能够亲身体验、亲身感受不同地域的风土人情和历史文化。通过旅游，人们可以更加直观地了解其他民族的生活方式、价值观念和精神风貌，进而促进彼此之间的理解和尊重。旅游的过程，其实就是一次寻找故事、了解文化、发现未知、领略精神的心灵之旅。在这个过程中，旅游者不仅能够领略到美丽的自然风光和人文景观，更能够深入了解当地的历史文化、社会风俗和居民生活。同时，对于故事发生地而言，发展旅游业也是讲好故事、弘扬文化、传递价值、传承精神的重要方式。通过发展旅游业，这些地方可以将自己的故事和文化传播到更广阔的天地，让更多的人了解和认可。

旅游还是一种跨越国界的"世界语言"。无论是哪个民族、哪种信仰、哪种意识形态的人群，都可以通过旅游这一方式来进行交流和互动。旅游能让人们有机会亲身感受不同文化的魅力，从而增进相互之间的了解和友谊。这种跨文化的交流不仅能够促进世界和平与发展，更能够推动人类文明的不断进步。在当今中国，旅游更是扮演着举足轻重的角色。随着国家的快速发展和日益强大，中国需要通过旅游这一大众化、具象化、生动化的媒介来向世界展示真实、立体、全面的中国形象。通过旅游，中国可以将自己的历史文化、社会进步和人民幸福传递给世界，让更多的人了解并认同中国的发展成就和"中国精神"。

着眼未来长远发展，《规划》明确提出要加强形势分析和政策储备，分步有序地吸引入境旅游，稳步发展出境旅游。这既是对旅游行业发展的科学指导，也是对旅游在传播文明、交流文化、增进友谊方面所起作用的充分肯定。未来，随着旅游行业的不断发展和完善，相信旅游将继续发挥其独特的作用，为世界的和平与发展贡献更多的力量。

第二节　旅游企业人力资源管理现状分析

习近平总书记指出："用中长期规划指导经济社会发展，是我们党治国理政的一种重要方式。"① 用五年规划动员与配置全社会资源，引领和推进经济社会发展，是党和人民在长期实践探索中形成的科学制度安排，彰显了"中国之治"的制度优势和强大生命力。习近平总书记也多次强调："旅游是综合性产业，是拉动经济发展的重要动力。旅游是传播文明、交流文化、增进友谊的桥梁，是人民生活水平提高的重要指标。"② 为旅游业发展指明了方向，提供了根本遵循。2021年12月22日，国务院印发了《"十四五"旅游业发展规划》（以下简称《规划》），作为迈向第二个百年奋斗目标新征程中的第一部旅游业发展规划，明确提出了"十四五"时期旅游业发展的总体要求、重点任务、重大工程和保障措施，是新时代旅游业创新发展的重要政策文件。

我国一直坚持用中长期规划指导经济社会发展，并且建立完善了以发展规划为统领，以空间规划为基础，以专项规划、区域规划为支撑，由国家、省、市县各级规划共同组成的国家规划体系，概括讲就是"三级四类"规划体系。《中华人民共和国旅游法》提出明确要求："国务院和省、自治区、直辖市人民政府以及旅游资源丰富的设区的市和县级人民政府，应当按照国民经济和社会发展规划的要求，组织编制旅游发展规划。"改革开放以来，国家层面共编制了8个旅游业发展规划，1986年出台第一个旅游业五年规划（"七五"时期）；《"十三五"旅游业发展规划》首次被纳入国家级专项规划，由国务院印发实施；《"十四五"旅游业发展规划》继续被列为国家级专项规划。旅游规划被纳入国家级专项规划，体

---

① 中华人民共和国中央人民政府. 习近平：在经济社会领域专家座谈会上的讲话[EB/OL].（2020-08-25）[2024-03-11]. https://www.gov.cn/xinwen/2020-08/25/content_5537101.htm.

② 中国共产党新闻网. 拥抱"旅游+"新时代 加快从旅游大国向旅游强国迈进[EB/OL].（2015-09-16）[2024-03-11]. http://theory.people.com.cn/n/2015/0916/c40531-27590196.html.

现了旅游业既是关系国民经济和社会发展全局的重要领域，也是涉及重大产业布局和重要资源开发的领域。

2019年中央经济工作会议提出"推动旅游业高质量发展"，对新时期旅游业发展作出部署。2020年10月，党的十九届五中全会的《中共中央关于制定国民经济和社会发展第十四个五年规划和二〇三五远景目标的建议》明确提出，"推动文化和旅游融合发展，建设一批富有文化底蕴的世界级旅游景区和度假区"。

国务院连续印发实施了"十三五"和"十四五"两个旅游业发展的国家级专项规划，充分体现了党中央、国务院对旅游工作的高度重视。特别是"十四五"旅游业发展规划，深入贯彻习近平总书记关于"十四五"规划编制的重要指示精神，落实国家"十四五"规划编制工作的总体部署，体现了四个显著特征：一是贯彻中央要求、彰显时代特征，突出战略性；二是功能定位准确、发展方向明确，突出前瞻性；三是坚持以人为本、广泛凝聚共识，突出协同性；四是内容务实亲民、市场主体有感，突出落地性。《规划》对于我们立足新发展阶段、全面准确完整贯彻新发展理念、主动服务和融入新发展格局、推动旅游业高质量发展具有重要而深远的意义。

但是通过对目前旅游企业人力资源管理现状的梳理，发现仍然还存在一些问题，主要体现在管理方式、管理职能、人才开发等方面。

一、人力资源管理方式不够科学

首先，人力资源规划的缺失导致招聘工作缺乏计划性；其次，招聘过程形式化，缺乏科学的选才机制；再次，培训内容与实际需求脱节，企业文化和业务能力的培训均显不足；此外，绩效考核主观性过强，缺乏对员工的情感和利益的重视；最后，薪酬管理及劳动关系方面问题频发，诸如合同不规范、试用期过长、拖欠工资等现象屡见不鲜。这些问题的产生多与资金不足、企业规模较小、业务运营困难等因素有关，并且这些问题往往相互交织，共同影响着企业的健康发展。

二、人力资源管理部门职能偏简化

在我国，许多旅游企业往往将人力资源管理部门视为一个辅助性部门，其主要职责通常局限于传统的职能，如考勤管理、员工档案维护及合同管理等。对于人力资源规划、绩效评估、奖惩制度的建立、人才评价以及员工培训等关键职能，这些旅游企业往往不够重视。这种管理方式在很大程度上限制了旅游企业的发展潜力。

与此同时，中小旅游企业中的人力资源管理部门往往地位较低，缺乏战略性的视角。这使得它们难以准确把握和满足企业对人才的需求。尽管一些旅游企业已经将部门名称从"人事部"改为"人力资源部"，但其管理理念和模式仍然停留在传统的人事管理阶段，工作内容也依然是员工招聘、简单培训、工资待遇及劳动合同等，并未深入人力资源管理层面，也没有重视对员工的深度开发与培训。

此外，部分旅游企业对人才的管理更倾向于依赖个人经验和直觉，而不是系统的知识和人才评估体系。这种做法导致了企业对人力资源管理工作的重视程度不足，进而影响了企业整体的管理水平和竞争力。为了实现可持续发展，旅游企业必须转变观念，重视人力资源管理的核心职能，提升人力资源部门的战略地位，从而更好地发掘和利用人才资源，推动企业的全面发展。

三、人力资源管理约束与激励机制不够完善

马斯洛的需求层次理论详细阐述了人类需求的递进性，即在满足了基本的生理需求之后，人们会逐步追求更高层次的需求，如安全需求、社交需求、尊重需求及自我实现需求。因此，旅游企业应当重视员工对于尊重和自我实现的追求，并将员工的个性特点与需求合理地融入企业的发展战略中。旅游企业的成长与人才息息相关，必须借助有效的人力资源管理策略来规范和激励员工，以及合理地分配资源，以确保企业能够持续发展并保持竞争力。

然而，在我国，人力资源管理在对员工的约束与激励方面存在诸多问题。首先，管理体系尚不完善，对人才的重视程度不足，导致基本福利未能得到妥善落实，员工的基本需求常常被忽视。其次，激励机制往往形同虚设，管理者未能兑现承诺，员工亦未能严格遵守既定制度，导致员工的积极性和忠诚度下降。这些问题不仅影响了员工的工作效率和满意度，还进一步影响了企业的整体绩效和长期发展。因此，旅游企业必须重视并改进人力资源管理策略，以更好地满足员工的需求，激发员工的潜力，从而推动企业的持续发展。

四、旅游企业员工流失严重、整体素质偏低

旅游企业员工流失严重、整体素质偏低是当前旅游行业普遍面临的一个严峻问题。随着旅游业的快速发展，对旅游企业员工的需求日益增长，然而，员工流失率居高不下且整体素质偏低已成为制约旅游企业健康发展的瓶颈。旅游行业，特别是文化旅游和休闲旅游领域，面临着中高层次管理人才和技术人才短缺的问题。这些人才需要既懂外语又熟悉业务，同时还需具备创新能力，如高素质的职业经理人、营销人才、度假村管理人才等。基层员工的综合素质普遍偏低，难以满足旅游行业对专业化、个性化服务的需求。且人才的开发程度不足、不均衡，重点景区景点、大型宾馆饭店的人才资源比重较高，而小型景区景点、宾馆饭店及民俗旅游领域的人才较为短缺。另外，旅游企业培训资源分配不均，大企业自行培训较多，小企业则不重视或缺乏培训资源。

旅游企业员工流失严重的原因有两点。一方面，旅游行业的竞争日益激烈，企业之间的薪酬福利差异较大，一些员工为了追求更高的薪资和更好的福利，可能会选择跳槽到其他企业。另一方面，旅游行业的工作压力较大，工作强度较高，员工长时间处于高强度的工作状态下，容易身心疲惫，进而选择离开。此外，一些员工对旅游行业的未来发展持悲观态度，认为行业前景不明朗，因此选择转行。

旅游企业员工整体素质偏低的问题同样不容忽视。由于旅游行业的入门门槛相对较低，许多员工没有接受过专业的培训和教育，缺乏相关的知识和技能。这使得他们在工作中难以胜任高难度的任务，也影响了企业的服务质量和形象。

五、旅游企业人力资源结构分布不合理

旅游业是综合性很强的经济产业，涉及"吃、住、行、游、购、娱"六大要素，旅游业的管理者与一线工作人员需要掌握历史、地理、文学、美学、心理学等学科的知识。因此，旅游企业亟须培养具备实际操作经验和技能的基层工作人员，以及掌握旅游管理知识的复合型人才。

当前，旅游企业的人力资源结构存在不合理之处，主要表现在学历和专业构成上。在学历构成方面，高中及初中学历的员工占比较大，而大专及以上学历的员工相对较少，即便是管理层中，高学历人员亦不占多数。由于薪酬水平偏低和

职业发展空间有限，导致高学历员工流失现象严重。在专业构成方面，仅有少数员工接受过专业教育，大部分员工的专业化水平不高，高级管理者的专业背景与所从事的职业往往不匹配，缺乏高层次的管理人才和技术人才，这无法满足旅游企业乃至我国旅游业发展的需求。

六、新技术在管理上的应用不够

人力资源管理数字化发展的现状中，确实存在一些不足之处，导致旅游企业数字化转型面临诸多挑战。这些不足主要体现在以下四个方面。

一是意识与认知不足。部分企业仍未充分认识到人力资源管理数字化的重要性和紧迫性，对数字化转型的理解停留在表面，缺乏深入的思考和规划。这种意识的缺乏导致企业在推进数字化转型时缺乏动力和方向。还有部分企业对人力资源管理数字化的概念理解不清，容易将其与信息化、IT系统升级等混淆。这种概念上的模糊导致企业在实施数字化转型时难以把握重点和方向。

二是人才与技能短缺。缺乏复合型人才，人力资源管理数字化需要既懂人力资源管理又懂信息技术的复合型人才。然而，目前市场上这类人才相对稀缺，难以满足企业的需求。技能水平不足，部分企业的HR人员虽然具备人力资源管理知识，但缺乏数字化技能，难以适应数字化转型的需求。同时，一些技术人员虽然具备数字化技能，但对人力资源管理的业务流程不够了解，也难以有效推动旅游企业的数字化转型。

三是系统与数据问题。一方面，部分企业的人力资源管理系统老旧，可能存在功能单一、性能低下、数据孤岛等问题，难以支撑企业的数字化转型。另一方面，数据质量不高，在数字化转型过程中，数据质量是至关重要的。然而，部分企业的人力资源管理数据存在不完整、不准确、不一致等问题，导致数据分析结果失真，难以为企业决策提供有力支持。

四是策略与规划缺失。缺乏长期规划，部分企业在推进人力资源管理数字化转型时缺乏长期规划，只是盲目跟风或应对短期压力。这种缺乏规划的做法可能导致数字化转型的盲目性和不可持续性。部分企业在制定数字化转型策略时不够明确具体，缺乏针对性和可操作性，可能导致企业在实施策略的过程中迷失方向或无法达到预期效果。

第三节　旅游企业人力资源管理创新的必要性

一、有利于为企业提供强有力的人才保障

在当今知识经济时代，人才无疑是推动旅游企业持续发展的核心动力。为了实现企业的长远发展目标，必须在人力资源管理方面投入大量精力，努力优化和提升管理水平，从而为企业的持续发展提供坚实的人才基础。随着旅游业竞争的日益加剧，对于高素质人才的需求量也在不断攀升。旅游企业在人力资源管理方面的优劣，将直接影响到人才的留存或流失。旅游企业要想在激烈的市场竞争中脱颖而出，就必须不断提升自身的管理水平，在经济上给予人才足够的支持和保障。这样一来，企业不仅能够吸引更多优秀的人才，还能有效地留住这些人才。当然，留住人才只是第一步，更重要的是要激发他们的潜能，充分发挥他们的创造力和专业技能。只有这样，旅游企业才能在知识经济时代持续而稳健地发展，从而在竞争中立于不败之地。通过优化管理，企业可以为人才提供更好的工作环境和发展平台，使他们能够更好地为企业贡献自己的智慧和力量，共同推动企业在新时代背景下的繁荣与进步。

二、有利于挖掘人才潜力

在现代企业管理中，人力资源部门扮演着至关重要的角色，它不局限于招聘人才这一单一职责，还涵盖了人才的开发、培养、挖掘及全面管理等多个方面。特别是在当前竞争日益激烈的旅游行业，人力资源部门的作用尤为关键。对于已经引进的人才，人力资源管理需要通过一系列科学的方法和策略，充分开发和挖掘他们的潜能，发挥他们的专业特长，从而实现人才的优化配置。通过这种方式，企业能够最大限度地激发员工的创造力和工作热情，进而为企业创造更大的价值，提升整体竞争力。在当今社会，针对人才的特长进行有针对性的重点培养已经成为人力资源管理工作中的重要内容。特别是在知识经济时代背景下，旅游企业的人力资源管理逐渐变得更加系统化和全面化。通过创新管理方式，企业能够更有

效地挖掘人才的潜力，从而为企业的长远发展提供强有力的支持。

具体来说，旅游企业需要根据员工的个人特长和兴趣爱好，制订个性化的培养计划。这样不仅能够激发员工的工作热情，还能提高他们的工作效率和质量。例如，对于那些具有较强沟通能力和客户服务意识的员工，企业可以重点培养他们成为优秀的客户服务代表或销售经理。而对于那些对旅游产品设计有独到见解的员工，则可以提供更多的培训机会，使他们成为旅游产品开发的中坚力量。此外，旅游企业还应注重员工的综合素质培养，包括专业知识、技能和职业素养等方面。通过定期组织各种培训和学习活动，可以不断提升员工的专业能力，使其更好地适应旅游市场的变化和需求。同时，企业还应鼓励员工进行跨部门、跨领域的学习和交流，以拓宽他们的视野，增强团队协作能力。总之，在知识经济时代背景下，旅游企业的人力资源管理需要不断创新和改进，以适应市场的变化和企业的发展需求。通过有针对性地培养人才，挖掘他们的潜力，企业不仅能够提高员工的工作满意度和忠诚度，还能为企业的长远发展奠定坚实的基础。

三、有利于推动生产经营向纵深发展

在新经济时代背景下，旅游企业面临着前所未有的挑战和机遇。为了在激烈的市场竞争中脱颖而出，提升管理水平成为每个旅游企业的当务之急。如何通过优化管理机制来推动自身的持续发展，已经成为众多旅游企业关注的核心问题。

对于旅游企业来说，有三大关键资源是其成功运营的基础：首先是人力资源，其次是物力资源，最后是财力资源。在这三大资源中，人力资源无疑是最为关键的，因为无论是物力资源还是财力资源，都需要依赖于人力资源的合理配置和有效利用。只有充分发挥人力资源的优势，才能更好地管理和运用物力资源和财力资源，从而实现企业的长远发展。因此，旅游企业必须重视人力资源的培养和管理，通过提升员工的素质和能力，激发他们的创造力和积极性，进而推动整个企业的管理水平和经济效益的提升。在新时期，资源的优化配置尤为重要，对于旅游企业来说也不例外。为了在激烈的市场竞争中脱颖而出，旅游企业必须在劳动力和劳动资料之间找到一个平衡点。这意味着企业需要不断探索和尝试各种方法，以降低人力成本，从而将劳动力资源有效地转化为经济效益。然而，在传统的管

理模式中,旅游企业往往依赖于制度约束来管理人力资源,这种做法虽然在一定程度上能够维持秩序,但压抑了员工的积极性和创造力,从而阻碍了企业的可持续发展。为了推动人力资源管理的创新,旅游企业必须采取新的策略。首先,企业需要确保劳动力与劳动对象之间的匹配度,弥补传统制度约束管理模式的不足。这意味着企业需要深入了解员工的特长和兴趣,将他们安排在最适合的岗位上,从而实现人尽其才。此外,企业还应鼓励员工参与决策过程,赋予他们更多的自主权,激发他们的工作热情和创新精神。通过这种方式,每个员工都能在自己的岗位上发挥最大的潜力,为企业的长远发展作出贡献。

四、有利于提高企业运作效率

在旅游企业中,人力要素是最具活力和创造力的组成部分。每一个员工都是一个独立的个体,他们拥有自己独特的思维方式、丰富的情感世界,以及鲜明的个性和尊严。旅游企业要想在激烈的市场竞争中脱颖而出,就必须承担起促进员工成长和发展的重任。为此,企业应当为员工营造一个良好的工作环境,为其提供充分的支持和资源,以激发他们的潜能,充分发挥他们的聪明才智。

如今,知识型人才变得越来越重要,他们为企业带来的经济效益是无法估量的。旅游企业通过引进和培养专业人才,不仅能够提升企业的核心竞争力,还能够为企业的长远发展注入源源不断的创新动力。这些专业人才能够为企业带来新的工作思路和工作方法,推动企业不断进步,使企业在激烈的市场竞争中占据有利地位,提高经济效益。因此,旅游企业应当重视人才的引进和培养,为他们提供广阔的发展平台,使他们能够在工作中充分发挥自己的才能,为企业的繁荣发展作出贡献。

在新经济时代,人力资源管理的创新已经成为企业发展的关键驱动力。这种创新不局限于某一个方面,而是涵盖了多个层面,包括机制创新、理念创新及方法创新等。机制创新通过建立和完善一系列规范和制度,能够有效地规范员工的行为,从而增强员工的责任意识,使他们在工作中更加积极主动。理念创新则强调尊重员工的主体地位,关注员工的个人需求和发展,通过满足员工的现实需要,激发他们的工作热情和创造力。方法创新则侧重于提升员工的综合素质,通过培训和教育等方式，提高员工的专业技能和工作效率，从而提升整体的劳动效率。

在旅游行业，企业要想在激烈的市场竞争中脱颖而出，必须以人力资源管理创新为先导。通过不断优化和改进人力资源管理的各个方面，旅游企业可以更好地吸引和留住优秀人才，提升员工的工作满意度和忠诚度，进而推动企业的持续发展和壮大。因此，旅游企业应当重视人力资源管理的创新，将其作为企业战略的重要组成部分，以适应新经济时代的发展需求。

五、有利于打造现代旅游企业

在新的时代背景下，构建现代化旅游企业成了一个重要议题。为了实现这一目标，首要任务是建立和完善现代旅游企业制度，优化旅游企业的管理内容和手段。现代旅游企业制度的建立，不仅能够提升企业的整体运营效率，还能为企业的可持续发展提供坚实的制度保障。在众多管理领域中，人力资源管理无疑是旅游企业管理的核心。一个旅游企业能否拥有高素质的人才队伍，直接决定了其产品和服务能否具备多样性和创新性。高素质的人才能够为企业带来更多的创意和解决方案，从而提升企业的竞争力。因此，旅游企业必须重视人才的引进、培养和激励，确保每一位员工都能在自己的岗位上发挥最大的潜力。

每个员工在旅游企业中都承担着不同的工作职责，这些职责的高效履行是企业正常运转的基础。通过明确员工的职责分工，企业能够更好地协调各部门的工作，确保各项任务的顺利完成。例如，旅游企业的领导者们肩负着对企业发展运营的直接责任，他们必须致力于提升旅游企业的经济实力，制定出严密而科学的发展规划。这些领导者需要具备前瞻性的战略眼光，以确保企业在激烈的市场竞争中立于不败之地。他们需要密切关注市场动态，及时调整经营策略，以适应不断变化的市场需求。与此同时，基层劳动员工作为人力资源管理的主体，他们在日常工作中扮演着至关重要的角色。每一位员工都需要全力以赴、尽心尽力地完成分配给自己的工作任务。他们的辛勤付出是企业得以顺利运营的基础。因此，为了激发员工的工作积极性，企业需要对人力资源管理体系进行创新和优化。这包括明确每位员工的工作职责，确保他们对自己的工作内容有清晰的认识和理解。

此外，企业还应通过多种手段增强员工的向心力和凝聚力。这可以通过建立公平公正的激励机制、提供良好的职业发展平台、营造和谐的工作氛围等方式来实现。通过这些措施，员工能够感受到企业对他们的重视和关怀，从而更加积极主动地投入工作，为企业的发展贡献自己的力量。

六、符合新时代旅游企业的发展要求

旅游企业人力资源管理也有着典型的特点和发展趋势，通过梳理，笔者发现其具体体现在以下五个方面：一是灵活用工趋势的增强和人才多元化趋势的增强。随着旅游市场的快速变化和消费者需求的多样化，旅游企业将更倾向于采用灵活用工模式，如远程办公、兼职、项目制合作等，以应对市场波动和降低人力成本。这种趋势不仅提高了企业的运营效率，也满足了员工对于工作灵活性的需求。旅游企业将更加注重构建多元化的人才结构，包括不同年龄段、不同专业背景、不同技能水平的人才。这种多元化的人才结构有助于企业更好地适应市场变化，提升服务质量和创新能力。二是数字化与智能化技术对人力资源管理提出了更高要求。旅游企业将加大在人力资源信息系统（HRIS）上的投入，通过数字化手段实现招聘、培训、绩效管理等流程的自动化和智能化。这不仅可以提高管理效率，还能实现数据的精准分析和决策支持。例如人工智能在招聘与选拔中的应用，利用人工智能技术进行简历筛选、人才测评和面试辅助等，可以极大地提高招聘的效率。同时，人工智能还能帮助企业更好地了解员工的需求和潜力，为人才培养和职业规划提供有力支持。三是更加关注员工体验与满意度的提升。随着职场压力的增加，旅游企业将更加注重员工的心理健康和福利保障。通过提供心理健康服务、灵活的工作时间、丰富的员工福利等措施，提升员工的满意度和忠诚度。通过强化员工发展与培训，如组织内部培训、外部学习、职业规划等，帮助员工提升专业技能和职业素养。同时，企业还将鼓励员工参与创新项目和实践活动，激发员工的创造力和创新精神。四是注重企业内部文化与价值观的塑造。通过明确的企业使命、愿景和价值观来引导员工的行为和决策。同时，企业还将通过举办文化活动、宣传企业文化等方式，增强员工的归属感和认同感。随着环保意识的增强和可持续发展的重要性日益凸显，旅游企业将更加注重在人力资源管理中融入可持续发展的理念。通过推广绿色办公、节能减排等措施，降低企业的环境影响；同时，通过培训和教育引导员工关注环境保护和社会责任。五是有提升企业国际化与全球化视野的意识。随着全球化的深入发展，旅游企业将更加注重国际化人才的引进和培养。通过与国际知名高校、培训机构等合作，吸引和培养具有国际视野和跨文化沟通能力的优秀人才；通过参与国际交流和合作项目等，提升企业的国际竞争力和影响力。

第三章　旅游企业人才引进创新

本章介绍了旅游企业人才引进创新，包含企业人才引进、旅游企业人才的招聘流程、旅游企业人才引进的创新策略三个方面。

第一节　企业人才引进

人才引进是旅游企业满足自身人力资源需求的重要途径，现在旅游企业引进人才主要通过招聘的形式实现。旅游企业招聘人才有着一定的流程，并且会采取各种方法对招聘人才进行甄选和测评，在此基础上决定是否录用。

一、招聘的概念及意义

（一）招聘的概念

所谓招聘，就是通过收集人员信息，根据一定的标准对候选人进行筛选，最终将能胜任空缺职务的候选人吸纳到企业中的过程。一般情况下，企业招聘的任务主要在以下 3 种情况下提出。

（1）新成立一个部门。

（2）人员队伍结构不合理，在裁减多余人员时需要补充短缺人才。

（3）晋升、退休等造成职位空缺。

人员招聘则是基于以下 4 种假设进行的。

（1）每个职位对人的能力和资格的要求相对稳定。

（2）每个人都有基本的个人素质和相对的能力特长。

（3）职位的要求与人员的能力和基本素质相匹配。

（4）职位与人员的匹配度高，以便提高工作效率。

这些假设隐含更深一层的意思，即职位所对应的要求不是一成不变的，随着企业业务结构的调整，同一职位的要求也会发生变化，同样，个体的基本素质和能力也会随时间变化，所以在招聘时应根据职位的最新要求与个体能力等进行具体而准确的动态测量。

（二）招聘的意义

招聘是人力资源管理的重要环节，通过招聘，根据素质和能力对即将进入组织的人员进行筛选、把关，它是整个人力资源管理过程的关键环节，因而具有十分重要的意义。

第一，有效的招聘有利于人才的优化配置和部门最佳人才结构的形成。人员招聘制可以实现人才和用人部门的双向选择。企业实行开放式、"市场"化的人员选聘，可以在较大范围内精准选择到本部门所需要的人才；人员通过应聘，也可以选择到适合自己志向和才能的岗位。既满足了企业对人才的需要，也实现了人才个人的工作愿望和自身价值。

第二，有效的招聘可以减少人员流失，增强企业稳定性。因为成功的招聘可以为公共部门的每一个职位找到最匹配的人员，同时也可以提高旅游企业员工的满意度，做到人尽其才。

第三，有效的招聘可以节省对入职人员初任培训和能力开发的费用。因为高素质、高能力的人自主学习能力和接受能力较强，培训起来也更简单、有效。

第四，有效的招聘能够提高企业的效率。当企业中的每一个职位和人员最大化地匹配时，人员之间相互配合程度也更高，对企业的管理人员来说，管理起来也会更简单，管理者不用再花费大量时间和精力来解决企业内部各种繁杂的问题，而是可以将更多的时间和精力放在考虑企业发展的关键问题上。

第五，有效的招聘可以增强在职人员的危机意识，激发他们更大的工作热情。一方面，通过竞争上岗，择优录用，优化企业人员配置，有利于工作效率和质量的提高；另一方面，通过竞争上岗会造成部分人的落聘、下岗，这种危机和压力会让他们奋发向上，为了在团队中脱颖而出，而积极提出创新思路和改进意见。同时也有助于纠正企业中存在的一些不良现象，形成唯才是举、任人唯贤的良好风气。

二、人才招聘的方法

人员招聘的方法很多，究竟采用哪种方法要视成本和效益而定。一般而言，根据招聘对象的来源可分为内部招聘和外部招聘。

（一）内部招聘

1. 内部招聘对象的主要来源

（1）提升。提升是指从企业内部提拔符合条件的人员填补职位空缺。一般而言，提升是有计划的，在提升之前会对候选人进行甄选评价，最后由上级主管部门作出决定。内部提升的优点是可以激发部门成员奋发向上，为部门成员提供发展的机会，而且省时、省力、省费用；缺点是选择范围小，自我封闭，企业缺乏活力。

（2）调用。内部调用一般包括工作调换和工作轮换两种方式。工作调换是指员工的职务等级不变，更换工作岗位，让员工从事更多的工作以达到提升自身能力的目的，提前为提升职位做好准备，这种方式一般适用于中高层的管理人员。工作轮换主要面向旅游企业普通员工，通过多个岗位轮换，员工可以在短时间内积累较多经验，不同岗位的业务变化能有效调动员工的主观能动性。总之，内部调用的主要意义在于帮助员工快速积累经验，维持他们的工作热情。需要注意的是，内部调用需要注意方式方法，如果调用不当可能会引发员工的抵触情绪，影响后续工作的开展。

（3）内部公开招聘。内部公开招聘主要针对内部人员进行相关职位的招聘工作，空缺职位的相关信息和要求会张贴在布告栏内，认为自己能胜任或者愿意从事相关工作的人员都可以报名。公开招聘的主要特点是公开透明，且部门内每位成员都有竞争机会，有助于激发员工的竞争热情，便于部门找到最合适的人选。

（4）重新聘用。这种方式适用于待岗的旅游企业员工。他们通过重新工作来展示自己的能力才华，会保持较高的工作积极性；并且由于他们一般都有丰富的工作经验，能够很快适应工作岗位，因而能为招聘部门节省大量的培训费用。

2. 内部人员的招聘方法

（1）推荐法。推荐法依靠旅游企业员工对企业所需人才的了解，先由员工向有关部门推荐候选人，再由人力资源部对员工推荐的候选人进行考核。这种方法步骤较少，省时省力，受到许多企业青睐。

（2）档案筛选法。档案筛选法是指借助人力资源部门的员工档案来了解企业员工的经验、性格、业务能力等重要信息，综合考虑员工的各项素质及空缺岗位的需求后作出选择的一种招聘方法。

（3）布告法。布告法是指通过发布公告，让企业内部员工了解空缺岗位需求，鼓励那些有能力、有意向的员工积极尝试空缺岗位的方法。布告法的关键在于尽可能地广泛传播岗位信息，让更多员工了解空缺岗位需求。

（4）职业生涯开发系统法。职业生涯开发系统法是指根据本招聘部门制定的职业生涯设计，进行人员的晋升、调用等，进而满足填补本部门空缺职位需求的一种方法。

（二）外部招聘

1. 刊登广告

企业常用的招募方式就是刊登招聘广告。这是因为报纸、杂志、电视、网络等媒介的接触面广、流通量大，从而有较大可能招募到理想人才。

在设计招聘广告时，要注意广告的独特创意，树立良好的企业形象，给读者留下深刻印象。另外，还应把主要的招募内容展示出来，如工作内容、工作时间、工资收入、工作环境、资格要求等。利用广告进行招募的缺点是广告存留时间短、成本较高、信息容量少。

2. 学校招募

进行学校招聘的优点是能够保证所招聘的人员的素质，而且应聘人员数量多，企业能有计划地进行招募甄选。缺点是只能在固定时间内进行招募，不能临时录用。另外，由于学校毕业生急于找工作，大部分学生会同时应征多份工作，通常会出现被选中者很可能同时也被其他机构录用而临时拒绝聘约的情况。

3. 人才交流中心和职业介绍所

人才交流中心和职业介绍所存有大量求职者的资料信息，企业在急需少数个别职位人才时，通过人才交流中心和职业介绍所招募所需人才是一种简便的方法，但需要一定的费用。

4. 猎头公司

猎头公司，作为近年来在国内崭露头角的一种专业服务机构，主要致力于为企业提供引荐高级管理人员或专业技术人员的服务。随着市场竞争的日益激烈，企业对高素质人才的需求也愈发迫切。在这样的背景下，猎头公司应运而生，为企业在人才招聘领域提供了强有力的支持。

猎头公司的服务范围广泛，从高级管理人员到专业技术人员，涵盖了各行各业的精英人才。当企业面临重要职位或非常专业的职位空缺时，由于招聘难度较大，往往难以找到合适的人选。这时，猎头公司的专业优势就得以充分体现，其凭借丰富的行业经验和广泛的人脉资源，能够迅速锁定目标人选，并通过一系列有效的沟通和引荐，促成双方的合作。

猎头公司的服务费用通常较高，但这也是由其提供的服务质量和效果所决定的。猎头公司需要投入大量的人力、物力和财力，进行市场调研、人才筛选、沟通谈判等一系列工作。同时，他们还需要承担一定的风险，因为并不是每一次推荐都能成功。然而，正是这样的投入和付出，使得猎头公司能够为企业提供物有所值的服务，帮助企业解决人才招聘难题。

5. 由现有职员介绍

部分企业会通过现有职员或朋友介绍人选来填补职位空缺。这种方式的优点是推荐人清楚岗位的工作内容及职位要求，因此所推荐的人员大多符合要求。另外，应征者已从推荐人那里了解到工作环境、要求及前景，加上与推荐人的关系，会在录用后努力工作，且不会随便离职。缺点在于易导致组织内部固化，缺乏新鲜血液和新的思维方式，从而影响企业的创新和发展。

6. 互联网招聘

互联网招聘是同科学技术的迅速发展、网络社会的到来密切联系在一起的。通过网络进行招聘可以发布更加完整的招聘信息，同时可以省下许多出差费用，节省大量的招聘成本，还会使应聘者很快就能掌握用人单位的职位要求和工作内容，以及薪水、奖金、福利等自己关心的信息，从而通过比较来确定自己所要应聘的岗位。网络招聘的不足之处在于，网上信息杂乱、真假难辨、保密性不好等。

三、旅游企业人才画像与能力图谱

（一）基本概念

旅游企业人才画像和能力图谱是旅游企业在人才管理和招聘过程中非常重要的工具，它们有助于企业更准确地了解所需人才的特点和能力，从而制定更有效的人才战略。人才能力图谱即针对市场实际岗位进行人才需求画像，涉及的岗位跨度从战略级到方案级再到执行级，从规划到落地，然后根据人才的能力画像推导支撑的知识能力和技能，是将各类岗位要求与所对应的内在胜任力相融合，形成岗位胜任力素质的有机体系，能够形象化地细分基于专业的"人才能力培养"。

企业可以通过分析内部模范员工的能力及业务数据，总结出相应岗位所需人才应具备的能力及性格特质，这种对岗位所需能力及特点的精准描述就是人才画像。其目的在于明确所需人才的具体特点和能力，提高招聘和培养人才的效率。旅游企业人才画像体现在以下五个方面：基本信息，如籍贯、毕业院校、专业、家庭背景等。专业能力，指专业知识的掌握程度和专业技能的熟练情况，包括在旅游规划、市场营销、客户服务等方面的专业能力。岗位核心能力（胜任力），用来区分绩优员工和绩劣员工的关键能力，如沟通协调能力、团队协作能力、创新能力等。通用能力，一般是指企业文化对所有员工提出的要求，如诚信、责任心、执行力等。性格特质，包括个性（如外倾性、进取性、宜人性、尽责性和情绪性）、价值观（如组织价值观契合度、工作动机等）。

能力图谱是对旅游企业所需人才能力的一种系统性展示，它有助于企业更清晰地了解所需人才的能力结构和要求，从而制订更有针对性的培训和发展计划。旅游企业能力图谱的构成要素通常包括以下三个方面：专业能力模块，如旅游规划能力、市场营销能力、客户服务能力等。通用能力模块，如沟通能力、团队协作能力、创新能力、学习能力等。领导力模块（针对管理岗位），如战略思维、决策能力、团队管理能力等。

（二）应用与意义

旅游企业人才画像和能力图谱的构建需要基于旅游行业的特性和发展趋势，确保素质图谱的准确性和可靠性。全面考虑旅游企业所需人才的各项素质和能力，形成完整的素质体系。确保素质图谱在实际应用中具有可操作性，便于企业进行人才管理和培养，其应用在人力资源管理实践中具有以下重要意义。

提高招聘效率：通过明确所需人才的具体特点和能力，企业可以更快地筛选出合适的候选人。

优化培训方案：根据能力图谱，企业可以制订出更有针对性的培训和发展计划，有效提高员工的综合能力。

促进人才发展：通过定期更新人才画像和能力图谱，企业可以及时了解员工的能力和素质变化，为员工提供更有针对性的发展机会。

推动企业变革：人才画像和能力图谱的应用有助于企业更清晰地了解自身的人才结构和能力状况，为企业变革提供有力支持。

（三）具体体现

人才画像的制作是一个系统的过程，涉及对企业战略目标、岗位需求、候选人能力等多方面的分析。明确企业战略目标：人才画像应与企业的长远发展战略紧密相连，确保企业所吸引的人才能够支持企业目标的实现。分析岗位需求：详细列出各个岗位的职责、任职资格、必要的技能和经验要求。确定关键能力和特质：基于岗位分析，识别出成功履行岗位职责所必需的核心能力和个人特质。制定评估标准：创建一系列评估标准和工具，用于评价潜在候选人是否符合人才画像的要求。

能力图谱是对企业内部不同职位所需能力的系统化描述，它有助于指导人才的培养、选拔和发展。构建能力图谱的步骤包括以下四个：识别核心能力：确定企业核心竞争力所依赖的关键能力领域。分级分类：将能力分为不同的层次和类别，如基础能力、专业能力、领导力等。制定能力标准：为每个能力等级设定具体的行为指标和绩效标准。能力图谱绘制：创建图表，展示不同岗位的能力要求，便于员工的自我评估和发展规划。

以上步骤和建议综合了最新的行业分析和研究成果，在构建人才画像和能力图谱时，企业应根据实际情况进行合理的调整。随着市场和技术的发展，企业应定期更新人才画像和能力图谱，保持其时效性和适应性。在绘制人才画像和能力图谱时，应广泛收集人力资源部门、直线经理和员工的意见，确保能反映实际工作需求。此外，还应结合企业以往经验或同行案例进行分析，调整和完善人才画像和能力图谱。旅游企业在不同的发展阶段和市场环境下，对人才的需求也会有所不同。根据最新的研究和行业分析，旅游企业目前需要的人才类型包括但不限于以下七种：

（1）旅游行业知识丰富的人才：这些人才应具备旅游资源的开发、管理、营销、规划等方面的专业知识。

（2）智慧旅游技术人才：随着技术的发展，旅游企业需要能够运用大数据分析、人工智能、虚拟现实、物联网等技术来提升服务质量和效率的人才。

（3）具有国际视野的人才：了解全球旅游市场、文化差异，能够支持企业国际化发展的人才。

（4）沟通能力强的人才：能够有效沟通协调，提供优质服务，满足游客需求的人才。

（5）创新能力突出的人才：能够创新旅游产品和服务模式，推动企业持续发展的人才。

（6）服务意识强烈的人才：注重细节，能够提升游客满意度的服务人员。

（7）管理能力和团队合作能力强的人才：能够高效管理企业资源，带领团队达成目标的人才。

第二节　旅游企业人才的招聘流程

一、制订招聘计划

招聘计划是企业招聘工作的基础，一份科学合理的招聘计划能大幅提升企业的招聘效率。要想制订出一份完备的招聘计划，人力资源部门需要深入了解企业的人力资源规划及空缺岗位的信息，综合分析各类招聘方法的可行性，最终选出最合理的综合性方案。制订员工招聘计划是旅游企业进行招聘的首要步骤，能为实施招聘行为提供指导。员工招聘计划的制订具体包括以下三个步骤。

（一）分析企业现实情况，提出招聘需求

对现实情况的分析主要包括分析企业现有岗位和企业员工的能力。这一步的主要内容包括对企业人力资源规划、现有工作职位的数量与分布、职位任职要求、员工能力与岗位需求匹配度等方面进行综合分析，进而确定旅游企业员工的初步招聘需求。

（二）分析劳动力市场状况，调整招聘需求

任何招聘计划的制定都需要考虑到劳动力市场的实际情况，并对相关的法律法规有详尽的了解。相关人员一方面要考虑到计划是否符合劳动力市场的供求关系，另一方面要确保计划的合法性、规范性。根据这两方面因素及时调整旅游企业员工招聘需求，以适应企业内外部环境的变化要求。

（三）确定旅游企业员工招聘计划

按照调整后的旅游企业员工招聘需求，制订相应的招聘计划，主要内容有以下四个方面。

1. 招聘对象

针对不同职位的具体情况来确定招聘范围，保证招聘群体的基本能力。

2. 招聘标准

招聘标准由基本能力要求和岗位任职要求两部分组成，前者是根据企业战略、企业文化提出的通用能力，后者是根据具体部门和岗位提出的专项能力，包括知识、技能、品质、动机等一系列胜任标准。

3. 招聘人数

招聘的总人数及各部门、各岗位的分布情况。

4. 招聘预算

招聘预算是指预计完成本次招聘所需经费支出。

二、确定招聘策略

在招聘计划确定之后，相关部门应根据计划确定具体的招聘策略，招聘策略涉及许多方面，包括招聘组成人员、招聘范围、招聘地点、招聘渠道和宣传策略等。

（一）招聘组成人员

根据招聘对象的差异，确定不同的招聘组成人员。对于普通旅游企业员工招聘，招聘人员由人力资源部和具体业务部门相关人员组成；对于层级较高的管理者或技术人员招聘，招聘人员还需包括组织高层管理者或从组织外部聘请的相关

领域专家。招聘人员的工作水平、个性特征及各方面的能力将直接影响招聘的质量与结果，因此，招聘组成人员的选择是十分重要的。

（二）招聘时间

招聘时间要根据企业经营计划来确定，必须保证新聘人员上岗时间能满足企业生产、销售等各环节运作的需求。

（三）招聘范围

不同范围内的市场中的劳动力质素是不同的，因此在招聘时要注意招聘地点的合理选择。从招聘成本和招聘效果的角度考虑，企业应将其招聘的地点选择在候选人相对密集的劳动力市场。通常，职位越高所需的招聘范围越广。招聘高层管理人才往往需要在全国范围内进行宣传和筛选；中层管理人员及高技术人才需要在多个区域的劳动力市场中筛选；而一线工人及办事员则可以在本地劳动力市场进行筛选。为体现择优原则，应根据招聘职位的层级选择不同范围的劳动力市场。

（四）招聘渠道

招聘渠道主要有组织内部和组织外部两大来源。具体可根据招聘对象和招聘标准来进行选择。组织内部来源包括内部提升和职业转换两个渠道；组织外部来源包括自荐、旅游企业员工引荐、广告征招、就业机构代理、专业猎头征招、校园招聘和网络征招等渠道。通常，组织内部是优先考虑的招聘渠道。

（五）宣传策略

在旅游企业员工能力招聘过程中，组织必须利用招聘的机会进行组织形象或声誉的宣传。良好的形象及声誉就是企业最好的名片，合理的宣传策略能帮助企业树立良好形象，吸引更多人才加入。

三、发布招聘信息

旅游企业发布员工招聘信息，应考虑以下四方面因素。

第一，发布的范围。现代社会信息技术发达，企业可以利用网络等渠道扩大发布范围，通过这种方式招聘到合适的人才。但要充分考虑目标岗位的特点，有针对性地向某一层次的群体发布招聘信息，提高招聘效率。

第二，发布的时间。旅游企业发布员工招聘信息，要遵循及时性原则，及早向有关人员发布，这样不仅能使更多应聘者及时获取信息，也可为后续招聘过程争取更充分的准备时间。

第三，发布的形式。发布形式要根据可利用的招聘渠道，选择能充分传播招聘信息的最佳方式。目前，主要的发布形式有报纸、电视、网络、新闻发布会等。

第四，发布的成本。发布成本要在招聘预算的整体控制下进行统筹分配，不能一味地追求发布范围的广度而不考虑费用的问题。

四、实施旅游企业员工招聘

实施旅游企业员工招聘的过程是对应聘者能力进行测量和评价，进而筛选出合适人才，作出正确用人决策的过程。

第一步是筛选求职申请，审查个人简历。这一过程是对与目标岗位相关的任职"硬件"进行把关，用于快速筛选出符合招聘标准的求职者。

第二步是考试和测验。通过对求职者知识、技能、个性等方面的测试可以较为科学、客观地了解求职者与工作有关的基本能力状况，也可称为"外显能力测试"。比较常见的考试和测验有通用知识和能力考试、专业知识和技能考试、智力测验、心理特性测验、职业倾向测验等。采取的方式有纸笔测验和计算机测验等。

第三步是资信调查。这项工作是对通过考试和测验的求职者进行品行能力的审查，即审核求职者在职位申请表或简历中所提供信息的真实性，包括求职者以往的工作经历、工作时间、工作绩效、工资等级等。审查的方式包括对求职者本人进行询问，或对求职者过往工作单位进行电话或问卷调查。对于资信调查结果与求职者本人提供信息存在较大出入者，可以取消其面试机会。

第四步是面试。面试是通过与求职者交互式交流，来甄别其潜在特质的一项测评方式。面试可以灵活、具体、确切地考察求职者的能力、动机、过往经验等隐性特质，引入某些情景模拟或任务操作还可以考察其实际工作能力，也可称为"内隐能力测试"。常用的面试方式有结构化面试、无领导小组讨论、公文筐测试等。

第五步是招聘聘用决策。通过上述程序，经过优胜劣汰，企业根据招聘标准作出招聘决策并发布正式录用通知，签订录用合同，办理有关录用手续等。

五、评估招聘结果

旅游企业实施员工能力招聘程序之后，还应对招聘结果进行评估。招聘结果评估包括以下三点。

（一）招聘成本评估

简单来说，旅游企业员工招聘成本评估就是对招聘过程中产生的费用进行详细调查与核实的过程。这一过程将实际花费与预先设定的预算进行对比，从而对招聘效率进行评价。如果实际花费低于预算，录用人员质量高，就意味着本次旅游企业员工招聘效率高；反之，则表明招聘效率低。

（二）录用人员评估

录用人员评估是指根据旅游企业员工招聘计划对录用人员的数量和质量进行评价的过程。具体评估指标如图3-2-1所示。

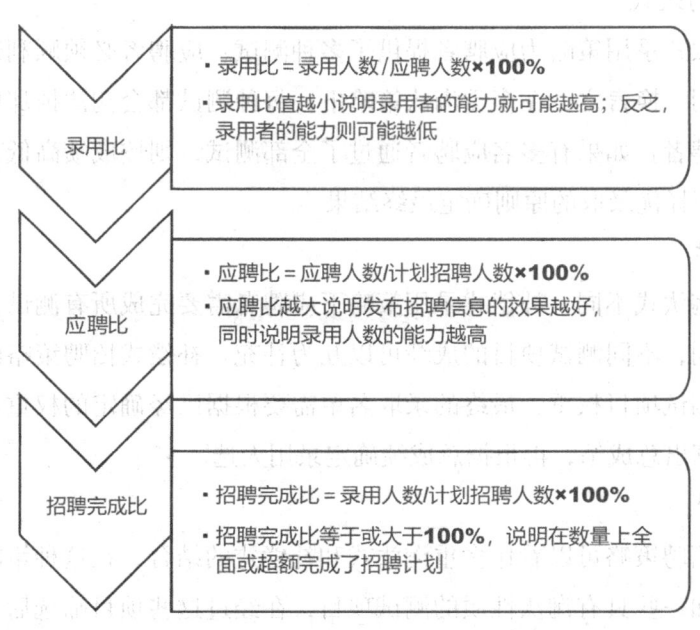

图3-2-1　录用人员评估的常用评价指标

除了上述评价指标外，还可以根据招聘标准或录用人员入职工作一段时间后的绩效表现来评估录用人员的质量。这种方式能更为直接、客观地说明旅游企业员工招聘的效果。

（三）撰写员工招聘报告

旅游企业员工招聘报告是对员工招聘过程及结果的总结，主要包括招聘计划、招聘进程、招聘决策、招聘成本及招聘结果评价等内容。

六、旅游企业人才的录用决策

（一）旅游企业人才录用的策略

旅游企业根据人员甄选的结果作出录用决策并进行安置的活动就是录用。其中，作好录用决策是非常关键的。在作录用决策时，要严格遵守相关原则，避免主观因素的影响，同时还要运用多种方式进行综合评价，优中选优，最终确定录用的人员。

一般来说，人才录用的主要策略有3种。

1. 多重淘汰式

多重淘汰式录用策略为应聘者提供了多种测试，应聘者必须顺利通过每种测试才能被录用。换言之，在多重淘汰策略下，每种测试都会淘汰掉那些不符合岗位需求的应聘者。如果有多名应聘者通过了全部测试，则按成绩高低对应聘者进行排序，按照择优录取的原则确定最终结果。

2. 补偿式

与多重淘汰式不同，补偿式录用策略下应聘者需要完成所有测试，且每种测试的占比不同，不同测试项目的成绩可以互为补充。补偿式招聘策略的核心在于确定合理的测试项目权重，最终的录取名单需要根据已经确定的权重和参与者各项目成绩计算出总成绩，再根据总成绩确定录用人选。

3. 结合式

结合式招聘策略可以看作多重淘汰式和补偿式的结合，在这种策略下，应聘者首先要参加一些具有淘汰性质的测试项目，在经过这些项目筛选后再参加其他测试。

（二）旅游企业人才录用的流程

1. 背景调查与体检

（1）背景调查。背景调查是人才录用的环节之一，企业往往为了作出正确的录用决策会对拟招录人员进行背景调查，通过背景调查所得到的拟录用人员的个人及家庭信息属于公民隐私，必须合法获得并合理利用。

（2）体检。体格检查通常是选拔过程后紧接着的一个步骤。符合招聘要求且被组织聘用的人员需要在规定时间内进行体格检查。体检结束后，求职者要将体检结果交给企业，企业根据体检结果最终确定是否录用。

2. 录用

录用程序比较繁琐，包含了决定录用人员、通知录用人员、签订试用合同、人员的初始安排、试用、正式录用等关键环节。概括来讲，新人录用程序可以分为以下3个步骤。

（1）录用通知。录用通知的首要步骤就是公布录用名单，而这一步骤要在录用标准和录用决策的基础上进行。在公布录用名单之后，接下来要进行的工作就是办理录用手续。

录用手续应当在人事行政主管部门进行办理，并且在办理时应当提供足够的资料以证明录用职工具有合法性，只有这样才能得到国家有关部门的承认，并使招聘工作受到劳动人事部门的业务监督。办理录用手续需要新员工真实的个人信息，包括员工姓名、年龄、性别、民族、籍贯、文化程度、政治面貌、个人简历等。

办理完相关的录用手续，下一步的工作就是发放录用通知。事实上，很多旅游企业都在办理录用手续之前发放录用通知。

（2）签订劳动合同。劳动合同一般分为两种，一种是试用合同，另一种是正式的劳动协议。一旦签订相应的劳动合同，就表示旅游企业与应聘者之间正式确立了雇佣与被雇佣的劳动关系，同时产生法律效力。因此，对劳动合同的签订应当慎之又慎。

在试用合同中，双方应当明确试用时间期限、试用期间的待遇及相应的岗位安置等。在正式的劳动合同中，双方则应当正式敲定合同期内的薪资待遇、保险福利、岗位职能、违约处罚等内容。一般正式劳动合同的期限为一年，也可以根据双方的意愿适当延长期限。

（3）新人安置。在新员工正式进入旅游企业之后，人力资源部门要及时为其安排相应的职位。一般情况下，新员工的职位与在招聘信息中发布的岗位是对应的。特殊情况下，可以根据实际的情况进行调整，但是要遵循用人所长、人适其职的原则，使员工能更好地完成本职工作。

第三节　旅游企业人才引进的创新策略

一、构建旅游企业的人才引进战略规划体系

人才引进战略对旅游企业的发展至关重要，需契合企业的长远发展目标。高效的人才引进机制能驱动旅游企业战略目标快速达成。在构建人才引进体系时，企业的首要任务是围绕企业战略蓝图，精细划分人力资源工作的各个环节，作出合理的人力资源规划。构建一套全面的战略规划体系是企业发展的重中之重，这不仅是为企业未来发展绘制的清晰蓝图，更能确保企业精准调配包括资金、技术及人才在内的各类核心资源。要构建好人才引进体系，旅游企业要从六个方面入手，具体如下。

（一）制定人力资源规划

良好的人力资源规划是人才引进计划顺利开展的基石，而想要制订一份良好的人力资源规划，相关人员要考虑的因素非常多，包括资源开发目标、人才画像、人才引进渠道、人才待遇等。换言之，人力资源规划要解决企业需要什么样的人才、企业要到哪里寻找合适人才、企业要如何吸引并留住优秀人才等问题。

（二）制定用工标准

对于旅游企业来说，高端人才的获取，可以通过内部培养、与其他企业联合培养等方式实现。这些方式虽然行之有效，但对企业自身的人才培养实力有较高要求，不适合用于引进大量的管理和技术人员。为了满足这方面的人才需求，企业可以考虑在人才市场中寻找那些经验丰富的专业人才，或与各类教育机构，尤其是高校进行合作，通过这些方式节约成本，提高人才引进效率。

（三）完善旅游企业内部管理机制

人员管理是保障企业健康发展的重要工作，企业在开展人员管理工作时，必须坚持"以人为本"原则，依据科学合理且员工认可的标准来管理。同时，企业还需通过加强文化建设的方式提升员工凝聚力，激发他们的工作热情。良好的内部管理机制不但有助于企业的可持续发展，而且能够起到吸引人才的作用。

（四）建立稳定的旅游企业管理模式

在旅游企业发展过程中，清晰界定人才的定位与核心职责是一项重要任务，是确保职能顺畅运行的关键所在。这要求企业依据自身发展需求，精心构建组织架构，并明确各职能部门的任务。此外，企业还需细化岗位设置，合理设定岗位数量，明确各岗位职责，同时依据岗位特性制定相应的能力标准。随后，根据工作实际需求，合理配置人力资源，为每位员工设立清晰的工作目标，以促进企业的整体发展。

（五）解决旅游企业运营中的岗位、职能、人员的关系

在将人才引进企业后，企业需要仔细评定其在试用期内的工作能力、工作态度等，若未达到企业的转正标准，需向其提出推迟转正或者转岗等要求。对于一些既未达到企业转正标准，也不满足企业基本需求的人才，企业应将其及时淘汰。

（六）建立有效的激励机制

人才往往有着强烈的自我发展欲望，企业在人才引进过程中应重视这一点。具体来说，企业要建立明确且有效的激励机制，通过现金奖励、发放福利等方式调动人才积极性，促使其为企业发展作出更大贡献。

二、利用政策优势助力人才引进

针对人才普遍关心的落户难题，政府已全面降低了落户门槛，相关政策覆盖各高校毕业生、优秀技术工人及海归人才等群体，旅游企业应积极利用这类政策，增强自身对人才的吸引力。同时，政府推出了一系列人才激励计划及紧缺人才引进计划，涵盖住房、教育、医疗等多种福利，旅游企业应深入了解这些政策，着重宣传政策中与自身相关的条例，激发人才对旅游行业的兴趣。在此基础上，旅

游企业可为紧缺人才量身定制引进策略，明确自身特色与优势，突出自身与其他企业的差异，增强人才的工作信心与归属感。通过多种手段吸引高素质人才的加入，这不仅能帮助企业自身提升效益，更能助力地方经济发展。此外，旅游企业还可以协助人才处理户籍迁移问题，让其家庭财务规划与收入管理更简便，提升人才的生活满意度与职业稳定性，从而吸引并留住更多优秀人才，共同推动旅游业的繁荣发展与地方经济的增长。

三、拓宽人才引进渠道

如今，企业间的人才竞争越发激烈，旅游企业想要增强自身对人才的吸引力，就要通过多种方式拓宽人才引进渠道，让更多人才了解企业需求，激发其加入企业的意愿。专项专场招聘、弹性引才、全员引才、行业协会借才等都是行之有效的方法，具体开展策略如下所述。

（一）专项专场吸引人才

在当今竞争激烈的旅游行业中，人力资源的合理配置和有效管理显得尤为重要。为了更好地满足旅游企业对人才的需求，人力资源中介机构经常精心策划并举办各类专项专场招聘会、人才交流会等，为旅游企业与各类技术人才搭建沟通的桥梁。旅游企业作为行业内的关键参与者，其成功与发展离不开人才的支持。然而，面对市场上众多的求职者，如何快速、精准地找到符合企业需求的合适人才，成了一个亟待解决的问题。此时，人力资源中介机构便显得尤为关键。他们通过专业的渠道和广泛的人脉网络，收集了众多优秀求职者的信息，为旅游企业找到符合自身需求的人才提供便利。在这些中介机构举办的招聘会和人才交流会上，旅游企业可以充分展示自身的企业文化、发展前景和岗位需求。同时，他们还可以与求职者进行面对面的交流和互动，更深入地了解求职者的专业技能、工作经验和个人素质。这种直接、高效的人才对接方式，极大地提高了旅游企业招聘的效率和成功率。

（二）弹性引才

在旅游企业的项目生命周期中，技术难题往往阻碍着项目的顺利进行。为了攻克这些技术难关，企业在项目开始前、中、后某一时期，常常会采取一种高效且有针对性的策略——邀请特定领域的专家在特定岗位上开展短期专项工作。这种策略不仅能够有效解决技术难题，还能够为企业的技术发展注入新的活力。在项目启动阶段，企业可以通过市场调研和内部需求分析，明确项目可能面临的技术挑战。在这一时期，企业可以邀请在相关领域具有丰富经验和专业知识的专家，进行技术评估和方案制定。这些专家能够凭借他们的洞察力和专业素养，为企业提供切实可行的技术解决方案，从而确保项目从一开始就有坚实的技术基础。随着项目的深入进行，技术难题可能逐渐浮出水面。此时，企业可以根据项目的实际需求，邀请专家在特定岗位上开展短期专项工作。这些专家可以来自高校、研究机构或是行业内的领军人物，他们具备深厚的专业背景和丰富的实践经验。在专家的指导下，企业可以迅速找到问题的症结所在，并通过有针对性的技术改进和创新，实现项目的顺利推进。项目结束后，企业同样可以邀请专家进行技术总结和评估。这一阶段的专家工作旨在总结项目中的技术经验和教训，提炼出可复制、可推广的技术成果。这些成果不仅有助于企业优化现有业务流程和技术体系，还能够为企业的未来发展提供有力的技术支撑。

（三）全员引才

为了强化人才储备，旅游企业可以建立简明的激励机制，鼓励员工积极推荐具备相关技术技能的人才。这种方式可以加快新人才融入企业的速度。同时，为了解决人才短缺问题，旅游企业还可以实施人才举荐制度，邀请第三方专家担任举荐人，向企业推荐旅游企业所需的人才。

（四）行业协会借才

在当今竞争激烈的旅游市场中，如何有效地扩大旅游企业的影响力，成为众多企业关注的焦点。积极参与行业协会的交流会，无疑是实现这一目标的重要途径之一。通过深入参与这些交流活动，旅游企业能够积极融入优秀行业人员的交流圈，这样不仅能够拓宽视野，更能够汲取到宝贵的行业经验和智慧。行业协会的交流会往往汇集了业内的精英和佼佼者，他们在各自的领域内积累了丰富的经验和知识。在这样的场合中，不仅可以听到他们的精彩演讲和经验分享，还可以与他们进行深入的交流和探讨。这种直接的互动和沟通，使企业能够快速地了解到行业的最新动态和趋势，以及市场的新需求和变化。此外，通过与优秀行业人员的交流，企业还可以发现自身的不足之处，并及时进行调整和改进。比如，在听取了某位专家关于旅游企业营销策略的分享后，企业可能会意识到自己在某些方面做得还不够好，需要进一步加强。这样的启发和点拨，无疑将推动企业不断向前发展。当然，要想真正融入优秀行业人员的交流圈，仅仅参与交流会是不够的。企业还需要主动出击，积极寻找与优秀旅游企业合作的机会，如加盟优秀的旅游企业，不仅可以让企业获得更多的资源和支持，还可以让企业在行业内建立更高的知名度和影响力。通过与这些企业的紧密合作，可以共同开拓市场、共享资源、实现互利共赢。同时，还可以邀请行业内的专家担任旅游企业的顾问。这些人不仅拥有丰富的行业经验和专业知识，还能够为企业提供宝贵的建议和指导。他们可以从更高的角度审视企业的运营和发展，帮助企业发现潜在的风险和机会，并提供有针对性的解决方案。这样的顾问团队将是企业发展的重要支撑和保障。

总之，在人才引进策略方面，旅游企业应摒弃唯学历论、唯职称论的固有观念，针对不同岗位的需求灵活调整人才引进路径。例如，企业可以加强与中等及高等职业院校的合作，为技术技能型人才提供更广阔的舞台，此举不仅能有效缩减人才引进的成本，还能有效解决特定领域人才短缺的问题。

此外，针对旅游行业的特殊人才需求，企业应制定并实施差异化的人才引进政策，如增加项目分红、为人才发放企业股份等，以更具吸引力的待遇招揽并留住高端技术人才。

四、合理使用现代技术

在当今这个快速发展的数字化时代，建立企业数字化人才库已经成为企业持续发展的重要战略之一。数字化人才库不仅是企业储备和吸引高端人才的重要平台，更是推动企业数字化转型和创新的关键力量。

为了构建一个高效且富有活力的企业数字化人才库，企业需要从两方面入手。一方面，明确数字化人才的需求和定位。这包括分析企业当前及未来的业务需求，识别出所需的数字化技能和能力，从而确定招聘和培养的方向。另一方面，做好数字化人才的培养工作，加大力度引进更多数字化人才。充足的人才储备是建立数字化人才库的基础，企业可以采用内部培训、外部招聘等多种方式，丰富自身的人才储备。

在数字化时代，招聘管理面临着新的挑战和机遇，企业需要采用创新的方法来适应这一变化。具体可行的做法如下。

（一）招聘平台的数智化实践

招聘流程自动化：通过数字化招聘平台实现招聘流程的自动化，包括发布职位、筛选简历、安排面试、发送通知等环节，提高招聘效率和质量。

智能化简历筛选：利用人工智能和机器学习技术，对简历进行智能化筛选，快速筛选出符合要求的候选人，并将其推荐给招聘人员。

可视化招聘管理：提供可视化的招聘管理界面，让招聘人员可以实时了解招聘进度、候选人情况、面试安排等信息。

数据分析和决策支持：收集和分析招聘过程中的各种数据，为招聘决策提供支持，帮助企业预测人才需求，制订招聘计划。

便捷式招聘：支持采用社交媒体平台招聘、移动招聘、在线招聘会、网络面试等方式进行招聘，这些招聘形式不受地域限制，扩大了人才获取范围。让招聘人员可以随时随地进行招聘工作，提高工作效率和便利性。

（二）建立企业数字化人才库

除了培养和引进人才外，企业还需要建立一个完善的数字化人才库管理体系。这包括建立人才信息库，对人才的技能、经验、成就等进行全面记录和分类，以便于企业快速找到合适的人才。同时，建立人才评估机制，对人才进行定期评估，确保人才库中的信息准确、可靠。

在数字化人才库的建设过程中，企业还需要注重人才的激励和留用。通过制定具有竞争力的薪酬和福利政策，以及提供良好的工作环境和发展机会，吸引和留住优秀人才。同时，建立畅通的沟通机制，关注员工的成长和发展，激发员工的积极性和创造力。

企业还需要关注数字化人才库的动态管理和更新。随着企业业务的不断发展和数字化技术的不断进步，对数字化人才的需求也会不断发生变化。因此，企业需要定期更新人才库中的信息，及时补充新的数字化人才，以满足企业发展的需要。具体有以下三个路径：

人才数据管理：建立系统化的人才数据库，用来存储和管理候选人的信息，便于后续的招聘和人才盘点。

人才分析和预测：利用大数据分析技术对人才数据进行分析，预测人才供需趋势，为企业的人才战略提供依据。

人才梯队建设：通过数字化人才库，构建企业的人才梯队，为企业的长远发展储备关键人才。

第四章　旅游企业人才培养创新

本章对旅游企业人才培养创新进行了介绍，包含重新定义旅游企业人才培训、旅游企业人才培训的流程、旅游企业员工职业生涯管理、旅游企业人才培训的创新策略四个方面。

第一节　重新定义旅游企业人才培训

所谓培训，指的是企业为了增强员工素质，提升其工作能力而有计划地实施的一系列活动。现代企业培训涉及许多方面，如知识培训、技能培训、心理素质培训等。通过培训，员工的工作效率将得到提升，企业的发展速度也会加快。令人遗憾的是，大多旅游企业都不太重视对员工培训和发展的投资，只在企业经营环境发生重大变化，或产生人员流动等问题时才会运用培训来解决当前问题。其实，员工培训是旅游企业持续发展的关键，也是旅游企业获得成功的重要因素。

一、员工培训与开发的概念

员工培训与开发，是组织为促进员工个人成长，达成经营目标所开展的系统性学习与训练活动。这类活动的核心目标在于优化员工工作心态，丰富其知识储备，提升其技能水平，并激发其创新潜能，确保员工能高效完成当前及未来的工作任务。

部分学者将培训与开发看作两种不同概念：培训聚焦于短期成果，即帮助员工迅速掌握当前工作所需技能；开发的周期更长，以培养员工未来工作所需的能力，应对未来职业发展的挑战为核心。本书将这两个概念结合起来，既论述培训活动对企业即时绩效提升的作用，又分析开发活动对推动企业及个人持续进步的意义。培训与开发的异同点如表 4-1-1 所示。

表 4-1-1　培训与开发的异同点

		培训	开发
相同点		（1）面向企业员工 （2）是有计划的活动 （3）以提升员工综合素质为目标	
不同点	目标	以短期目标为主	以长期目标为主
	关注焦点	现在	将来
	与当前工作的相关性	高	低
	持续时间	短，具有集中性和阶段性	长，具有分散性和长期性
	范围	窄	宽
	工作经验的运用程度	高	低
	收益	短期内见效	是人力资本投资，在未来取得收益

二、旅游企业员工培训的特点和原则

旅游企业员工培训既不同于学校教育（表 4-1-2），又有别于其他行业的培训，不了解其特点和规律，就无法真正达到培训的目标。下面先讨论旅游企业的总体培训特点，然后以旅游企业中具有代表性的饭店与旅行社为例进一步讨论旅游企业员工培训特点。

表 4-1-2　培训和教育的区别

项目	教育	培训
类型	由社会及政府提供	由企业或社会提供
内容	系统的知识与技能	专业的知识技能态度
范围	较广	较窄
目的	着重于个人长远发展	着重企业近期需要
时间	较长（以月计算）	较短（以天、小时计算）
功能	发展通才	发展专才
基础	以个人为主	以工作为主
年龄	各年龄段都有	16 岁以上人群

（一）员工培训的特点

饭店、旅行社的工作较之其他行业，有着鲜明的特点。概括起来主要有经济性、涉外性、服务性和季节性等。因此，其培训具有职业性、针对性、多样性、标准化、重外语、季节性等特点。

1. 职业性

由于饭店、旅行社工作的涉外性和分散性，结合实际情况，经常性地利用多种培训方式对员工进行思想教育、职业道德教育和外事纪律教育及心理素质教育，是提高员工素质、保障工作顺利进行不可或缺的部分。

2. 针对性

基于饭店、旅行社的工作特点，其员工培训应具有针对性，具体如下。

（1）针对不同岗位安排不同培训内容。针对前台接待、餐厅及客房服务人员等不同岗位，因其职责与工作内容各异，培训的内容也大有不同。以旅行社导游为例，对其进行的外语培训不应拘泥于传统语法教学，而应聚焦于沟通技巧教学，即如何在外语导游讲解过程中提高沟通效果；对其进行的导游业务培训则应该注重经验分享，包括深入剖析案例、分享应对突发事件的策略，并适时补充前沿业务知识，确保培训内容紧贴工作实际，增强培训的针对性和实用性。

（2）引导员工学以致用。企业开展员工培训的目的是提升员工技能水平，帮助他们更好地开展工作。因此，员工培训应注重引导员工学以致用。举例来说，岗前培训的内容应以基本工作技能为主，帮助员工快速适应本职工作，在岗培训则应该以提升员工业务能力，提高其工作效率为主。只有将培训内容与工作实际深度融合，才能帮助员工将培训所学的知识与技能应用于日常工作，为企业发展作出更大贡献。

3. 多样性

饭店与旅行社的员工在日常工作中要面对形形色色的顾客，不同岗位的工作内容也有很大差异，因此，企业对这些员工进行培训时，要注重培训活动的多样性。具体来说，培训活动的多样性应体现在多层次、多形式、多渠道三个方面。

（1）多层次。饭店与旅行社的员工培训活动应面向所有员工，由于员工的工作内容和工作要求存在差异，企业需要根据不同层次的员工分别进行有针对性的培训。对于基层员工，企业要注重对其业务技能和技巧的培训，同时注重提升员工服务态度，增强其工作能力，并适当引入基本的管理知识。而对于较高层次的管理人员，企业培训的重点则应放在提升其管理能力上。这样通过全方位、多层次的培训，企业可以确保每个员工都能取得进步。

（2）多形式。如今，企业培训的内容越来越丰富，培训形式也越发多样化。具体来说，企业培训可以根据时间长短分为速成培训、短期培训、中长期培训；可以根据培训性质分为转岗培训、在岗培训、晋升培训；可以根据培训方式分为业余学习、脱产培训、半脱产培训。

（3）多渠道。所谓多渠道，是指饭店、旅行社在开展员工培训时不必拘泥于某一培训渠道，可以利用多种渠道进行培训，如内部培训、进修、参加讲座等。

4. 标准化

标准化是饭店培训工作有别于其他一些行业的一个显著特点。无数事实证明，凡是管理工作卓有成效的企业都很重视管理规范和服务标准的基础性建设。

饭店培训工作的标准化主要体现在以下两个方面。

（1）制定工作标准。工作标准包括工作职责、工作程序、工作规则等内容。这些标准既是饭店开展优质服务监督、检查、评比的主要内容，也是培训员工的主要依据之一。

（2）严格按照工作规程实施培训。饭店的服务质量需要有一个准确的标准。然而服务质量是通过一定的服务形式表现出来的，有形式但没有实物，所以无法量化。这就容易产生一种模糊的概念，似乎服务质量的标准是不确定的。解决这一困难的办法是实施工作规程。工作规程是以描述性的语言规定服务过程的内容、顺序、规格和标准程序。它是服务规范的根本保证，是饭店服务工作的准则和法规。工作规程的具体实施及饭店服务质量能否得到保障，在很大程度上取决于饭店员工的素质水平高低。因此，严格按照工作规程标准对饭店员工实施培训是十分必要的。通过规范化的培训，使员工明白服务标准的内涵，由强制性养成转变为自觉性养成，从而在工作中按照受训的标准进行规范服务，以达到使宾客满意、全面提高饭店经营管理水平和服务质量的效果。

5. 重外语

饭店和旅行社时常接待外国宾客，这一特点决定了外语在饭店及旅行社员工培训中的重要性。外语是员工与外国客人沟通的桥梁，员工的外语水平很大程度上决定了他们的服务质量。如果员工的外语水平不达标，无论是能听懂宾客的话，还是只能听懂一部分，都会因为无法清楚表达自己的意思而产生沟通障碍，进而影响服务质量。因此，饭店及旅行社在进行员工培训时必须重视外语培训，确保员工能够更好地与外国宾客进行沟通，提供更优质的服务。对于旅行社培训工作来说，导游外语培训是在大学外语专业教育基础上的高层次专业培训，其他专业的外语培训也是接近或达到大专外语水平的培训。

6. 季节性

旅游接待工作一般有淡、平、旺季之分，这种接待工作的季节性又因不同国家与地区的旅游者而呈现出时间上的差异。例如，日本旅游者每年都有几次相对固定的观光浪潮，如岁末撞钟、八月修学团、十月旅游高峰等。这就使饭店、旅行社的培训工作具有比较突出的季节性特点。

（二）员工培训原则

企业要想做好员工培训，就必须意识到员工在培训过程中的主体性，在安排培训内容、确定培训方式时充分考虑到员工的学习规律。心理学领域的众多学者经过多年研究，提出了许多关于人类学习规律的理论，这些理论对企业开展培训工作意义重大，为其提供了5项应该遵循的原则，具体如下。

1. 目标制定原则

一套科学合理的培训方案必须拥有明确且符合实际情况的目标。研究表明，培训目标的难度会影响员工的学习热情和学习效率，想要培训目标更加合理，企业一方面要深入了解员工的学习能力，使培训达到理想效果，另一方面要让更多员工参与到目标制定工作中来，增强其参与感。具体来说，企业在制定培训目标时要保证其具有较强的可操作性，与员工实际工作情况紧密结合。同时，为了调动员工参与培训的积极性，企业可以在总的培训目标的基础上设定若干小目标，增强员工信心。

2. 教学指导原则

企业在开展培训活动时，要引导员工学会灵活运用各类资源。教学应从基础内容开始，逐步提升难度，企业要密切关注员工在学习过程中出现的错误，及时分析原因，并帮助员工改正。同时，企业应意识到员工的个体差异，在培训时做

旅游企业人力资源管理创新路径研究

到因材施教，这样不仅可以提升培训效率，还能增强员工的自信心及工作热情。

3. 反馈原则

在企业培训过程中，员工应定期获取与自己学习情况相关的信息，即反馈。在完成培训任务后，员工会获得反馈，反馈与任务完成情况联系紧密，对员工持续提升自身技术水平意义重大。如果员工只是单纯完成培训任务而缺少反馈，其学习效率就会变低。心理学研究表明，将反馈与有效的学习目标相结合，其效果远大于单纯的反馈。

4. 强化原则

所谓强化，指的是当人们做出某种行为后，若得到奖励，则会增大这种行为出现的可能性，即积极强化；若得到惩罚，则人们再次做出这种行为的可能性会变低，即消极强化。换言之，任何能改变行为发生概率的事件都具有强化作用。通常来说，采用奖励的方式增强学习效果要比采用惩罚的方式更好，因为人在受到惩罚后往往会产生悲伤、焦虑等负面情绪，这些情绪会对他们的学习产生不良影响。值得注意的是，想要运用强化原则调动人的学习积极性，前提是必须对人们的动机系统有充足的了解。

5. 转移原则

培训效果的转移指的是员工在培训过程中学到的知识与技能对他们今后工作的影响。转移可分为正面转移和负面转移，顾名思义，正面转移是指这些知识与技能提升了员工的工作效率，负面转移则是指这些知识与技能阻碍了员工今后的工作开展。企业在开展培训活动时可以采用多种方式增强正面转移效果，如培训内容与实际工作尽可能地贴近、提供多样化的实例、明确工作要点和通用原则、为做到学以致用的优秀员工提供奖励、设计更具实用性的培训方案等。

三、员工培训的基本规律

员工培训活动有一些基本的规律，企业在开展活动时要遵循这些规律，并灵活运用规律提升培训效率。

（一）成人学习的基本规律

旅游企业在开展员工培训时，要遵循成人学习的基本规律。相较于儿童和青少年，成人学习具有独特的心理机制。具体来说，成年人在开始学习时，他们的头脑并非一片空白，而是在过往的知识和经验的基础上进行学习。在成人学习的过程中，这些知识和经验扮演着重要的角色。一方面，它们为成人学习新内容提供了基础，能引起人们的联想、比较和思考等心理活动，有助于成人更好地理解和把握新内容；另一方面，这些知识和经验也可能成为成人进一步学习的障碍。这种障碍主要体现在成人对学习内容的倾向性以及他们对学习对象所持观点的接受程度上，两者都受到学习者现有价值观的制约。当学习内容与学习者的既有价值观发生冲突时，即使学习内容科学、合理且具有社会价值，学习者也可能产生抵触情绪。因此，研究成人学习机制的关键在于如何最大限度地发挥其原有知识和经验的积极作用，并尽可能地削弱其消极影响。要实现这一目标，必须关注并解决成人学习过程中出现的各种心理抵抗问题。这不仅是提高成人学习效率的重要方法，也是确保其学习效果的关键。

一般来说，成人学习要经历五个阶段，具体如下。

第一阶段：回顾过往。培训者应首先引导学习者回顾个人经历，思考在哪些情境下采取了何种行动，为后续的深度反思奠定基础。

第二阶段：深度反思。这一阶段，培训者要引导学习者对过往经历进行深度剖析，找出成功与失败的原因。通过自我审视，学习者能够更清晰地认识到自己的优势与不足。

第三阶段：明确需求。基于反思结果，学习者会逐渐意识到自身欠缺的理论知识与实用技能，并设定具体而明确的学习目标。

第四阶段：系统学习。进入系统学习阶段，学习者将围绕既定目标深入学习相关理论与技能。此阶段强调知识的系统性和实用性。

第五阶段：实践应用。通过模拟练习、实验操作、撰写学习报告等多种形式，引导学习者将新学知识付诸实践。实践不仅能加深学习者对知识的理解，还能提升他们的技能熟练度。

完整的成人学习须经上述五个阶段的不断循环才能实现。在此过程中，相较于培训者的直接传授，成人学习者更倾向于通过自我探索、回顾并内化过往经验来掌握学习内容。因此，针对成人的培训活动，首要任务是深刻理解其性格特点与既有经验，确保培训内容与其过往工作实践紧密相关。若忽视成人学习的内在规律，简单复制传统教育中的"填鸭式"教学，忽视学习者的主动性与积极性，很可能会事倍功半。

（二）整体差异性规律

即使同一家企业的员工，其学习能力也存在差异，这种差异由员工的年龄、性格特征、家庭环境等因素决定。曾有学者对100位参加学习的员工进行了智力测验，结果如图4-1-1所示。可见，在100位参加学习的员工中，50位处于中等水平，各有15位略高于平均值和低于平均值，10位能力最强、成绩优异，10位能力差、成绩处于下等。

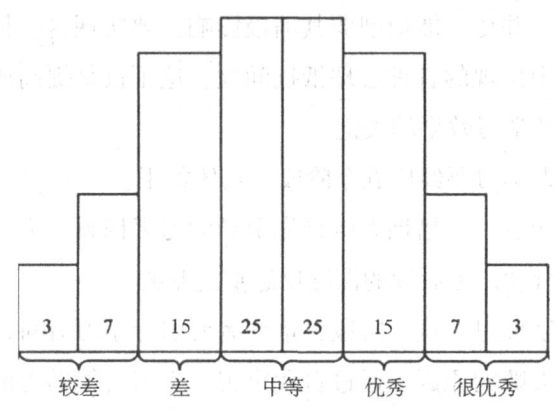

图4-1-1　学习能力的整体差异

正因如此，企业在开展员工培训活动时要深入了解每位员工的学习能力，做到因材施教，在制定学习目标时更要考虑到每位员工的真实情况，保证目标的可行性。

（三）学习效果的阶段性变化规律

员工在整个培训过程中的学习效果展现出明显的阶段性，具体如下。

1.迅速学习阶段

在培训初期，员工对新知识充满好奇，因此展现出较高的学习热情，这时的员工处于迅速学习阶段，能够进行主动思考，在学习新技术和新知识时能做到举一反三，学习效率很高。

2.缓慢学习阶段

员工在初步掌握培训内容后，会进入缓慢学习阶段，这一阶段的特点是员工的学习动力减退，学习步伐显著放缓，进入一个相对稳定的时期。此阶段，尽管培训仍有效果，但员工技能水平的提升速度明显不如初期。值得注意的是，员工心理素质的差异在此阶段尤为明显：拥有坚定意志的员工，能够持续保持热情，勇于创新学习方法，积极面对挑战，其学习成效依然显著；意志不坚定的员工可能滋生厌烦情绪，甚至选择放弃继续参与培训。

3. 心理界限阶段

如果培训时间较长，员工会在培训后期进入心理界限阶段，处于此阶段的员工对培训内容的学习将陷入瓶颈期，技能水平难以提升。

尽管根据培训内容的不同，这些阶段的时间跨度和变化有别，但是，阶段性是比较明显的。只有充分认识这些变化，才能更好地从事培训工作。在培训过程中，有意识地区分阶段、调整内容、改变方法是企业帮助员工克服学习心理障碍的有效方法。学习效果的变化过程如图 4-1-2 所示。

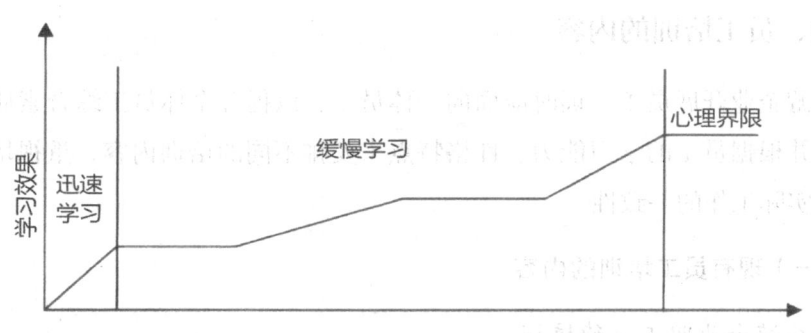

图 4-1-2　学习效果的阶段性变化规律

（四）分散性培训优于集中培训规律

研究表明，人的学习兴趣及注意力集中时间有限。在学习过程中，如果超过了其所能维持的时间范围，人的学习效率会明显降低。这一原则同样适用于员工培训，尤其是在职培训。因此，企业应当合理安排培训的时间和节奏，将培训内容分段，让员工在短时间内进行学习。这样做的效果要远好于一次性的集中培训。因为长时间的培训可能导致员工兴趣减退和精力分散，这对于保证学习效率来说是极其不利的。例如，在饭店餐饮部服务员的入门培训过程中，将餐饮服务分为摆台、看台、传菜、撤台、迎客与送客、仪表与行为，以及餐厅设备的保管等培训内容，据此制订培训计划，每天用一个小时左右时间进行培训，新员工就能比较扎实地掌握餐饮服务工作。相反，如果集中培训一个星期，天天都学习这些内容，则效果不会理想。

（五）以考评促培训规律

考评是对员工培训成效的阶段性总结。在培训过程中，企业要定期评估员工学习成果，此举不仅能激发员工学习动力，提升其学习兴趣，也是员工管理的重要方式。考评机制在无形中为员工施加了心理压力，促使他们将培训成绩与职业发展、奖惩机制及自我价值等紧密关联，从而更加勤勉地学习。值得注意的是，无论何种培训，员工的学习效果都或多或少受到考评制度的影响。精心规划考评的形式、时间、频率及奖惩方案，对于员工深化对知识的理解，巩固学习成果，促进知识内化至关重要。此外，考评还发挥着衡量培训整体效果，精准识别员工学习短板，及时纠正员工错误的关键作用。

四、员工培训的内容

旅游企业开展员工培训时应面向全体员工，以提升全体员工综合素质为核心目标，并根据员工的学习能力、性格特点来安排不同的培训内容，重视培训内容与员工实际工作的一致性。

（一）现有员工培训的内容

1. 旅游企业职工道德培训

（1）职业道德认识、情感、意志和信念。职业道德认识即个体对自身职业领域内道德规范的理解、感知及接纳程度。对于旅游企业而言，道德培训的首要目标是深化员工对本岗位职业道德的认知，促使其在工作中树立正面道德观。职业道德情感是根植于道德认知之上的，是驱动并调节道德行为的关键因素。旅游企业应着重培养员工对职业活动的正面情感，强化其对职责的认同与使命感，从而提升服务质量与职业忠诚度。职业道德意志则是坚持执行道德准则的精神，它源于深刻的道德认知与强烈的道德情感，并需通过长期实践的不断磨砺而巩固。在旅游企业中，这种意志是支撑员工在复杂环境中坚守道德底线的力量源泉。职业道德信念则代表着员工对道德责任的深刻信仰与强烈责任感，是职业精神的至高境界,构成了道德精神的核心部分。旅游企业应引导员工树立坚定的道德信念,使之成为推动职业行为、提升职业形象的内在动力。

（2）职业道德行为与习惯

职业道德行为,简而言之就是人们在互动中有意选择的、可供道德评判的行为举止。它体现了个人在职业环境中的自主性和责任感。职业道德习惯,则是个人将这些外在的道德观念,如认知、情感、意志、信念等内化于心,形成无意识的行动模式。这种习惯让道德行为不再是外在压力下的产物,而是个体内在自觉的体现。

旅游企业职业道德培训的核心任务就在于深化员工的道德认知,强化他们的道德信念,并锤炼其道德意志,促使每位员工都在日常工作中秉持高尚的行为准则,逐渐将职业道德规范内化为长期稳定的职业习惯,以此提升服务质量。以餐饮行业为例,服务态度作为职业道德的重要体现,深刻影响着顾客的体验感。服务态度不仅体现在服务人员按行业规范提供的各项具体服务上,更蕴含在他们对客人的态度之中。因此,服务人员不仅应向客人提供各种实质性的服务项目,让客人感受到实实在在的关怀,更应亲切温暖地对待客人,通过各种细节提升顾客体验感。

2. 知识的培训

知识水平是员工素质的重要组成部分,系统的知识培训对员工素质的提升意义重大,旅游业作为典型的服务型产业,员工的知识储备更是其业务能力的重要体现。旅游企业在开展知识培训时要时刻注意岗位需求,将重点放在旅游领域知识的传授上,并不需要追求全面,同时也要避免培训内容的同质化。鉴于员工个体存在差异性,企业应对知识培训的深度、广度及难度进行区分。对管理人员来说,他们需要更深入的理论知识,包括旅游业专业知识、管理知识,以及对政策法规的深入理解等。而对服务人员来说,知识培训的重点应放在掌握本岗位所必需的基础知识上,如对重要客源国的综合认知,包括政治、经济、历史、地理、民俗等,以及基础的旅游心理学知识、本地旅游资源和商业环境相关知识、服务中的礼仪知识等。

3. 能力的培训

旅游公司培训应以知识培训为基础,以能力培训为核心。对于旅游企业员工的培训,则应注重理论与实践相结合。具体来说,企业可以通过多种方式来提升员工的综合素质，如角色扮演法、案例分析法、情景模拟法等。这些方法可以帮助员工在不同情境下体验他人的心理感受，加深对日常工作的理解。此外，企业还可以通过集中研讨、模拟练习、实际操作等方式，提升员工的处事能力和应变能力。如此一来，员工不仅能有所收获，还能在实践操作中不断成长，从而更好地适应岗位工作。

4.操作技能方面的培训

旅游企业员工的日常工作有着很强的技巧性，因此，在开展员工培训时，企业要注重对员工工作技能的培养。例如，前厅接待人员的外语能力、投诉处理能力，餐厅服务人员的领位能力、摆台能力，商务中心员工的打字能力、电脑操作能力等。

如今，科学技术飞速发展，员工的工作内容和所需的工作技巧也在不断发生变化，这就决定了针对员工操作技能的培训必然是长期的、持续的。企业要通过多种方式定期或不定期开展员工培训，让员工及时掌握最新、最高效的工作方法。

（二）新员工培训的内容

1.企业文化培训

所谓企业文化，就是指被企业员工广泛接受的行为模式和价值观，企业文化培训是凝聚全体员工的重要方式，对新员工快速了解企业，认可企业更是意义重大。具体来说，企业文化培训可以分为以下3个层次。

（1）物质层次。物质层次的企业文化培训以了解企业环境为主，具体包括企业各部门布局、组织结构与业务特性，以及企业的生产设备、视觉符号、工装样式等。

（2）制度层次。顾名思义，制度层次的企业文化培训以介绍公司的各类制度为主要内容，具体包括员工规章制度、福利制度、奖惩制度、考评制度等，企业可以采用案例分析、老员工角色扮演等方式帮助新员工深入了解各项制度的具体内容。

（3）精神层次。企业文化精神层次的培训应围绕企业目标、企业精神、企业作风等内容开展，具体来说，企业可以采用带领新员工参观公司、安排讲座、观看影像资料等方式开展这一层次的培训。

2. 业务培训

业务培训，简而言之就是让员工深入了解企业的运作机制、各部门的工作流程及个人岗位的职责所在。企业对员工的业务培训可以通过多样化的培训方式实现，包括但不限于实地参观、专家讲解、案例分析、模拟操作等。为进一步帮助新员工快速融入工作中，企业还可以采用"导师制度"。在这一制度下，每位新员工都会得到一位经验丰富的导师的悉心指导。导师可以是其直接上级，也可以是部门内的资深员工，他们将以"传帮带"的方式为新员工提供全面、深入且系统化的工作指导与心理支持，帮助他们快速熟悉工作环境，掌握岗位所需技能。

五、把握员工培训的总体趋势

（一）员工培训成为人力资源开发的重要方式

如今，越来越多的企业意识到企业间的竞争本质上就是员工素质的竞争。现代社会科学技术飞速发展，企业员工也拥有了更多途径来提升自身素质。为了提升员工素质，企业必须重视员工对新兴技术的掌握情况，对行业前沿理论的了解情况等，企业应给予员工充足的实践锻炼机会，让他们在实践中提升综合素质和技能水平，并形成良好的工作态度。无论中外，优秀的公司总是十分重视员工培训。在发达国家，企业员工培训的费用占据其工资总额的2%~10%，而这种付出毫无疑问是值得的，通过科学合理的员工培训，许多企业都能够实现快速成长。近年来，我国企业高速发展，而要想取得更好的成果，就必须重视对人力资源的开发与利用，这项工作涉及许多方面，如员工职业生涯发展规划、员工创造力培养、员工工作水平提升等。如今，越来越多的企业转型成为创新创造型企业，对这类企业来说，管理人员与技术人员的创新能力至关重要。而这种与职业紧密相关的创新能力是能通过不断实践与科学培训培养出来的。基于此，企业为员工安排培训时应注重前瞻性和开发性，通过构建有利于激发创造力的培训环境，刺激员工的创新欲望，开发出他们潜在的创造力。同时，企业培训的目标应为培养一支符合企业需求的优秀员工队伍。为了成功地激发员工的创造力，并帮助他们准确认识自身的潜力，培训者不仅需要具备高超的启发能力和挖掘员工创新能力的技巧，还需要实现角色转变，从传统的教育者转变为新时代的职业发展咨询专家。

（二）从学历教育转向技能、观念培训

随着国家教育体系的不断完善，企业所承担的社会职能也在逐渐发生改变，企业员工培训的方向也正发生深刻的变革。过去的员工培训大多倾向学历教育，而今随着社会环境的变化，众多企业已经逐渐转向以技能培训为主导的模式。这种模式以技能培训为核心，涵盖操作技能和管理技能两大方面，有利于员工个人技术水平的提升。在技能培训之外，观念培训也十分重要，观念培训主要包括岗位责任观念、组织归属感及企业价值观念等方面的培训。观念培训旨在塑造员工的价值观，使其职业生涯发展方向与企业的发展目标相一致，从而在企业的生产经营活动中发挥更大作用。

员工培训的核心目标在于开发企业的人力资源，其应以提升员工业务能力、增强员工职业意识、培养员工创新精神为重点。在资源配置上，企业需明确区分文化学习的系统性、结构性特征与员工培训的侧重点。此决策的形成受三大因素影响：其一，企业培训的成本纳入经济效益考量之中，需摒弃单纯的文化学习性培训；其二，单纯的文化学习所需时间长，其成效难以在短时间内通过员工培训显现，且员工培训形式下的文化学习效果往往不尽如人意；其三，鉴于国民科学文化素质的整体提升，企业新进员工的文化素质已达到一定标准。这样的调整不仅符合企业的经济需求，也更加注重实效性及质量保证，确保了企业人力资源的有效开发。

（三）从社会化教育转向企业个性培训

计划经济体制时期，我国的学校教育呈现出高度统一的特点，那时的企业员工培训院校也肩负着教育青少年的责任。但那时的企业员工培训千篇一律，各企业并未根据自身实际需求对员工进行差异化培训，尽管开展了大量的培训工作，但实际效果并不令人满意。随着市场经济的不断发展，企业的生存环境已经发生了翻天覆地的变化，在这种背景下，各企业要及时调整培训模式，增强员工培训的针对性和差异化，将有限的培训资源投入到最紧迫、最需要资源的项目上。各企业的独特性是其核心竞争力的重要体现，这种独特性体现在技术工艺、管理风格、企业形象及发展战略等方面。企业培训必须具有个性化特点，各企业必须根据自身的特殊需求和独特的企业文化对培训内容和培训方式进行精心设计和开

发。各企业在实施员工培训时，要根据其自身的实际情况设计培训课程，不能简单地模仿或照搬其他企业的模式。这就要求相关管理人员和培训人员深入了解企业的核心需求，开发出与企业发展紧密结合的培训课程。只有这样，才能确保培训工作有的放矢，提升培训课程的回报率。

（四）从个体学习到团队学习

学生时代，人们接触到的教学模式大多为传统的课堂式教学，这种教学模式偏重知识传授，主要依靠教师讲授和学生的不断练习，无论是教师还是学生都很少将课堂知识与生活实际联系到一起，学生的学习模式主要是个体学习，很少进行团队合作和经验交流。毫无疑问，传统的课堂教学模式并不适用于员工培训。

企业在进行员工培训时不应局限于个体学习模式，而应更多地采用团队学习模式。要想提高工作效率，员工不仅需要增长知识，更需要提升技能水平，积累工作经验，而技能与经验难以单纯通过课堂学习获得。因此，培训过程中员工间的互动、交流十分重要，员工可以通过这种方式实现经验和智慧的共享。这些宝贵的经验和智慧源自员工们多年的工作实践，能够为他人提供借鉴，显著提升工作效率。

现代员工培训的核心在于构建高效的学习情境，激发员工潜能。企业可以将不同岗位的员工会聚一堂，通过情景模拟、案例剖析等方式促进员工间的深度交流。当员工们的创新思维被充分激发，他们就能凭借团队协作的力量探索出提升企业绩效的新思路。在此过程中，培训者的角色发生转变，他们更像是员工学习旅程中的引导者与协调者，负责设定团队学习任务，并不直接给出结论，而是鼓励学员自主探索并总结学习成果，从而有效拓宽了学员的思维边界，有利于学习成果的产出。

（五）加强员工良好心理品质的培养

在员工培训活动中，员工心理品质的培养也是一项重要的任务。唯有扎实推进这项工作，方能确保员工培训真正发挥作用，为企业的长远发展作出贡献。众所周知，管理事务容易，而引领人心、凝聚团队则难上加难。想要做好心理品质培养工作，关键在于激发员工的内在动力，营造积极向上的工作氛围。若企业内人心涣散、士气低落，其发展前景必定黯淡，企业也难以焕发活力与生机。

六、现代旅游企业培训的新目标

随着科技的飞速发展和市场竞争的日益激烈,现代企业面临着前所未有的挑战。为了应对这些挑战,企业培训已经不再是简单的技能传授,而是被赋予了更加深远和全面的新目标。下面将深入探讨现代企业培训的新目标。

(一)提升员工综合素质

现代企业培训的首要目标是提升员工的综合素质。这不仅包括了专业技能的提升,更涵盖了团队协作、沟通能力、创新思维等多方面的能力。例如,某知名互联网公司为了提升员工的团队协作能力,专门组织了一系列的团队拓展训练和项目合作实践。通过这些活动,员工们不仅学会了如何更好地与他人合作,还培养了创新思维和解决问题的能力。

(二)培养未来领导力

随着企业规模的扩大和业务范围的拓展,对于领导力的需求也日益增加。因此,现代企业培训还需要关注未来领导力的培养。这包括领导技巧、决策能力、战略规划等多方面的培训。据统计,那些重视领导力培养的企业,在员工晋升率和业绩增长率方面均表现出色。例如,某跨国企业就通过定期开展领导力培训,选拔和培养了一批具有潜力的年轻干部,为企业的长远发展奠定了坚实的基础。

(三)促进企业文化传承

企业文化是企业的灵魂,也是企业持续发展的动力源泉。因此,现代企业培训还需要注重企业文化的传承。通过培训,让员工深入了解企业的核心价值观、愿景和使命,提高员工的归属感和忠诚度。例如,某传统制造业企业就通过举办企业文化周活动,让员工们通过亲身体验和互动交流,更加深入地了解企业的历史和文化。这不仅增强了员工的凝聚力,还为企业的发展注入了新的活力。

(四)应对行业变革和技术创新

随着科技的不断进步和行业的快速变革,企业需要不断地更新知识和技能,以适应新的市场需求和竞争环境。因此,现代企业培训还需要关注行业变革和技术创新的趋势。通过培训，让员工了解最新的行业动态和技术发展，掌握新的技能和工具，提高企业的竞争力和创新能力。例如，某金融科技公司就通过定期组织技术培训和研讨会，让员工们不断学习和掌握最新的金融科技知识和技术，为企业的发展提供了强有力的支持。

第二节　旅游企业人才培训的流程

培训活动的整个过程按时间顺序可以大致分为分析培训需求、制订培训计划、实施培训活动、培训效果评估。

一、分析培训需求

分析培训需求，简而言之就是运用科学方法明确培训对象、培训目的与培训内容的过程。这一过程不仅为企业设定培训目标、规划培训方案提供了科学依据，还能为评估培训效果提供助力。它确保了培训工作的针对性、时效性和高效性。早在1961年，麦吉（Mc Gehee）与塞耶（Thayer）就将培训需求分析分为三个部分，即组织层面分析、任务层面分析、人员层面分析。

（1）组织分析主要对组织目标、组织资源、组织氛围和组织所处的环境等因素进行系统分析，准确找出组织存在的问题，并判断培训是否为解决这些问题的有效手段，以及组织最需要的培训类型。

（2）任务分析是针对某种特定的任务或工作，通过收集有关的任务信息，针对其难易程度、变化或稳定程度等特征，确定任务的完成需要对员工进行哪方面及哪种程度的培训。

（3）人员分析以任务分析为基础，主要分析员工个体在工作绩效、知识、技能和能力等方面的差距，在此基础上确定需要接受培训的员工以及培训内容。

（一）培训需求分析的内容

我们可以将培训需求分析的内容分为三个维度来理解，即需求层次、需求对象、需求阶段。具体来说，从需求层次角度讲，培训需求分析应涵盖战略、组织及员工三个层面。从需求对象角度讲，我们可以将培训需求分析分为新员工与在职员工两个方面。从需求阶段角度讲，培训需求分析可分为当前与未来两个阶段。（图4-2-1）。

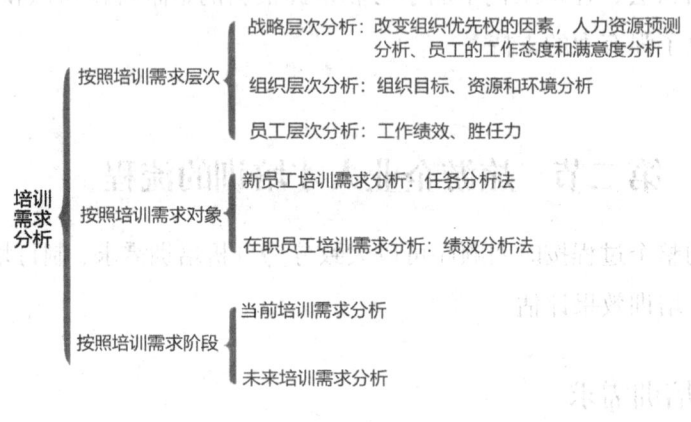

图4-2-1　培训需求分析的内容

（二）培训需求分析的流程

1. 制订培训需求调查计划

培训需求分析的第一步是制订培训需求调查计划。具体来说，培训需求调查计划的制订分为以下3个步骤：（1）确定调查计划的目标；（2）确定调查计划的适用人群和具体内容；（3）制订并完善培训计划。

2. 实施培训需求调查工作

在培训需求调查计划确定之后，培训需求分析工作就进入了第二步，即实施培训需求调查工作。培训需求调查工作的具体流程如下：（1）广泛收集培训需求；（2）汇总培训需求；（3）对培训需求进行最终确认。

3. 分析与输出培训需求结果

在获取培训需求信息后，需要对其进行分析。培训需求分析工作主要包括以下3个步骤：（1）将培训需求分类；（2）分析并总结培训需求；（3）撰写培训需求分析报告。

（三）培训需求分析常用的方法

旅游企业在分析员工培训需求时常用到以下5种分析方法。

（1）面谈法。

（2）重点团队分析法。

（3）工作任务分析法。

（4）观察法。

（5）问卷调查法。

这五种培训需求分析常用方法的优缺点，如表 4-2-1 所示。

表 4-2-1 五种培训需求分析方法的优缺点比较

方法	优点	缺点
面谈法	员工接受程度高，得到的培训需求信息更详细、更可信	对访谈者的能力要求高，更加耗费时间精力
重点团队分析法	较为省时省力，小组成员讨论后得到的信息更可信	对讨论者的思维能力和活动组织者的协调能力要求高
工作任务分析法	得到的信息更加可信	需要花费大量时间分析
观察法	更加直观，得到的需求信息更加切合实际	容易受到观察者的主观影响
问卷调查法	省时省力，能在短时间内收集到大量信息	信息可信度低，问卷设计难度大

二、培训规划的制订

培训规划以需求分析为基础，与旅游企业的宏观发展战略紧密相关。要想制订出科学合理的培训规划，企业要综合考虑现有培训资源，制定一套全面而细致的方案。培训规划应明确界定培训活动的目标群体、核心内容、规模大小、时间安排，以及评估培训成效的标准。同时，培训规划还应指定负责执行培训的机构与人员，选择合适的培训师，并对培训费用进行全面且科学的预算。

（一）培训规划的内容

培训规划涵盖多方面内容，具体来说，我们可以将培训规划的内容总结为以下 6 个部分。

（1）培训目的。站在旅游企业的立场上看，培训活动的最终目的是提升员工综合素质，进而提高其工作效率，促进企业发展。

（2）培训原则。培训活动的开展要遵循一定的原则，如可行性原则、效益原则、切合实际原则、满足员工需求原则等。

（3）6W1H 问题。6W1H 问题是培训规划工作中的 7 个基本问题，即 why，培训目标；whom，谁来接受培训；who，谁来开展培训活动；where，在哪培训；when，何时培训；what，培训内容；how，如何开展培训活动。

（4）培训活动的考核及评价方式。

（5）培训计划的适时调整。

（6）培训费用的预算及审批流程。

（二）培训的目标

想要高效开展培训活动，企业必须确立科学的培训目标。换言之，企业必须明确培训活动结束后员工应该掌握什么内容。

一般来说，培训目标应包含以下 3 个要素。

（1）具体的内容：企业在开展培训活动前应该先明确培训的主要内容，如传授员工什么类型的知识，帮助他们掌握何种新技能，引导他们树立怎样的价值观等。

（2）明确的标准：只有培训标准足够明确，员工才能在培训过程中明确前进方向。另外，在确定培训标准时，企业要遵循清晰具体的原则，例如"在最终考核中达到 80 分者为优秀"就要比"在最终考核中分数越高者越优秀"合理。

（3）合理的条件：任何目标的确立都离不开具体且合理的条件，企业在确定培训目标时必须保证条件的合理性。

（三）培训教师及地点的选择

选择培训教师的方式，一般可以氛围外部和内部两种渠道，每种渠道的优缺点及开发途径如表 4-2-2 所示。

表 4-2-2　培训教师选择渠道的优缺点及开发途径

渠道	优点	缺点	开发途径
外部渠道	（1）可选范围大，有更多经验丰富的优秀教师可供选择 （2）选择外部培训教师可以为培训活动注入新的活力 （3）对员工来说，外部教师更有新鲜感，在面对外部教师时更有学习积极性	（1）不了解企业需求与员工需求 （2）成本较高 （3）企业不了解教师的性格特点及价值观，有一定风险	（1）聘请各高校教师 （2）聘请行业专家 （3）聘请专职培训师
内部渠道	（1）更加了解企业与员工的需求 （2）与员工更熟悉，交流更方便 （3）费用较低	（1）内部教师缺乏新思维 （2）大部分内部教师的培训经验不够丰富 （3）员工在面对内部教师时容易产生厌烦情绪	（1）企业管理层 （2）企业生产一线的优秀员工

在开展培训活动时，有多种地点可供企业选择。简单来说，培训地点可分为现场培训场所和非现场培训场所两种。现场培训场所主要包括生产车间、办公室、会议室等，适合开展在岗培训及技能操作培训等类型的培训活动。非现场培训场所主要包括教室及培训基地等，适合开展脱产培训。

（四）培训规划的制订步骤

由于培训规划在很大程度上决定了培训活动的质量，因此企业需要认真制订科学合理的培训规划。简单来说，培训规划的制订可分为以下 6 个步骤。

（1）培训部门汇总培训需求分析结果。

（2）培训部门根据培训需求分析结果制订初步培训方案，并制定培训活动预算。

（3）企业管理层对培训部门的培训规划、培训活动预算等进行审批。

（4）预算及培训计划获得批准后，培训部门进行培训活动的初步准备工作，如确定培训师、将培训所需后勤支持告知后勤部等。

（5）后勤部根据培训部的需求，落实好与培训活动相关的场地、设备、食宿等工作安排。

（6）准备妥当后，培训部制作培训次序表，并通知相关部门。

三、培训的组织与实施

(一)前期准备

(1)通知员工培训时间及培训地点。

(2)做好后勤准备工作。

(3)联系培训师。

(4)准备好相关培训资料。

(二)开展培训活动

(1)课前准备,包括员工签到、茶水准备等。

(2)培训开场,包括课程介绍、讲师介绍、员工自我介绍、课堂纪律介绍等。

(3)培训器材维护。

(三)传授知识与技能

在讲师传授知识与技能时,工作人员应注意观察学员及讲师的状态,及时与讲师沟通,帮助讲师管理好课堂纪律,同时做好上课记录。

(四)培训活动结束后的工作

在培训结束后,培训部应引导员工总结回顾学习内容,并向讲师致谢,检查并收回培训设备,评估培训成效。

四、培训效果评估

培训评估是指运用科学的理论、方法和程序,对培训工作的全过程及其效果进行系统评估的过程。

(一)培训评估的内容

1. 员工的学习结果

培训结束后,培训部门要检验员工的学习成果。一方面,培训部门要评估员工对所学知识和技能的掌握程度;另一方面,培训部门要观察培训内容是否对员工的工作产生了实质性的影响,具体包括员工的工作态度是否有所改善,工作方法是否更加高效,以及其工作业绩是否有所提升。

2. 培训讲师教学情况

为了保证培训效果，培训部门应对培训讲师的教学情况进行前后评估。在培训开始前，培训部门可以采用试讲或审查教材的方式对培训内容进行初步评估。而在培训结束后，培训部门则可以采用访谈和问卷调查等方法，对培训效果进行全面评估。在进行评估时，培训部门要注意五个关键点。第一，课程内容是否与培训目标相匹配，能否达到预期的教学效果。第二，课程的形式是否被员工接受，如教学方式、互动方式等是否合适。第三，讲师的培训方法是否得当，是否能有效地帮助员工掌握知识和技能。第四，讲师的语言表达是否清晰，能否让员工更好地理解和吸收知识。第五，员工对课程有哪些改进意见和建议。

3. 培训的组织管理情况

这部分评估内容主要包括培训时间是否合适、员工的正常生活是否能够得到保障、培训设施是否完善等。

4. 培训后组织取得的效益

对培训效益的评估主要集中在三个方面：一是培训费用是否超预算；二是培训是否取得了直接经济收益；三是培训活动的投入产出比如何。

(二) 培训效果评估的指标

1. 认知成果（学习层面）

企业可以通过考试的方式评估员工是否掌握了有关的知识；通过现场操作的方式评估员工是否掌握了实操技能；通过岗位专业知识问答的方式评估员工是否对岗位工作有了更深入的理解。

2. 技能成果（行为层面）

企业对这一层面的评估可以通过访谈法、观察法等方式从技能掌握程度和技能运用能力两个维度进行。

3. 情感成果（反应层面）

这一层面的成果评估主要针对态度与动机。主要包括员工对活动组织情况的态度、对培训讲师的评价、对自我投入情况与学习积极性的反馈等。企业在进行这一层面的成果评估时可以通过问卷调查、观察、访谈等形式进行。

4. 绩效成果（结果层面）

绩效成果是企业开展培训活动最希望得到的成果，在评估培训活动的绩效成果时，企业要综合考虑人员流动率、产量、事故率、服务水平、产品合格率等因素。投资（净）回报率计算公式如图 4-2-2 所示。

$$投资回报率（结果层面）(ROI) = \frac{培训货币收益}{培训成本} \times 100\%$$

$$投资净回报率 = \frac{培训项目收益 - 培训项目成本}{培训成本} \times 100\%$$

图 4-2-2 投资（净）回报率计算公式

第三节 旅游企业员工职业生涯管理

一、职业生涯管理概述

（一）职业生涯的定义

如今，人们的职业选择变得更加多样化，学术界对职业生涯的定义也变得愈发宽泛。沙特尔（Schartl）认为职业生涯是个人一生中经历过的所有职业和职位的总和。艾伦·麦克法兰（Alan Macfarlane）将个人的工作选择及与工作选择相关的活动定义为职业生涯，突出了职业生涯的发展性。唐纳德·舒伯（Donald E.Super）对职业生涯的定义则更为宽泛，他认为职业生涯是人一生中经历的各种职业和生活角色的总和，包括副业角色、家庭角色、公民角色等。丹尼尔·韦伯斯（Daniel Webster）特认为"职业生涯是个人一生的职业、社会和人际关系的总称，即个人终生发展的历程"。[①]

我们可以将职业生涯理解为一个人从参加工作到退出工作的整个过程，由时间、范围和深度三个方面构成。时间，指的是人在职业生涯中所处不同的时间段，如职业初期、职业中期、职业后期等；范围，指的是从事过的职业的数量；深度，指的是在某一领域或技能上的卓越程度，它往往与职位相联系。

---

① 宋志海，刘献文. 大学生职业发展与规划 [M]. 沈阳：辽宁大学出版社，2009：03.

(二)职业生涯的发展阶段

职业生涯呈现出明显的阶段性,了解这种阶段性对于深入认识职业生涯来说十分重要。具体来说,人的一生会经历以下 5 个职业阶段。

1. 成长阶段

成长阶段指人从出生到 14 岁这段时间。在这一阶段,个体通过与家人、朋友及教师的互动,逐步构建自我认知。在这一阶段刚开始时,角色扮演尤为关键,儿童会尝试多种行为,同时观察他人反应,以此塑造独特个性与自我概念。随着时间推移,人们进入青春期时已经初步具备了兴趣爱好与对年龄的认知,开始从现实角度出发探索未来职业道路。

2. 探索阶段

探索阶段指人们从初入职场到 25 岁这段时间。在这一时期,青年们会积极寻找适合自己的职业道路,追求个人兴趣、教育背景与职业愿景的契合。他们倾向于通过尝试多种职业路径,逐步明确终身职业方向。此阶段,青年员工更换工作岗位的意愿强烈,若当前岗位无法满足其发展需求,青年员工往往会选择跳槽。对旅游企业而言,企业应理解并尊重这一年龄段员工的职业探索特性,主动提供多样化的工作机会,尤其是那些既能激发其挑战精神又符合其兴趣爱好的岗位,给青年员工足够的自我探索空间。同时,企业应积极引导青年员工进行职业规划,帮助其明确职业方向。随着时间推移,青年们对职业及自我条件的认知逐渐深化,其职业选择往往会经历一次或多次的调整与细化。到探索阶段末期,多数青年能够锁定较为理想的职业目标,并做好投身工作的充分准备。此阶段及后续职业发展中,人们最重要的任务就是对自身年龄与天赋进行评估,并基于职业探索中收集到的可靠信息,作出合理的职业规划。

3. 确立与发展阶段

确立与发展阶段指人们从 25 岁到 44 岁这段时间,此阶段的人们通常精力充沛,头脑灵活,是生命中的"黄金时期"。经过前面两个阶段的铺垫,部分人能够在确立与发展阶段早期就找准适合自己的职业领域并在此领域中深耕,以求进一步发展,这类人往往会将自身的职业生涯锁定在某类岗位,表现出较强的稳定性。除了这部分人外,大部分人在这一阶段还是需要不断地尝试不同职业,寻求理想与现实之间的平衡。具体来说,确立与发展阶段又可细分为以下三个子阶段。

（1）尝试子阶段。在25岁到30岁这段时间，大部分人会不断尝试新职业，或判断所从事的职业是否满足自身需求。若当前职业并不能令人满意，这一阶段的人们往往还会作出改变。

（2）稳定阶段。随着时间的推移，人们进入30岁到40岁这一年龄段时会进入稳定阶段。这时人们的职业路径和职业目标通常已经较为清晰，人们会围绕既定的目标与路径开展教育活动，提升自身综合素质以求发展。

（3）职业中期危机子阶段。人们会在这一阶段回望过去，基于年轻时的理想与规划，对自己的职业生涯进行一次自我评估。他们可能会发现自己并没有走向当初设想的职业道路，或者意识到当初所规划的职业道路并不能满足自己如今的需求。在这个阶段，人们会逐渐关注到一个重要问题，即工作在人一生中究竟应该占据怎样的位置，进而直面自己的内心，思考自己真正需要的东西是什么，又该如何得到。

4. 维持阶段

维持阶段指人们从45岁到60岁这段时间。尽管这一阶段的人们仍具备创造更大价值与持续发展的潜力，但与确立与发展阶段相比，处于这一阶段的人们对事业的追求逐渐趋于平缓，他们更加注重稳固已有的职业地位。同时，为避免被边缘化，他们会积极学习新的专业领域知识及专业技能，以增强其职业竞争力或为未来转型铺路。大部分人都会在这一阶段制订个人规划，他们渴望获得新的职业成就，会将大量时间精力投入新知识的学习中。企业要重视这一阶段员工的需求，为他们提供更多学习新知识、掌握新技能的机会。

5. 下降阶段

下降阶段指人们60岁之后的人生阶段。步入此阶段，多数人需适应角色转变，逐渐远离职场中的权力与职责，规划退休后的生活，并在生活中寻找新的定位。

（三）职业生涯管理

1. 职业生涯管理的内涵

职业生涯管理，简而言之就是企业与员工携手共进的过程。企业综合考虑自身的发展目标与员工的能力、兴趣及核心价值观，共同设定双方认可的职业生涯目标。随后，通过一系列精心设计的活动，如专业培训、岗位轮换等，帮助员工实现职业生涯目标。这一过程有两层含义：一是企业为了满足自身与员工发展的双重需求进行的管理活动，即组织职业生涯管理；二是个人为了实现人生价值，针对自身职业生涯开展的一系列管理活动，即个人职业生涯管理。两者能否和谐共生决定了职业生涯管理能否成功。

2. 员工职业生涯管理的意义

企业要明确员工职业生涯规划与管理工作的核心目标，即满足人才需求，提高其对企业的忠诚度，留住关键人才，并帮助员工构建清晰的自我认知，明确自身职业愿景与能力短板，制订个性化发展计划，最大化发挥个人潜能，最终实现企业与员工核心竞争力的同步提升。具体来说，员工职业生涯管理的意义体现在以下4个方面。

（1）员工的企业化。员工企业化，简而言之就是个体在加入企业后，逐步融入并适应企业环境，最终成为符合企业标准的合格成员的过程。这一过程受到人力资源管理领域的研究者高度重视。在转变过程中，员工需经历三重适应，即职业适应、企业文化适应、个人心理适应。在这一过程中，企业扮演着引导者和塑造者的角色，注重对新员工的引导，通过培训、引导及实践锻炼，使他们逐渐认同企业理念、高效完成工作任务，成为合格员工。这一过程不仅关乎员工个人的成长与发展，更是企业人才队伍建设的重中之重。

（2）协调企业与员工的关系。每个企业都是由一个个员工组成的，企业想要发展，就必须充分调动员工的积极性，使员工意识到个人发展与企业发展的一致性，从而充分发挥个人能力，提高工作效率，完成生产任务。企业开展员工职业生涯管理工作正是为了协调自身与员工之间的关系，激励员工努力工作。

（3）为员工提供发展机会。人力资源具有能动性，企业要想充分开发人力资源，就要深入了解员工的能力与潜力。职业生涯规划就是一种快速详细地了解员工职业素质的好方法，通过职业生涯规划，企业能够做到"人尽其才"。值得注意的是，要想真正激发员工的潜能，企业必须尊重员工，正视员工诉求，为其提供足够的发展机会。换言之，企业在开展职业生涯规划和管理工作时必须尊重员工的个人意愿。

（4）帮助企业实现发展目标。从根本上说，企业开展员工职业生涯管理工作就是为了通过这种方式提升员工素质，提高其工作效率，进而实现自身的发展目标。

二、个人职业生涯管理的方法

（一）个人职业生涯管理的步骤

个人职业生涯管理是个人为了满足自己的职业发展需要进行的自我职业生涯的规划、实施、评估和调整等活动。图4-3-1为个人职业生涯管理的步骤。

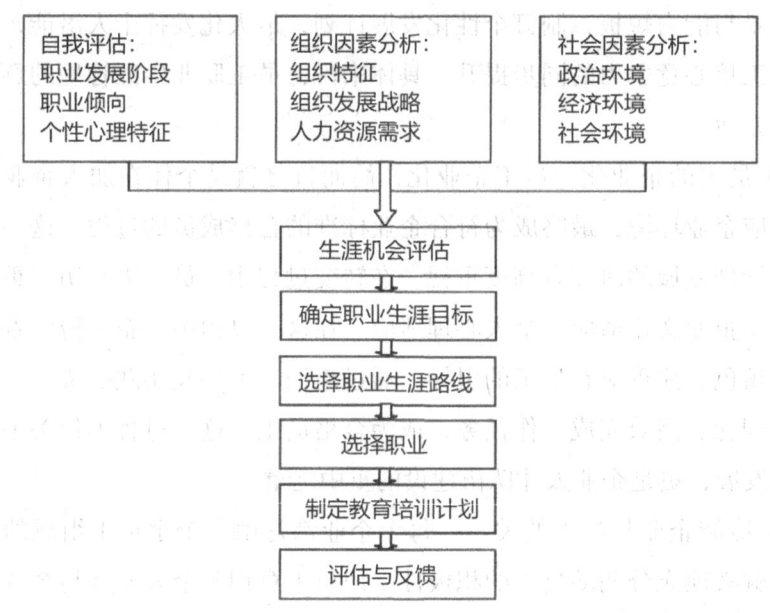

图4-3-1 个人职业生涯管理的步骤

1. 自我评估

自我评估，作为员工个人成长与发展过程中的重要环节，主要是指员工对自己在多个方面的全面审视与反思。其中包括了对自己的兴趣爱好、气质特点、个性特征、知识储备、技能掌握、能力展现、综合素质及职业价值观等多个方面的深入了解与剖析。通过自我评估，员工可以更好地认识自己，发现自己的长处和不足，从而为个人成长与职业发展制订更为明确的目标和计划。首先，自我评估能够帮助员工更全面地了解自己的兴趣爱好。每个人都有自己的喜好和兴趣，这些兴趣往往能够激发人们的热情和动力。通过自我评估，员工可以更加清晰地认识到自己的兴趣所在，从而在工作中找到更多的乐趣和满足感。同时，了解自己的兴趣也有助于员工在未来的职业规划中选择适合自己的领域和职业。其次，气质特点和个性特征也是自我评估的重要内容。不同的气质和个性会对一个人的思维方式、行为方式和人际关系产生重要影响。员工需要认真分析自己的气质类型和个性特点，以便在工作中更好地发挥自己的优势、克服自己的弱点。例如，有些员工可能天生乐观开朗，善于与人沟通，这样的性格特点在团队协作和客户关系维护方面会具有很大的优势。此外，知识、技能和能力也是自我评估不可或缺的部分。员工需要对自己的专业知识、技能水平及综合能力进行客观评价。这包括对自己所掌握的知识是否全面、技能是否熟练、能力是否突出的认识。通过自我评估，员工可以发现自己在这些方面存在的差距和不足，从而有针对性地进行学习和提升。最后，职业价值观也是自我评估的一个重要方面。职业价值观是指一个人在工作中所持有的核心信念和原则。员工需要明确自己的职业价值观，以便在工作中坚守自己的原则，实现个人价值。同时，了解自己的职业价值观也有助于员工在职业发展中找到适合自己的方向和目标。

2. 组织与社会环境分析

所谓组织与社会环境分析，就是指员工在充分了解组织与社会环境后，对自己是否适合当前环境作出判断的过程。员工可以通过组织与社会环境分析认识到自身的不足之处，同时也有助于提升员工个人素质。一般来说，组织环境分析适用于短期规划，社会环境分析适用于长期规划。

3. 职业生涯机会的评估

职业生涯机会评估可以按照时间长短分为长期机会评估和短期机会评估。具体来说，职业生涯机会评估是指员工根据自身技能水平、性格特质、工作内容、组织发展前景、社会环境等要素对自己职业生涯中存在的机会进行评估的过程。科学合理的职业生涯机会评估可以帮助员工明确自己的职业生涯发展方向，提升工作效率。

4. 职业生涯目标的确定

按时间跨度的不同来分类，职业生涯目标可分为人生目标、长期目标、中期目标及短期目标，这些目标分别对应员工人生、长期、中期与短期的规划。首先，员工需基于自身专业、性格特质、价值观及社会发展趋势明确人生目标与长期目标。随后，将长期目标细化，结合个人经历及当前环境，制定切实可行的中期与短期目标，以逐步实现长期目标及人生目标。

5. 职业评估

个人在实施职业发展方案的过程中，往往有些因素在自己无法控制的范围内，同时一些不明确因素也逐渐明朗化。这时应该重新进行自我评价和环境分析。

6. 反馈、调整

通过重新进行自我评价和环境分析，及时调整职业发展方案，使方案更合理、更具可行性。

由于个人的职业生涯很难在一个或两个企业中度过，所以在职业生涯管理过程中，个体应成为主要的管理主体。当然，企业的职业生涯管理也会对个体产生影响。当员工进入企业后，企业无论有无职业生涯管理及管理质量如何，对个体的职业发展及发展方向都会有很大的影响。

（二）企业职业生涯管理的步骤

企业的职业生涯管理是指企业为了自身战略发展的需要，协助员工规划和实现其职业生涯发展的活动。

西方企业的职业生涯管理开展较早，企业导入职业生涯管理制度取得了明显成效。英国比较法学家格特里奇（H.C.Gutteridge）于1986年比较系统地概括了西方的企业职业生涯方法，如表4-3-1所示。

表4-3-1　格特里奇概括的企业职业生涯方法

企业职业生涯方法	具体内容
员工自我评估	生涯规划研习会、工作手册、电脑软件
潜能评估程序	晋升内测、评估中心
内部劳动市场资讯的交换	生涯资讯手册、资源中心
个人资讯与生涯对话	员工与主管、HR人员或专门的生涯咨询师的个人咨询与生涯对话
职位适配系统	职缺公告，技能审核或盘查，安排职位或接班人计划
发展方案	内部与外部方案或研讨会，学费补助，职位轮调，工作丰富化，导师制

我国企业在职业生涯管理方面的工作还显得比较薄弱。2002 年，国内学者龙立荣、方俐洛、凌文轻发现我国企业职业生涯管理的结构主要体现在四个纬度，如表 4-3-2 所示。

表 4-3-2　我国企业职业生涯管理的结构

我国职业生涯管理的结构纬度	具体内容
晋升公平	按成绩、能力提拔表现好者，提供公平竞争标准，有明确的晋升标准，公开考察
注重培训	定期或者不定期培训、提供学习经费、条件、资料，鼓励在职培训等
组织自我认知活动	帮助选择职业、工作成绩反馈，变化工作岗位，指出优缺点
职业发展信息沟通	提供晋升信息，提供职位空缺信息，提供锻炼机会等

为了让员工更好地满足企业发展的需求，企业应向其提供明确的需求信息和清晰的职业提升路线，并为员工提供资源支持，进行科学的职业生涯管理。具体来说，企业职业生涯管理可分为以下 3 个步骤。

1. 确定企业未来的人员需求

企业发展战略的顺利推进离不开科学的人力资源规划与配置。为此，企业需及时确认自身的人力需求，构建内部劳动力市场，为员工提供全面信息，以促进人才的有效流通与成长。具体来说，企业可以通过以下三种方式为员工提供信息：一是及时发布岗位空缺情况。企业可以通过内部沟通、公告栏等方式向员工公开空缺岗位信息，确保每个员工都能及时获取。二是为员工介绍职业发展路径。企业应向员工详细介绍垂直晋升与横向拓展的职业发展路径，并不断根据实际情况进行调整，同时鼓励员工跨部门轮岗，拓宽员工视野。三是建立职业资源中心。企业可以设立一站式信息平台，集中展示公司概况、政策导向、职业规划工具等信息，为员工的自我提升与职业规划提供全方位支持。此外，为更加精准地掌握人力资源状况，企业可构建技能档案系统，详细记载员工的教育经历、工作履历、职业生涯目标等。

2. 成立潜能评价中心

为了充分了解企业中管理者、技术人员的潜力，企业可以设立潜能评价中心。具体来说，潜能评价中心有以下三大职能：一是确定管理者候选人。潜能评价中心可以通过对企业员工潜能进行评价来确定合适的管理者候选人。二是了解员工的心理素质。潜能评价中心可以运用多种心理学领域科学理论与测试方法充分了解员工的心理素质。三是促进企业管理层更新换代。潜能评价中心可以根据员工潜力的不同来制订管理层新老交替计划。

3. 实施职业生涯发展计划

现代社会生产力发展速度越来越快，企业想要增强自身竞争力，就必须重视对员工的培养。员工培养工作涉及许多方面，具体来说，企业可以通过以下四种方式开展员工培养工作：一是实行工作轮换制度。工作轮换制度能帮助员工拓宽视野，积累行业经验，并且对提升管理层的管理能力也很有帮助。二是开展管理指导活动，建立师徒指导系统。三是举办与企业实际业务有关的研讨会。四是举办管理人员与技术人员的交流会。

三、旅游企业职业生涯管理的实践

与旅游企业职业生涯管理相关的实践内容有很多，此处重点论述实施职业生涯规划的员工范围、员工职业计划、员工职业生涯分阶段管理三方面内容。

（一）实施职业生涯规划的员工范围

目前，我国大多数旅游企业都拥有符合企业实际发展需求的人力资源管理制度，但多数企业对员工职业生涯管理的重视程度稍显不足。以大型旅游集团与星级饭店等企业为例，这类企业对员工的技能要求多，需求更新速度也较快。因此，这些企业不仅要提供稳定的就业资源，还应在员工职业路径规划上将目光放长远，发挥示范作用。相比之下，小型旅游企业如各地旅行社在进行员工职业生涯管理时则需聚焦于提升员工的竞争力。企业内部进行职业生涯管理时，应遵循渐进策略。初期可优先在对职业管理工作敏感度高的群体中试验，如饭店、旅行社、景区内的技术骨干、营销精英、管理层等。等到职业生涯管理工作初见成效后，企业可逐步将这一管理实践推广至全体员工，确保每位员工都能得到职业生涯规划指导。

（二）员工职业计划

近些年，人力资源领域出现了一个新概念——职业计划，主张企业为员工提供职业计划来帮助员工确立并实现职业目标。

职业计划这一概念有着两重含义。其一，它反映了企业中许多员工（特别是那些受过高等教育的员工）内心深处对于在现在及未来职场中实现个人价值、持续进步、获得职业满足感的深切渴望。这种渴望促使他们积极制订职业计划，不懈追求职业理想，保证职业生涯的顺畅前行。其二，由于员工对职业发展的普遍追求，企业人力资源部门拥有了一项新职能——制订职业计划。此职能旨在深入了解员工个人成长意愿，通过增强员工满意度，实现员工个人发展目标与企业战略规划的和谐统一。从组织视角出发，人力资源部门所制订的旨在平衡员工个人成长需求与企业发展需求的职业规划，即职业计划，它是连接个人与组织发展的桥梁。而员工希望自己从职业生涯的经历中不断得到成长和发展的计划，就称为个人职业计划。一般来说，一个企业会对员工的职业计划提出指导，而员工也希望在听取企业的意见后制订自己的职业计划。

职业计划一般包括如下4个方面的内容。

1. 员工对自己进行分析和评估

在过去，部分员工，尤其是受教育程度相对较低的员工，在作出职业选择时缺乏对个人能力、兴趣及职业规划的深入剖析，仅凭直觉或外界压力盲目择业，而受过良好教育的员工，无论就业市场是繁荣还是低迷，都展现出高度的职业自主性与前瞻性。他们追求工作带来的成就感，即便面对工作初期的挫折，也能坚守既定的职业愿景，有计划地朝目标迈进。这种积极的态度源于他们对个人能力、兴趣、职业发展需求、人生目标的深刻认识和不断调整。西方学者指出，对于初入职场或正处于职业转型期的个体而言，一个有效挖掘自身潜力的方法是自我问答。通过回答一系列精心设计的问题，如"我的核心竞争力是什么？""我对哪些领域充满热情？""我希望通过职业实现怎样的个人成长与价值？"等，可以帮助个体充分了解个人能力、职业偏好，并据此制订符合个人特质的职业计划。这一过程不仅是员工自我认知的深化，更是他们向理想职业生涯前进的必经之路。

2. 组织对员工个人能力和潜能的评估

在人力资源开发工作中，正确评估每位员工的个人能力和潜能至关重要，这直接关系到人力资源计划的制订和执行效果。同时，正确的评估也有助于员工实现个人职业目标。企业进行员工能力与潜力评估的方式多种多样。首先，企业可以在招聘过程中收集人才信息，包括能力测试的结果、教育背景和工作经历，以及人才信息库中的相关资料。这些信息能帮助企业了解个体的基本能力。其次，企业还可以注意观察员工在工作岗位上的实际表现，包括绩效考评情况、晋升记录、推荐信及工资提级等情况。这些信息能让企业更全面地了解员工在实际工作中的表现和潜力。

长久以来，企业对员工能力与潜力的评判多依赖于绩效考评这一途径。这种做法基于一种管理经验，即通过分析员工过去的表现就能推测他们目前及未来的表现。这种经验虽然具有普遍性，但其实存在很多不合理之处，绩效考评制度也并不能真正反映出员工的能力与潜力。首先，绩效考评难以全面且精准地反映员工的真实能力。考评过程难免掺杂评估者的主观偏好或无意识的偏见，加上无论何种考评体系都必然存在局限性，因此考评结果的效度与信度并非极高，难以成为衡量员工能力唯一标准。其次，即便某位员工在当前岗位上表现优异，企业也不能仅凭绩效考评结果就断定其拥有应对更复杂任务的能力，而对于那些暂时未能在现有岗位上大放异彩的员工，企业也不能轻易否定其未来的工作表现。

自20世纪70年代起，西方许多企业引入"心理测试"与"评价中心"两种方法，用以更精准地评估员工的能力与潜力。并且这两种方法迅速在世界范围内普及，众多大型企业不仅设立了专门的测评中心，还配备了专业的测评团队。通过对员工的心理测试与专业评估，企业能够充分了解每个员工的能力与潜力，帮助员工制订合理的职业发展规划，助力其职业生涯发展。

3. 企业提供在本组织内公平竞争的机会

员工要想制订科学合理的职业生涯发展计划，需要掌握企业组织内与岗位选择、变动及空缺相关的详细信息。企业为确保员工职业规划符合实际情况，有较强的可执行性，应通过内部刊物、公告或口头通知等途径，及时向员工公布职业发展方向、路径及空缺岗位的技能与知识要求，鼓励符合条件的员工公平竞争。简而言之，职业发展即员工按规划，逐步晋升至更具挑战性、吸引力的岗位的过程。

以餐饮行业为例，在传统的职业发展模式中，员工想要遵循职位由高到低、逐步晋升的规律，往往要从前厅接待起步，逐级晋升为领班、主管、大堂经理，直至前厅经理。然而在现代职业发展模式中，企业为那些年轻且有能力、有潜力的员工提供跨越式晋升的机会，同时支持员工进行横向职位变动。鉴于企业职位空缺数量往往少于寻求职业发展的员工数量，除了填补空缺岗位，企业还要通过多种方式创造新岗位，助力员工实现职业规划。值得注意的是，企业在处理员工职业发展问题时要遵循公平竞争原则，运用科学合理的测评手段，确保人才选拔的公正性与合理性。

4. 提供职业咨询

企业的人力资源团队及各级管理层需紧密关注每位员工的职业追求与职业目标，并为员工提供全面的咨询服务，确保每位员工的职业规划既符合实际情况又具有较强的可执行性。咨询人员是企业开展职业咨询工作的中坚力量，他们需要具备敏锐的洞察力，善于综合各类信息精准评估员工的技能与潜力，并基于评估结果为员工的职业发展路径提供具体可行的建议。西方企业职业咨询工作开展较早，也较为成熟。在西方企业中，员工常向直属上级或人力资源部门寻求帮助，以求明确自身的职业生涯规划，他们往往会对咨询人员提出以下问题。

（1）"我当前职位最需要的职业技能是什么？""我如何提高领导的满意度，并提升自己在工作中的成就感？"

（2）"我现有的技能水平如何？""什么类型的技能才是最能满足企业需求及自身需求的？""如果想要掌握这些技能，或者提升现有技能水平，我需要采取哪些措施？"

（3）"我应该如何制定下一个职业目标？""哪个岗位最适合我？""我要通过什么方式了解并获得这个岗位的工作机会？"

（4）"从能力角度看，我是否具备了晋升管理层的资格？"

（5）"我的职业规划是否与实际情况及企业发展方向相契合？应该作出哪些调整？为此我需要接受哪些培训？"

面对这些疑问时，管理层与人力资源部门相关工作人员应保持足够的耐心，通过准确评估员工的过往技能水平与潜力，结合组织实际需求与发展方向，协助员工制订既符合实际情况又具前瞻性的职业规划，并在员工为了实现职业规划而努力时给予具体指导和必要支持，助力每个员工在职业道路上稳步前行。

（三）员工职业生涯的分阶段管理

考虑到旅游企业的职业生涯管理服务主要面向在职员工，企业可以根据员工年龄不同，将员工职业生涯分为三个阶段，即职业生涯早期阶段（20—30岁）、职业生涯中期阶段（30—50岁）、职业生涯后期阶段（50岁到退休）。在不同的年龄阶段，员工的生理特征和职业生涯发展任务均有不同。如表4-3-3所示，展现了某公司员工在职业生涯不同阶段个人和企业面临的任务。

表4-3-3　员工在职业生涯不同阶段个人和企业面临的任务

职业生涯发展阶段	个人任务	企业任务
早期阶段	1. 初步掌握岗位所需技能 2. 确立职业锚	1. 引导新员工适应基础工作 2. 根据员工能力和潜力为其安排一些有挑战性的工作，激发其主观能动性 3. 为员工介绍企业内部晋升路径和工作前景 4. 帮助员工进行职业生涯规划 5. 为员工提供岗位轮转机会，帮助其积累经验，拓宽视野
中期阶段	1. 重新认识自身职业角色，作出新的职业选择 2. 保持积极乐观的心态 3. 适当承担引领企业新人的职责 4. 平衡好工作、生活、自我发展三者间的关系	1. 为符合条件的员工提供内部晋升计划 2. 提供充足的培训机会，维持员工的行业竞争力，帮助员工度过职业生涯中期危机
后期阶段	1. 正确认识自身竞争力的下降，保持心态平和 2. 逐渐接受自身在企业中地位的下降 3. 做好退休准备	1. 激发员工潜能，帮助员工度过职业生涯后期 2. 为员工退休后的生活提供必要保障

第四节　旅游企业人才培训的创新策略

一、加强人力资源培训体系中的资金投入力度

为了优化培训体系，旅游企业需加大对培训体系的资金支持力度，为培训活

动的顺利进行奠定坚实的经济基础。具体来说，旅游企业培训资金主要用于以下三个方面。

首先，完善硬件设施。从宽敞明亮的培训场地到先进齐全的教学设备，每一处细节都需要工作人员的精心布置与充足的资金支持。旅游企业应设立专项培训基金，专门用于这些硬件设施的购置、维护与升级，确保员工能在最佳的学习环境中成长。同时，培训管理部门需严格遵循既定标准，精选高质量的培训资料与设备，使培训效果的最大化。

其次，增强师资力量。旅游企业应积极构建内外结合的师资体系，既注重企业内部讲师的培养，又善于利用外部专业机构的优质资源。通过设立合理的薪酬福利体系，培养并留住优秀的内部讲师，并在必要时重金聘请外部专家，为培训活动注入新鲜血液。值得注意的是，企业要对师资队伍建设工作所需资金作出合理预算，保证资金不被浪费。

最后，保证培训活动顺利开展。在制订年度培训计划时，人力资源部门应同步制订详尽的资金预算计划，明确每一项培训活动的费用与预期效果。财务部门则需设立专门的培训费用账户，对培训资金的使用进行精细化管理与监控，既要保障资金的充足供应，又要避免浪费。具体来说，企业应该重点关注培训教师薪资的发放以及员工外出培训时所需的费用，确保培训活动顺利开展。

综上所述，旅游企业要想在激烈的市场竞争中脱颖而出，就必须在培训体系上加大资金投入力度。通过完善硬件设施、增强师资力量保证培训活动顺利开展，为企业的长远发展奠定坚实的人才基础。

二、提高旅游企业管理层综合能力素质

旅游企业想要实现长远发展，关键在于管理层的综合素质与视野。他们需要不断提升自我，通过学习与培训拓宽知识面，引领企业迈向更光明的未来。

管理层应深刻理解员工培训的核心价值，认识到它对推动企业持续发展的重要意义，将员工培训与企业发展紧密联系起来，为增强企业竞争力作出更大贡献。此外，管理层应从长远规划出发，认识到培训活动对企业长远发展的重要价值，重视培训活动给企业带来的长远回报。唯有如此，企业的人力资源培训体系方能不断完善，进而为企业的长远发展奠定坚实基础。企业的领导者应身体力行，

积极参与相关培训，亲身体验培训带来的正面影响，加大对企业培训工作的重视程度。

同时，旅游企业管理层应具有双赢思维，认识到企业与员工的关系本质上是一种相互成就的合作模式。管理层应以平等视角看待员工，强化员工对企业的认同感与归属感，为企业稳健前行提供动力。企业应拓宽员工成长空间，让员工在为企业发展贡献力量的同时也能实现自我价值，形成双赢局面。为了推动企业的持续发展，管理层需致力于在企业内部形成团队凝聚力，确保企业发展愿景与员工发展目标高度契合。通过多种方式激发员工的工作激情，凝聚团队力量，向企业战略发展目标迈进。在资源日益多元化的今天，人力资源的重要性愈发凸显。为了在激烈的市场竞争中脱颖而出并实现长远发展，企业必须充分开发人力资源。管理层在进行人力资源管理时，应秉持"以人为本"的核心理念，高度重视人才价值，持续优化管理理念，最大化发挥员工潜力。管理层应借鉴马斯洛需求层次理论，多角度洞察员工需求，实施精准激励策略，从而有效提升人力资源管理效率，确保企业在人才的帮助下实现长远发展。

三、建立完善的企业人力资源培训体系

（一）制定合理有效的人才培训选拔体系

旅游企业应构建高效的人才选拔体系，专注于选拔精通员工培训的专业人士，用以主导企业内部员工培训工作，确保培训活动的高质量开展。为此，企业需深入剖析内部培训现状，明确自身对培训工作人才的需求，据此设计科学的选拔方案。通过定向邀请等手段，吸引并选拔具备专业技能的优秀培训人才。在选拔过程中，企业应谨慎地评估候选人与员工培训工作的适配度，预测其能为企业创造的长期价值。同时考察其是否认可企业文化，对企业的薪酬及福利待遇是否满意，确保所选人才既能力出众又与企业发展需求相契合。

（二）制定相应的培训规划与目标

培训是企业人力资源开发工作的基石，也是驱动企业发展的重要方式。随着知识经济时代的到来，民营企业必须认识到知识与技能的战略价值，进而加大对员工培训的重视程度，合理配置资金与人力资源，确保培训活动的顺利进行。但

是，目前众多民营企业面临培训成效不佳的困境，核心问题在于员工对培训内容兴趣不大，学习动力不足，培训效果难以显现，培训的实际价值大打折扣。要破解此难题，企业需从源头抓起，精心设计培训内容，确保其既符合企业的战略需求，又能激发员工的学习热情。

值得注意的是，如今企业员工参加培训往往是被动的，培训过程中展现出的学习积极性并不高，导致许多培训活动收效甚微。造成这种现象的原因是多方面的：其一，企业并未制订合理规划。许多企业开展培训活动前并没有做好员工需求调查，在培训时间、培训地点、培训内容等方面也存在缺陷。其二，没有成熟的制度作为支撑。许多企业在员工培训方面的制度建设稍显不足，培训工作的开展具有很强的孤立性。其三，培训目的不明确。部分企业的管理层在开展培训工作时并不注重培训目标的确立，而是关心参与培训活动的人数、讲师的知名度、培训活动的持续时间等非核心问题，这使得培训活动难以真正发挥作用。其四，培训内容与员工实际工作内容联系不够紧密。部分培训讲师并不了解员工实际工作内容，教授的内容与员工实际工作联系不大，这就使员工难以将所学知识运用到实际工作中，无法提高生产效率。

此外，许多旅游企业并不重视人力资源培训体系建设，在开展培训活动时经常出现培训内容枯燥、培训形式单一、培训讲师水平不高、培训设施不够完善等问题，使得员工培训活动难见成效。如果这些企业不能及时解决这些问题，则会使员工对培训活动产生厌烦心理，影响后续培训活动的开展。

许多旅游企业的人力资源培训管理制度并不科学，对学员培训效果的考评方式也并不合理，多数制度浮于表面，未与企业的生产实际相结合，难以奏效。为确保企业持续繁荣，培训部门要构建一套科学、合理的人力培训管理体系，该体系应紧密围绕企业长远发展目标与员工实际需求。企业要依据马斯洛需求层次理论精心规划培训内容，设计渐进式培训方案，全面覆盖员工的各类需求。用这种方式激发员工潜能，提升其参加培训的热情，让培训活动取得更显著的成效，进而助力企业经济效益增长。企业的长远发展离不开高素质团队，而人力资源培训管理的核心就在于此——增强员工的综合素质，为企业的可持续性发展奠定坚实的人力资源基础。因此，企业在制订培训规划时，务必结合生产现状与员工实际需求，选择恰当的培训内容与培训方法。在培训内容的设定上，企业应深入分析发展过程中的瓶颈，有针对性地设计课程，同时广泛调研员工需求，让员工培训成为解决实际问题的有效方法，而非单纯的能力提升活动。

企业在选择培训方式时，应积极引进前沿培训模式，摒弃完全依靠讲师讲授的传统思路，防止讲师在台上滔滔不绝，员工在台下不知所云的现象出现。在教学工具的选择方面，企业应鼓励培训讲师多使用新颖的教学工具，引入现代化培训设备，以增强学习的趣味性和实效性。例如，讲师可以借助信息化教学手段，利用生动有趣的视频、精美的图片等多媒体元素吸引员工兴趣，激发员工的学习热情，进而提升培训成效。此外，为保证培训质量，企业应构建全面的培训机制，包括保证师资力量的讲师管理制度、保证参训人素质的参训人员选拔制度、明确讲师与员工双方责任与需求的培训合同制度、有助于量化学习成果的培训考评制度、能够激发员工学习动力的激励制度等。这一系列制度的实施，不仅有助于健全旅游企业的人力资源培训体系，也为培训效果的持久性提供了坚实保障。

（三）寻找培训投入与收益之间的平衡点

旅游企业运作的核心目标是实现利益最大化，包括人力资源培训工作在内的一切工作都要为这一目标服务。有效的员工培训能显著提升员工效能与服务质量，缩短培训周期，帮助企业在更短时间内获得更多收益。由此可见，培训成效直接关系到企业的经济表现。鉴于开展培训活动需投入资源，旅游企业要审慎地考虑培训投资能带来的经济效益，这要求企业需要从培训内容、培训方法、参与人员，以及培训前后的收益变化等多维度进行细致分析，找到投资与回报之间的最优平衡点。企业应将培训视为一种人力资本的战略投资，不断探索最优投资策略，将培训带来的长远收益最大化。同时，加强对培训资金的管理也是至关重要的，企业要确保每一分投入都能高效转化为竞争力。具体来说，企业需建立科学的评估体系，定期考察培训后员工的工作效率、技能水平、服务质量及贡献率等指标，并据此灵活调整培训策略。通过持续优化培训方案，企业能不断提升培训活动的价值产出，让员工培训成为推动企业发展的强大引擎。

（四）创新培训方法，注重员工体验式培训

旅游企业若想不断提升员工培训效果，就必须持续优化其培训体系。只有这样，才能确保员工培训的价值得到充分发挥。员工培训的核心目标可分为三个方

面，即提高员工的技术能力，使其更好地完成工作；让员工熟悉新的工作流程和方法，以适应不断变化的市场需求；增强员工的沟通能力，提升团队之间的协作效率。为了达到这三个目标，企业必须不断更新其人力资源培训方法，以满足员工多样化的学习需求，从而促进整个企业的持续发展。

1. 培训方法要丰富多彩

随着信息科技的飞速进步和数字化浪潮席卷全球，现代旅游企业面临着前所未有的挑战与机遇。为了适应市场的快速变化，企业需要提升核心竞争力，而员工培训则成为旅游企业经营管理中不可或缺的一环。因此，如何根据具体的培训内容选择合适的培训方法，确保培训效果，发挥培训的真正价值，是旅游企业亟待解决的问题。

首先，旅游企业在选择培训方法时，应深入剖析培训内容。不同的培训内容需要不同的培训方式来支撑和呈现。例如，对于基础知识和技能的培训，可以采用线上课程、视频教学等多媒体教学方式，让员工随时随地学习，提高培训效率。而对于需要实际操作和团队协作的培训内容，则应选择线下集中培训、模拟演练等方式，让员工在实际操作中加深理解，提升技能水平。其次，旅游企业在选择培训方法时，还应充分考虑培训对象的年龄、岗位特点、性格等因素。不同年龄段的员工对培训方式的接受程度不同，年轻人可能更喜欢互动式、创新式的培训方式，而年纪稍大的员工可能更倾向于传统、稳定的培训方式。同时，不同岗位的员工所需掌握的知识和技能也不同，因此需要根据岗位特点选择相应的培训方法。此外，员工的性格也是影响培训效果的重要因素，一些性格内向的员工可能更适合一对一辅导或小组讨论的培训形式，而性格外向的员工则可能更喜欢在大型培训活动中展示自己的才能。为了确保培训效果，旅游企业还可以借鉴实证研究和统计数据来指导培训方法的选择，如通过调查问卷或数据分析，了解员工对培训方式的偏好和满意度，从而优化培训方案。同时，企业还可以参考行业内成功的培训案例，结合自身的实际情况，选择适合自身的培训方法。

企业可以选择的员工培训方法非常多，除了传统的录像培训、开办研讨会和案例讨论等方法，如今还出现了网络视频培训、情景模拟训练、游戏培训法等新方法。这些方法各具特色，旅游企业应当积极引进并灵活运用，以提升培训的效率。

2. 创新培训方法

在信息化、数字化时代，随着信息科技的日新月异以及员工学习能力的不断提高，企业面临着巨大的挑战与机遇。为了保持竞争力，必须不断创新培训方法，积极应用新型培训手段来提升培训效果。在此背景下，数字化学习法和自主培训学习法等新型培训方法应运而生，为企业的员工培训工作注入了新的活力。

数字学习法充分利用数字和网络技术，为企业提供了一种全新的教育培训方式。这种方法突破了传统培训的时空限制，让员工可以随时随地进行学习。此外，数字学习法还能充分利用网络上丰富的数据资料、程序、教学软件等学习资源，为企业创建一个高信息量的学习数据库。通过数字学习法，员工可以方便地获取各类培训资料，极大地丰富了培训学习资源，提高了培训效果。在数字学习法的实践中，企业可以根据员工的需求和实际情况，定制个性化的培训计划。例如，针对新员工，可以设计一些基础课程的培训；对于老员工，可以安排一些高级课程或专题研究。此外，企业还可以借助网络平台组织线上讨论、互动问答等活动，促进员工之间的交流与合作，进一步提升培训效果。

自主培训学习法强调企业在培训过程中的自主性和灵活性。借助于培训软件，企业可以根据自身的实际情况自主组织培训活动。这种学习法不仅降低了培训成本，还提高了培训效率。在自主培训学习法的应用中，企业可以创新出多种新型培训方法。例如，会议插入式培训法可以在会议间隙或休息时间进行，既充分利用了时间资源，又提高了员工的参与度。随时开展式培训法则可以根据员工的需求和工作节奏，随时随地进行培训，使学习更加便捷和高效。此外，自主培训学习法还强调员工在培训过程中的主动性和创造性。员工可以根据自己的兴趣和需求，自主选择培训内容和学习进度，从而激发学习兴趣和动力。同时，员工还可以在培训过程中提出自己的见解和建议，为企业的发展贡献智慧和力量。

四、加强对企业人力资源培训的重视

（一）针对企业管理层的培训措施

企业管理层的能力很大程度上决定了企业的发展情况，管理层的许多决策都会直接影响企业命运，要想保证企业的稳健前行，就要构建高水平的管理团队。

因此，企业需要重视管理层培训工作，将其提升至战略高度。要想做好管理层培训工作，企业首先要做的就是加强管理层对人力资源培训的重视，让其认识到培训不仅有利于个人成长，更关系到企业的长远发展。只有管理层真正认同了培训的价值，他们才能成为培训活动的支持者，积极参与其中，增强自身综合素质，引领企业持续进步。

为实现这一目标，企业的人力资源部门应精准施策，从多维度推进管理层培训。首先，深入调研，把握管理层的真实需求与期望，必要时可以借助专业测评工具，为其量身定制培训课程。其次，科学规划培训方案，结合管理层工作实际，灵活安排培训方式、时间，确保培训活动的高效性和实用性。最后，重视培训效果评估，让管理层明确培训的成果，进一步增强其对培训的信心，为后续培训奠定坚实基础。

（二）针对旅游企业中层管理的培训措施

作为旅游企业的中坚力量，中层管理者直接关系到企业的未来发展。因此，针对这部分人才的培训应成为企业战略规划的重要一环。通过精心设计的培训项目，企业能够显著提升中层管理者的综合能力，包括管理技巧、创新思维等，为企业的稳健前行奠定坚实基础。在对中层管理者进行培训时，旅游企业可采用两种策略。一方面，积极引入外部资源，邀请业界精英、高校学者及管理学专家亲临企业，为中层管理者带来前沿知识。这种面对面的交流不仅能让中层管理者汲取宝贵经验，还能帮助他们就企业面临的具体问题展开深入探讨，共同寻找最优的解决方法，推动企业持续进步。另一方面，企业可携手专业培训机构，为中层管理者打造更广阔的学习平台。通过系统的课程学习，中层管理者能够全面提升自我，掌握更多管理方法。培训结束后，企业应鼓励并引导中层管理者将所学知识转化为实际行动，通过总结与分享活动，将新知识、新理念融入日常管理中，不断激发企业的内在活力与创新能力。

（三）制订合理有效的旅游企业新员工培训措施

作为人力资源培训管理的关键环节，新员工培训能帮助新入职的员工迅速融入旅游企业大家庭，与老员工一起努力，共同推动企业向前发展。简单来说，新员工培训的目的就是帮助新员工深刻理解企业文化与价值观，快速适应工作环境，无缝对接部门工作。在培训过程中，新员工不仅能详细了解旅游企业的荣誉、发展历史，还能增强自身的归属感，这有利于增强企业凝聚力。为实现这一目标，旅游企业应灵活运用多样化的培训方式，精心策划培训内容，将企业文化、安全生产规范、企业规章制度等核心要素向新员工详细地展现出来，增进新员工对企业的了解。通过系统学习，新员工会对企业的发展战略和长远规划形成清晰的认知，进而树立与企业愿景相契合的个人职业目标。在此基础上，他们将在日常工作中自觉维护企业形象，积极贡献自己的力量，为旅游企业创造更大的价值。

五、塑造良好的旅游企业价值文化

旅游企业要想实现长远发展，关键在于持续创新其价值文化，以此激发企业内在活力，驱动企业不断前行。创新不仅是旅游企业不断进步的先决条件，更与其价值文化的塑造与深化紧密相连，企业需高度重视自身创新能力的培养。此外，员工是推动旅游企业价值文化创新的关键力量，他们的积极参与是企业不断进行价值文化创新的重要前提。

（一）企业文化的作用

企业文化的作用远不止于塑造一个企业的外在形象或内部氛围，它更是一种强大的内在驱动力，推动企业不断向前发展。其作用主要体现在以下4个方面。

1. 企业文化具有凝聚力的作用

在企业文化的引导下，员工们能够形成强大的向心力，紧密团结在一起，共同面对挑战和困难。这种凝聚力不仅增强了企业的稳定性，也为企业的发展提供了坚实的基础。

提高员工凝聚力的方法多种多样，每一种都需要结合企业文化和员工特点来实施。例如，通过构建开放透明的沟通环境、设立共同的目标和愿景、举办团队活动和庆祝活动，以及提供持续的培训和发展机会等措施的实施，公司可以进一步加强员工之间的凝聚力和培养团队合作精神，从而推动公司的持续发展。

2. 企业文化具有激励作用

一个积极向上的企业文化能够激发员工的积极性和创造力，使他们更加投入地工作，为企业的发展贡献自己的力量。同时，企业文化还能够为员工提供归属感和成就感，让他们在工作中找到自我价值和意义。

3. 企业文化具有约束作用

企业文化的约束作用不是强制性的，而是在潜移默化中影响着员工的行为和思想。在企业文化的熏陶下，员工能够自觉遵守企业的规章制度和道德规范，形成良好的行为习惯和职业素养。

4. 企业文化具有辐射作用

一个优秀的企业文化不仅能够影响企业内部员工的思想和行为，还能够通过产品和服务传递给消费者和社会公众。这种辐射作用有助于提升企业的品牌形象和声誉，增强企业的市场竞争力。

（二）塑造和内化企业文化的方式

塑造和内化企业文化是一个持续且深入的过程，它不仅关乎于表面的口号和标语，更涉及企业的核心价值观、行为准则，以及员工的精神面貌。

首先，要明确企业文化的核心价值观。这些价值观是企业文化的基石，是企业在面对各种挑战和机遇时坚守的原则。通过明确和传达这些价值观，员工能够清楚地知道企业的期望和目标，并在工作中不断践行。

其次，企业文化的塑造需要员工的参与和贡献。员工是企业文化的载体，他们的行为和态度直接影响着企业文化的形成和发展。因此，企业应该鼓励员工积极参与企业文化的建设，通过举办各种文化活动，让员工深入了解企业文化，并在实践中不断践行。

再次，领导层的示范和引领也是塑造和内化企业文化的重要因素。领导层应以身作则，成为企业文化的践行者，通过自身的言行举止来影响和激励员工。同时，领导层还应该关注员工的需求和反馈，及时调整和完善企业文化，使其更加符合企业的实际情况和发展需要。

最后，企业文化的内化需要时间和耐心。塑造企业文化不能一蹴而就，而是需要长期的积累和实践才能形成和固化。因此，企业应该持续不断地推进企业文化的建设，通过不断的努力和实践，让企业文化成为员工的精神支柱和行为准则，推动企业不断向前发展。

在塑造和内化企业文化的过程中，企业还需要注意以下三点：一是要注重文化的传承和创新，既要继承和发扬优秀的传统文化，又要不断吸收新的思想和理念，推动企业文化的创新和发展；二是要注重文化的多元化和包容性，尊重不同文化之间的差异和多样性，营造开放、包容的企业文化氛围；三是要注重文化的落实和执行，通过制度建设和机制创新来确保企业文化的落地生根和有效执行。

（三）企业文化与员工价值观相符的重要性

在企业的发展过程中，统一员工的价值观是至关重要的一环。它不仅有助于增强团队的凝聚力和向心力，还能推动企业文化健康发展。然而，由于员工背景、经历及教育程度不同，每个人的价值观也各不相同。那么，企业该如何统一员工的价值观呢？第一，明确公司的核心价值观是关键。这些价值观要能反映公司的使命、愿景和长期目标。一旦明确了这些价值观，就需要通过各种渠道和方式向员工传达，让他们深入了解并认同。例如，可以在公司内部网站上发布，或者在员工手册中明确列出，还可以在入职培训中重点讲解。第二，领导层人员的示范作用是不可或缺的。领导层人员应该以身作则，践行公司的价值观，为员工树立榜样。当领导层人员在日常工作中展现出对公司价值观的尊重和坚持时，员工自然会受到感染，从而更加认同并践行这些价值观。第三，建立有效的沟通机制也是统一员工价值观的重要途径。公司应该定期组织员工座谈会、团队建设活动等，让员工有机会表达自己的想法和感受，了解彼此的观点和差异。通过沟通和交流，员工可以更加深入地理解公司的价值观，并逐渐形成共识。第四，建立激励机制也是非常重要的。公司可以通过设立奖励制度、提供晋升机会等方式，鼓励员工践行公司的价值观。当员工的行为符合公司价值观时，应该及时给予肯定和奖励，让他们感受到自己的付出得到了认可。最后，需要注意的是，统一员工价值观并非一蹴而就的事情，而是需要长期的努力和坚持。企业应该定期评估员工对企业价值观的认同度和践行情况，并根据评估结果采取相应的措施进行改进。同时，也需要不断适应外部环境的变化，调整和完善企业的价值观体系。

企业文化与价值观相符的重要性，不仅体现在企业内部的凝聚力与向心力上，更体现在企业的长期发展中。当员工们能够深刻理解并认同企业的价值观时，他们会自发地将个人的职业目标与企业的整体目标相结合，从而形成一股强大的合力，推动企业不断向前。

企业文化与价值观的相符能够激发员工的归属感。当员工们在企业中感受到自己的价值观与企业文化相吻合，他们会觉得自己是这个大家庭的一员，愿意为企业的发展贡献自己的力量。这种归属感能够增强员工的忠诚度和稳定性，减少人员流动，为企业创造更多的价值。

企业文化与价值观的相符有助于形成统一的行为规范。当企业的价值观成为员工们的共同信仰时，他们会自觉遵守企业的规章制度，维护企业的形象和声誉。这种统一的行为规范不仅能够提高工作效率，还能够增强企业的整体竞争力。

企业文化与价值观的相符有助于塑造企业的品牌形象。企业如果拥有积极、健康、向上的企业文化，其品牌形象也会更加深入人心。这种品牌形象能够吸引更多的客户和合作伙伴，为企业带来更多的商机和利润。

企业文化与价值观的相符还能够激发员工的创新精神。当员工们认同企业的价值观并愿意为之努力时，他们会不断地探索新的方法和思路，推动企业不断创新和发展。这种创新精神是企业保持竞争力和生命力的关键。

第五章 旅游企业人才激励体系创新

在竞争激烈的旅游行业中,企业要想立于不败之地,就必须拥有一支高素质、高效能的人才队伍。然而,如何激发员工的潜力,使其持续为企业创造价值,成为旅游企业面临的重要课题。为此,旅游企业必须在人才激励体系上进行创新,以适应日益复杂多变的市场环境。企业激励体系一般从绩效管理体系、薪酬管理体系及企业内外部激励机制三方面展开。本章从这三个角度出发,梳理旅游企业人才激励体系的创新,其中包含绩效管理强化企业执行力、薪酬管理保障企业竞争力和激励管理点亮企业生命力三个方面。旅游企业人才激励体系的创新是推动企业持续发展、提升服务质量、增强竞争力的关键。

第一节 绩效管理强化企业执行力

一、绩效概述

(一)不同视角下的绩效

从不同的学科领域出发来认识绩效,所得到的结果也会有所差异。下面主要从管理学视角、经济学视角、社会学视角对绩效进行认识。具体如表 5-1-1 所示。

表 5-1-1　不同视角下的绩效

管理学视角	经济学视角	社会学视角
绩效是组织期望的结果，是组织为实现其目标而展现在不同层面上的有效输出，包括个人绩效和组织绩效。组织绩效以个人绩效实现为基础，但个人绩效实现并不一定保证组织绩效的实现。组织战略的失误可能造成个人绩效的目标偏离组织的绩效目标，从而导致失败	绩效与薪酬是员工和组织之间的对等承诺关系，绩效是员工对组织的承诺，而薪酬是组织对员工所作出的承诺。当员工完成了他对组织的承诺，组织就实现其对员工的承诺。这种对等承诺关系体现了等价交换的原则	绩效意味着每一个社会成员按照社会分工所确定的角色承担他的那一份职责，他的生存权利由其他人的绩效保证，而他的绩效又保障其他人的生存权利，出色地完成自身的绩效是作为社会一员的义务，受惠于社会就必须回馈社会

（二）绩效的内涵

绩效是组织发展的生命线，如何以更高的绩效赢得竞争优势，是每一个企业管理者都必须关注的重要问题。人们对于绩效内涵的认识是一个逐渐细化和深入的过程。那么，究竟什么是绩效呢？

1. "结果"或"行为"

在早期学者的认知中，绩效代表的就是工作结果。例如，学者约翰·伯纳丁（Bernardin.H.J）是绩效研究领域较为权威的研究者，在他的表述中，绩效就是"在特定时间范围，在特定工作职能、活动或行为上生产出的结果记录"[1]，他之所以作出这样的定义，主要是由于这些工作结果与所投资金、组织的战略目标及顾客满意度有着最为密切的联系。

这种单一维度的绩效概念在企业管理中颇受青睐。许多组织在其企业文化和考核奖励制度中均明确倡导结果定向。例如，在英特尔企业文化的六个核心价值观中，其中一条就是"以结果为导向"。英特尔以"计划式管理"（management by planning，MBP）来推动结果导向的理念，每一个事业部、每一个部门，甚至每一个人，都必须为自己设立每一季的目标，每一季结束时，每个人为自己的成果打分，个人绩效的评定是"以成败论英雄"的。此类使用目标管理的公司，对绩效的界定显然是以结果为导向的。

虽然在企业管理中很多人都赞同"绩效是结果"这种观点，但越来越多的管

---

[1] 栗玉香.公共教育财政制度：生成与运行[M].北京：中国财政经济出版社，2004：169.

理学者和实践者在对绩效进行深入研究的过程中，慢慢产生了多维度的绩效概念，他们清楚地意识到绩效不是一个单一建构，也不单纯是结果或者行为，而是一个多维建构。

绩效区是由行为单元和结果单元组成的，如图 5-1-1 所示。绩效包括工作行为的结果，也包括工作行为本身。管理者需要关注员工产出的成果，同时也要关注员工针对这些成果所付出的努力。

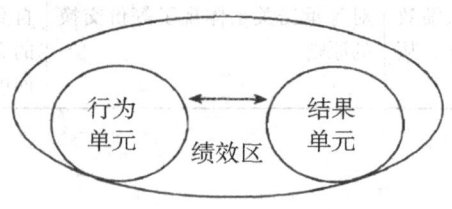

图 5-1-1 绩效的行为——结果模型 1

2. 职责内或职责外

上述对绩效内涵的界定似乎已经接近完整，但进入 20 世纪 90 年代以后，绩效的概念又增加了新的内涵。

20 世纪 90 年代前，谈及绩效所包含的行为，人们往往只关注那些与工作直接相关的行为。管理人员在考察员工的行为绩效时，也往往以工作分析的结果为蓝本，绩效行为指标通常与工作职责所要求的行为相一致。例如，保洁人员在规定的时间间隔内是否对某处实施了清洁行为；银行营业员是否能对顾客微笑服务等。

然而，在工作场所中员工的许多行为与自身工作职责没有直接关联，但对企业效益却有积极的意义。对这样的行为，管理者也应予以关注。仍举前例，对公司保洁人员而言，他没有义务为来访者指路，但如果他能这样做，就有利于树立企业良好的形象；对银行营业员来说，他没有义务向相关管理者传达其改善业务流程的构想与相关管理者沟通，但如果他能这样做，则可能提高银行的办事效率。凡此种种行为，不在工作职责之内，却对企业的经营具有不可或缺的重要意义。如果只考虑结果绩效，或者只考虑与工作职责相关的行为绩效，这些行为的当事人就不会因此获得认可与肯定。

为了弥补这一缺失，关系绩效这一概念被提出。关系绩效不涉及直接的生产活动，也不是为其服务的，这种绩效行为与特定任务没有关系，主要表现为一种自愿奉献、为组织服务的绩效行为。比如，不求回报地帮助同事完成工作、自愿完成额外的工作等。关系绩效可以在组织内部营造出和谐、友善的氛围，增强员工之间的交流，使大家在更放松的状态中提高工作效率。鲍曼和莫托维德罗指出，关系绩效这一概念是区别于任务绩效而存在的，任务绩效指所规定的行为或与特定的工作熟练有关的行为。过去人们只关注任务绩效，即直接与工作任务相关的职责内行为，然而，仅有任务绩效是不够的，任务绩效和关系绩效就如同砖头和水泥的关系，盖一栋大厦不可能只靠砖头，如果中间没有水泥，这栋楼是无法建成的。关系绩效的提出拓展了绩效行为的内涵，它使人们意识到员工超越职责外的自发合作行为对组织的重要意义。

近年来，反生产行为这个概念具有较高的热度。反生产行为指的是从组织角度出发，员工表现出来有意违背所在组织合法利益的各种行为，整个组织的效能会因这些行为大幅降低。在每个组织中都会不可避免地出现员工的反生产行为。反生产行为会在一定程度上损坏组织合法利益以及影响到组织的其他员工，甚至直接让该组织无法继续运作。这类行为表现虽然与关系绩效有着相反的作用，但是它们都属于"自发行为"，因为它们都是员工自主选择的行为。

至此，我们已经看到，绩效不仅包括职责之内的行为或结果，职责之外的行为也是绩效的一种表现。图 5-1-2 体现了相关概念之间的关系。

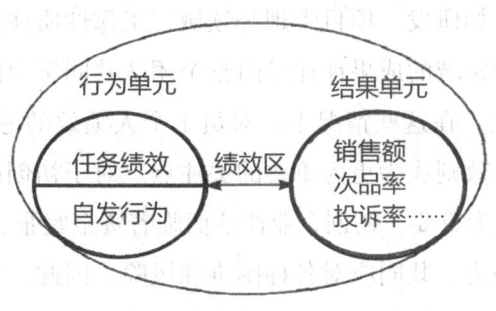

图 5-1-2　绩效的行为——结果模型 2

综合上述分析，笔者认为，在绩效管理的实践中，对个人层面的绩效应该采取比较宽泛的定义，可以概括为：绩效也就是组织成员在组织中的价值及对组织的贡献，其主要表现为工作结果，如质量、数量等，还表现为员工为了实现工作目标，所做出的与目标相关的行为以及其他自发性行为。

3. 绩效的层次

关于绩效的内涵，还可以从绩效主体的角度进行讨论。根据绩效主体的不同，可以将绩效分为三个层次：组织绩效、部门绩效、员工绩效，如图5-1-3所示。这三个层面的绩效是不可分离的，员工绩效是最基础的绩效，部门绩效是第二层面的绩效，是由员工绩效构成的。没有好的员工绩效，就不会有好的部门绩效，以此类推，没有好的部门绩效，就不会有好的组织绩效，部门绩效和组织绩效是由员工绩效驱动形成的。

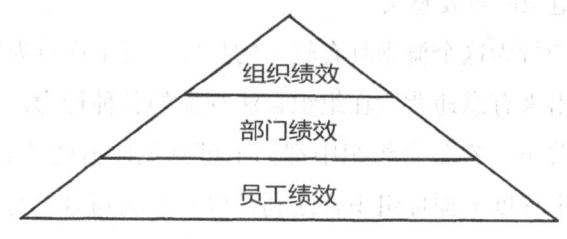

图5-1-3　绩效的三个层次

由于各个行业、企业的工作性质、目标定位及发展阶段的不同，导致了绩效评估的重点有所区别，其公司所关注的绩效层次也呈现出多样化的特点。在某些特定行业或部门中，如研发、项目管理等领域，工作性质往往强调团队协作和整体目标的达成。这些领域的成果往往是由整个团队共同努力的结果，而非单个员工的个人贡献。因此，在这些情况下，对员工个人绩效的考察就显得相对次要，而部门绩效或组织绩效则成为更为重要的关注点。对于初创期的企业而言，组织绩效的考量则显得尤为重要。初创企业往往面临着资金紧张、市场不确定等挑战，需要整个组织齐心协力，共同应对各种困难和风险。因此，在这个阶段，管理者更需要关注整个组织的运行效率、资源整合能力及市场竞争力等方面，而非过早地对员工个人绩效进行详细的考察。过早地对员工个人绩效进行考察，可能会让员工产生不必要的压力，甚至挫伤他们的积极性，不利于企业的长远发展。当然，尽管不同层面的绩效优先顺序不同，但管理者在实际操作中也不能忽视对任何一个层面的关注。仅关注某一方面的绩效，往往会导致绩效失衡，从而影响整个组织的健康发展。例如，如果过于强调个人绩效，可能会导致员工之间产生恶性竞争，破坏团队协作的氛围；而如果过于关注组织绩效，则可能忽视员工的个人成长和发展，出现人才流失等问题。

一个科学、合理的绩效管理体系在现代企业管理中占据至关重要的地位。它不仅关系到员工个人的成长与发展，还直接关系到整个部门的运营状况和组织的整体业绩。因此，一个科学的绩效管理体系应当确保员工绩效、部门绩效和组织绩效之间保持有机关联，形成相互支撑、协同发展的良好态势。首先，员工绩效作为绩效管理体系的根基，是管理者需要重点关注的环节。员工绩效的好坏直接影响到部门乃至企业的整体业绩。因此，企业需要制定科学合理的绩效考核标准，确保员工绩效评估是全面、客观的。同时，企业还应为员工提供必要的培训和发展机会，帮助他们提升技能水平和工作能力，以更好地实现个人绩效目标。其次，部门绩效是员工绩效的汇总和体现。一个优秀的部门应当具备一支高效且具备协作精神的团队，而团队成员的绩效水平将直接影响到部门的整体业绩。因此，企业需要关注部门内部的绩效管理体系建设，确保员工绩效与部门绩效目标保持一致。此外，企业还可以通过设置跨部门协作机制，促进不同部门之间的沟通和协作，从而实现部门绩效的全面提升。最后，组织绩效是整个绩效管理体系的最终目标。员工绩效和部门绩效的提升最终将转化为组织绩效的提升，从而推动企业的持续发展和壮大。为了实现这一目标，企业需要制定明确的企业战略目标，并将其细化为具体的部门绩效和员工绩效目标。同时，企业还应加强对绩效管理体系的监控和评估，及时发现并解决存在的问题，确保整个体系能够高效、稳定地运行。

综上所述，一个科学的绩效管理体系需要确保员工绩效、部门绩效及组织绩效之间存在有机关联。通过关注员工绩效的发展、加强部门内部的绩效管理和协作机制及制定明确的企业战略目标，企业可以构建一个高效、协同的绩效管理体系，从而实现员工、部门及企业的共同成长和发展。

（三）影响绩效的因素

员工工作绩效的优劣并非由单一因素决定，而是一个多维度、多层次的复杂现象。它既可能受到工作本身特点的影响，又可能受到企业氛围和制度的影响，还可能受到个人工作动机的影响。为了深入理解这一现象，我们可以从多个角度进行剖析。首先，工作本身的特点对员工工作绩效有着重要影响。工作任务的性质、难度、复杂度，以及所需的技能水平等因素，都会对员工的工作表现产生直接影响。例如，一些高度专业化、技术性强的工作，要求员工具备深厚的专业知识和技能，这样才能胜任并取得良好的绩效。此外，工作的自主性、挑战性及趣味性等因素，也会对员工的工作积极性和满意度产生积极影响，进而有利于提升绩效。其次，组织氛围和制度对员工工作绩效的影响也不容忽视。一个积极向上、充满活力和创新氛围的组织，能够激发员工的潜能和创造力，提高他们的工作效率和质量。而一个消极、压抑或制度不健全的组织，则可能导致员工士气低落、工作积极性不高，从而影响工作绩效。此外，组织的激励机制、晋升机制以及培训机制等制度因素，也会对员工的工作态度和绩效产生深远影响。最后，个人工作动机程度是决定员工工作绩效的关键因素之一。根据心理学家库尔特·勒温（Kurt Lewin）提出的理论，行为是环境因素和个人因素的函数，即 $B=f(E,P)$。在这个函数中，P 代表个人因素，即个体的心理特征、能力水平以及工作动机等，f 代表个体的行为，E 代表当时所处的情景成环境。这个公式强调了人的行为不是由单一因素决定的，而是个体特质和环境因素共同作用的结果。工作动机是员工在工作中为了追求目标、满足需求的内在驱动力，它直接影响着员工的工作态度、努力程度和持久性。因此，提高员工的工作动机，是提升绩效的重要途径之一。据此可以总结为，员工的绩效受外部因素和个人因素两方面因素的影响，如图 5-1-4 所示。

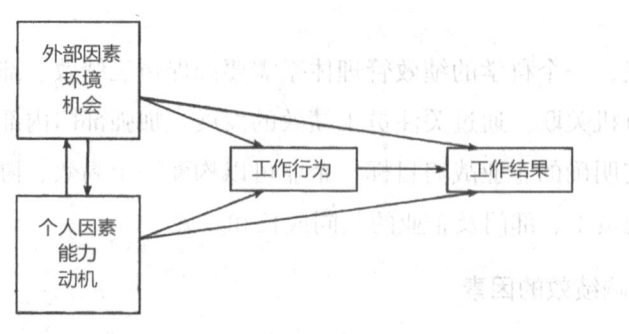

图 5-1-4　影响工作绩效的因素

1. 外部因素

（1）环境。影响工作行为和结果的环境因素众多，并且潜移默化地影响着每一位员工的绩效表现。工作本身、工作方法、工作的物理环境和社会环境及企业管理等元素相互交织，共同构成了影响员工绩效的多元化因素。首先，工作本身的难度对绩效的影响不容忽视。当工作难度过高时，员工可能会因为能力不足或压力过大而无法取得令人满意的绩效。反之，如果工作过于简单，员工可能会因为缺乏挑战而失去工作动力。因此，合理设置工作难度，使之既能够激发员工的潜力，又不过于超出其能力范围，是提高绩效的关键。其次，工作方法的合理与否同样会对绩效产生重要影响。如果工作流程设计不合理，员工可能需要花费更多的时间和精力去完成工作，导致事倍功半。而优化工作流程，提高工作效率，则能够帮助员工更好地发挥潜能，提升绩效水平。因此，企业应该注重工作方法的改进和创新，以适应不断变化的市场环境。此外，工作的物理环境和社会环境也会对员工绩效产生显著影响。一个舒适的工作场所能够让员工保持愉悦的心情，从而更好地投入工作中。相反，如果工作环境恶劣，员工可能会感到身体不适或心情压抑，进而影响工作水平的发挥。同时，同事关系的和谐与否也直接关系到员工的工作状态。如果同事之间关系紧张或存在冲突，员工可能会将精力消耗在无谓的争斗上，无法专注于工作。因此，企业应该努力营造积极、和谐的工作环境，以激发员工的工作热情。

（2）机会。这个看似玄妙而又不可捉摸的外部因素，常被人们形象地称为"运气"。在日常生活和工作中，我们都无法否认，员工绩效往往会受到一系列偶然性因素的影响，这些偶然性因素有时会让绩效产生意想不到的波动。这种机会可能来自市场的变化、政策的调整、技术的进步等多个方面，而每个员工能够遇到的机会也各不相同。然而，即使有了这些优越的外部条件，如果个人准备不够充分，也未必能够利用好这些机遇。因此，我们需要认识到，外部条件的优越只是提升绩效的一个方面，个人因素的配合同样十分重要。只有当个人具备足够的实力、技能和良好的心态时，才能更好地抓住机遇，最大限度地利用好外部条件。

2. 个人因素

影响绩效的个人因素可分为工作能力和工作动机两大类，分别对应着"能不能干"和"愿不愿干"的问题。

(1) 工作能力

能力指"能不能"干好。在这里的含义比较广泛，不仅包括心理学中狭义的能力，还包括经验、知识、技能等。总的来说，工作能力是指完成某项任务的可能性。在其他条件相同的情况下，能力越强，绩效水平越高。新员工往往对工作有满腔热情，但是可能因为经验不足、技能欠缺而导致绩效水平的低下。能力中的智力因素可控程度比较低，但知识、经验、技能等要素是可以通过学习改进的，这也是培训可以提高绩效的前提。

(2) 工作动机

动机是促使一个人采取某种行动的需要或欲望，反映的是员工"愿不愿"干好。员工工作的动机分为内在和外在两个方面，为了使自己的心理需求，如欣赏、认可、尊重等得到满足而进行工作的动机为内在动机；为了从工作中获得物质报酬进而提高生活水平而工作的动机为外在动机。工作动机水平决定了员工对工作的投入程度。若员工干劲不足、士气低下，纵使身有百般"武艺"，也未必肯施展于工作中，再好的外部环境和机会也不会发挥其作用。相反，若有强烈的做成某件事的意愿，并积极采取行动，即使外部条件恶劣、自身能力不足，也有可能实现成功。此外，动机水平取决于需求被满足的程度。如果管理者能体察员工真正的需求，并能以满足他的需求作为对其实现某一绩效水平的奖励，则会激发员工的工作动机，进而获得令人满意的绩效。

外在因素和个人因素在独立影响员工绩效的同时，彼此之间的交互作用对绩效也产生着不可小觑的影响。学术界在"匹配度"问题的研究方面已有大量文献。研究最多的是"人职匹配"，同时也有学者对"人与团队的匹配""人与组织的匹配"，甚至"上下级的匹配"进行了研究。

匹配度可以分为补足式匹配和相近式匹配。补足式匹配，是指人与环境之间的契合由彼此满足对方的需要产生，人职匹配就属于这类匹配，在这种匹配中，职位对人的"KSAP"（员工职业岗位资质的描述模型，K为知识、S为技能、A为能力、P为人格）要求与员工的这些特点相吻合的程度，决定了该员工胜任该岗位的程度。相近式匹配，是指人与环境中某因素的相似性而形成的契合，员工与企业、团队、上级的匹配属于相近式匹配，它研究的是个人与企业、团队或上司在价值观、工作目标和人格上的相似性,相似性越高,员工的工作态度越积极,工作绩效越高,即所谓"意气相投,则英雄相惜"。

(四)绩效的特征

1. 多因性

绩效的多因性强调在评估员工绩效时,需要全面考虑多种因素的综合作用,而非只考虑单一因素。员工的绩效不仅取决于他们自身的技能和能力,还受到激励、工作环境及外部机会等多种因素的影响。技能是影响工作绩效的主观因素之一。技能是指员工在工作中所掌握的专业知识和技术能力。员工具备较高的技能水平能够更高效地完成任务,减少错误率,从而提升整体绩效。因此,企业应当重视员工的技能培训和能力提升,通过培训和学习,使员工不断更新和拓宽自己的知识领域,提升专业技能水平。激励是另一个主观因素,对员工的绩效产生重要影响。激励是指员工在工作中所感受到的内在动力和外在奖励。当员工感受到自己的工作得到了认可,并且能够获得相应的回报时,他们会更加积极地投入工作,提高工作效率和质量。因此,企业需要建立有效的激励机制,包括物质奖励和精神激励,以激发员工的工作热情和积极性。除了主观因素,环境也是影响员工绩效的重要客观因素。环境是指员工所处的工作场所和团队氛围。一个舒适、和谐、积极的工作环境能够激发员工的创造力和协作精神,从而提高绩效。机会则主要体现在员工所获得的发展机遇和资源支持上。当组织为员工提供充足的培训和发展机会时,员工能够不断提升自己的技能和知识,从而更好地适应工作需求,提高绩效。

2. 多维性

绩效是一个多维度的概念,它并非仅通过单一的测量指标来界定。在工作场所中,绩效的评估涵盖了多个方面,这些方面共同构成了绩效的完整框架。具体而言,绩效不仅包括工作结果,还涉及员工的行为和能力等多个层面。

3. 变动性

影响绩效的主客观条件不是一成不变的,当这些条件发生变化时,员工的绩效也会发生相应的变动,这就是绩效的变动性。即使一位员工之前的绩效比较差,但他完全可以通过自己的努力提升自己的绩效。同样地,如果上级没有及时采取措施激励绩效好的员工，其也可能因此懈怠，从而使自己的绩效变差。可见，员工的绩效并非一成不变，而是在不断变化的。

二、企业绩效管理及一般流程设计

（一）绩效管理的含义

通过现代企业的发展，我们可以了解到绩效是针对人和组织的工作过程及工作结果的考核，通过绩效帮助组织和个人确立并完成工作目标。因此，要想有效利用绩效来考核员工工作能力、提升员工工作效率、提升企业整体竞争能力，最重要的要做好绩效管理。

1976年，研究者们首次提出"绩效管理"这一概念，绩效管理被他们定义为"管理、度量、改进绩效并增强发展组织潜力的行为"[1]。但是随着社会经济的不断发展，原来的概念已经无法适用于现代企业的经营状况，所以研究者们又从不同角度出发更新了绩效管理的定义，如表5-1-2所示。

表 5-1-2　绩效管理的定义

理论出发角度	具体含义
从工作行为、工作结果出发	绩效管理是对员工的工作行为与工作结果进行的管理，是一系列为充分发挥每个员工的潜力，提高其绩效的管理体系。这个体系通过将员工的个人目标与企业战略相结合来提高企业的绩效
从工作过程出发	绩效管理是对绩效实现过程中各种要素的管理，是从企业战略目标出发的一种管理活动。绩效管理是通过对企业战略目标的建立、目标的分解、业绩的评价等一系列行为，将绩效结果运用于企业日常管理活动中以激励员工持续改进工作方法，最终实现企业战略及目标的一种管理方法。绩效管理的目的在于提高员工的能力和素质，从而改进并提高企业的绩效水平
从企业战略目标的角度出发	绩效管理是指各级管理者和员工为了达到企业目标，共同参与的绩效计划制订、绩效辅导沟通、绩效考核评价、绩效结果应用、绩效目标提升的持续循环过程

综合以上三个定义，可以得出绩效管理是指从企业的战略目标出发，根据不同部门划分为各个小目标，同时将员工工作成果的评定与小目标完成度挂钩的一种管理体系。绩效管理也就是管理者与员工共同对目标进行确定以及共同决定如

---

[1] 孙季勤. 绩效管理必备制度与表格范例 [M]. 北京：中国友谊出版公司，2018：05.

何实现该目标的过程。为了实现企业的战略目标，高层领导者会参考员工的绩效考核结果，及时督促考核不达标的员工提高其业务水平。

一个企业要想成功，不在于招纳多少人才，而是在于让所有员工的优势都得到充分发挥，使每名员工的业绩水平都得到提高，从而使整体的绩效得以提高。除了提高企业竞争力，使员工的潜力得到发挥也是绩效管理重要的目标。

在企业管理体系中，绩效管理占据着重要的地位，绩效管理涉及很多内容，以下是其主要解决的问题：如何确定有效的目标？如何让管理者与员工都认可该目标？如何让员工根据目标调整自己的工作方向？如何监控员工实现目标的过程？如何评价员工的业绩及优化员工的工作方式？相较于大多数人认知中的"绩效"，绩效管理中的绩效首先是员工的工作结果，其次是员工的工作过程，即其在过程中的工作行为，最后才是绩效的考核。所以在绩效管理中，绩效考核只是其中的一个环节。

（二）绩效管理的四个环节

绩效管理的实施有一个很重要的前提条件，即让每名员工都明确自己的工作目标。为此，企业不仅要明确员工的角色定位，还要保证所有工作都有专人负责，所有人都有工作可做。除此之外，企业还要制定可以衡量个体员工努力程度的指标，对员工的努力程度进行量化，也对其他员工产生激励、鞭策作用。

绩效考核很重要，但企业不能孤立地进行绩效考核，而应该从绩效管理角度出发，全面认识绩效考核的作用及实施方法，在企业内部形成有利于绩效考核的环境与氛围。另外，企业还要更新自己的观念，建立新的管理模式。无论是通过绩效考核再造管理模式，还是通过其他方式优化企业的整体环境进而推动绩效考核，都是为了让绩效考核得以在更理想的环境中顺利执行。

绩效考核在绩效管理中占据着重要的地位，要在工作监督与落实的全过程中贯彻执行绩效考核，关注到每一个细节，并认真改进、落实。评价一项工作的开展结果是绩效考核的主要内容，通过绩效管理可以发现公司的问题，并及时提出解决措施，有效提高公司的管理水平，还可以在管理中指导员工的工作，使其具备更强的工作能力，从而有效提高组织绩效。因此，为了公司的发展，管理者应该积极在公司中实施绩效管理。

一个完整的绩效管理应该包括四个环节,即计划、管理、评估和反馈,如表 5-1-3 所示。

表 5-1-3　绩效管理环节

绩效管理环节	具体内容
计划	整个绩效管理过程从计划开始。新一轮绩效管理开始后,企业上下通过讨论制定绩效目标,明确员工负责的工作内容、工作完成时间、要达到的效果等问题,并以协议的方式呈现出来
管理	在绩效管理期间,管理人员与员工全程保持沟通,及时发现问题、解决问题,帮助员工提升个人绩效
评估	在绩效管理结束时,采用科学的考核方法对员工绩效进行评估
反馈	在绩效评估结束时,管理人员、上级领导就绩效考核结果与员工面谈,有针对性地对其进行指导,获得反馈

绩效考核与绩效管理不同,它只是绩效管理的一个环节。根据绩效管理的相关原则,所有部门都要制定自己的绩效目标,在实施绩效管理的过程中及时发现自己部门存在的问题,将问题消灭在萌芽期,以免造成不可估量的损失,保证本部门的绩效目标可以顺利完成,不要在造成损失后才追究责任。如果各部门都能完成自己的绩效目标,企业总体的绩效目标自然也能完成。

三、组织环境的分析与诊断

开发绩效管理系统,首先要分析与诊断企业的组织环境。通过对企业组织环境的分析与诊断,得出企业的战略目标等相关信息,以此为依据进行绩效管理系统的开发。

企业组织环境的分析与诊断,主要涉及内部环境与外部环境的分析与诊断,下面分别进行分析。

(一)内部环境的分析与诊断

分析与诊断企业组织的内部环境,主要涉及企业组织的愿景、目标和战略;企业组织的不同发展规模;企业组织的文化和价值观;企业组织的利益相关者,具体如图 5-1-5 所示。

企业组织的内部环境

企业组织的愿景、目标和战略	企业组织的不同发展规模	企业组织的文化和价值观	企业组织的利益相关者
·愿景是企业为之奋斗而希望达到的前景，是对企业未来发展方向的一种期待、一种预测、一种定位 ·组织目标是指一个组织未来一段时间内要实现的目的，它是管理者和组织中所有成员的行动指南，是组织决策、效率评价、协调和考核的基本依据 ·战略是企业为了达成组织目标、应对外部竞争环境的计划	·在不同规模的企业，绩效管理系统所发挥的作用不完全相同 ·在大中型企业，组织结构较复杂，绩效管理主要发挥两个作用：一是提高整体绩效水平，不断提高个人的业绩能力；二是对员工进行甄选与区分 ·在小型企业，组织结构比较简单，管理趋于扁平，绩效管理的主要目的在于系统地保障业目标的视线	·价值观是组织文化的核心，在一定程度上表明了组织的特征及存在的理由，组织文化是组织成员的共同价值观体系，它使组织独具特色，区别于其他组织	·利益相关者指那些与企业成功有利益关系的人，主要包括股东、管理层、员工、联合合作伙伴、供应商、客户等。此外，金融机构、政府和社区，甚至竞争者也是企业的利益相关者

图 5-1-5　企业组织的内部环境

（二）外部环境的分析与诊断

企业组织的外部环境主要包括竞争对手与可比较的绩效标杆两个方面的内容，具体如图 5-1-6 所示。

企业组织的外部环境

竞争对手	可比较的绩效标杆
·分析竞争者的市场地位、经营绩效管理政策和机制，借鉴其成功做法，或以其不足为戒，不断改进自身的管理水平	·同行业可比较的绩效标杆，通常通过客户意见反馈、行业审计等途径辨别和确认绩效标杆、参照行业绩效标杆，分析企业的绩效差距和绩效指标，确立企业绩效努力的目标

图 5-1-6　企业组织的外部环境

四、绩效目标的建立

在对绩效管理系统进行开发与设计时,首要的环节是确定有效的绩效目标。只有通过建立绩效目标才能实现企业目标与绩效管理的联结。在绩效管理中绩效目标就是企业目标的体现。绩效目标也就是绩效管理要实现的目标,是绩效评估的重要标准。

(一)绩效目标的意义与类别

1. 绩效目标的意义

现实中,一些企业提出了很响亮的战略目标,并有一套实现战略目标的规划,但这些目标和规划往往与具体的管理活动,特别是人力资源管理活动是脱节的。在这些企业的人员绩效评估活动中,评估的绩效目标与企业目标没能有机联系。因此,建立一个明确的、与企业目标相一致的绩效目标非常重要。这种重要性具体表现为以下3点。

(1)为衡量和讨论绩效提供基本依据。绩效目标可细化为具体的评估指标和标准,便于执行,同时也能避免评估者与被评估者产生误解。

(2)有利于员工明确自己的价值。与企业目标相一致的绩效目标促使员工明确自己在组织中的价值,也明确自己在组织中的角色。

(3)有利于员工自我管理和发展。员工在明确的绩效目标的引导下可以更好地安排自己的工作,从而增强自我管理能力和监督能力,实现自我的发展。这点在知识型员工管理中表现较为突出。

2. 绩效目标的类别

在绩效评估中,从事不同工作的员工,其绩效目标也不同。尽管现实的绩效目标多种多样,但一般来说,绩效目标可分为以下3种不同的类别。

(1)短期目标与长期目标。绩效目标根据完成时间的长短主要有短期绩效目标与长期绩效目标两类。不跨年度,在几个星期或几个月内可以完成的绩效目标为短期绩效目标。2~3年,甚至更长时间才能完成的绩效目标为长期绩效目标,有时候长期绩效目标会被细分为几个关键阶段。

(2)组织目标与个体目标。组织绩效目标就是公司的、部门的、团队的绩效目标,即集体绩效目标。个体绩效目标就是员工个人的绩效目标。组织绩效目标在企业绩效管理系统中通常会被分解为个体绩效目标,因此组织绩效目标与个体绩效目标是统一的有机整体,两者是互相影响的关系。同时,员工个人的发展和成长也被包含于个体绩效目标中。

(3)常规目标与创新目标。绩效目标还有常规目标和创新目标之分。常规绩效目标就是企业一般可以接受的绩效水平。创新绩效目标是为了激发员工的创造力而为特定工作专门设立的目标,主要用来激励员工在工作中大胆思考、创新方法,促进企业技术和方法的创新发展。

(二)绩效目标的建立过程

建立绩效目标,需要对组织目标进行分解转化,使其成为具体的、可操作的目标。这里需要引入"软目标"和"硬目标"的概念。"软目标"是指面向未来的目标,一般为意图或蓝图,企业的目标一般就是"软目标"。而"硬目标"就是一个个具体的、可行的目标,可以说,绩效目标就是"硬目标"。因此,可以说,建立绩效目标的过程就是一个从"软目标"到"硬目标"的过程。

绩效目标建立以后,要做到文本化和书面化。正式确立的绩效目标要符合SMART原则。SMART原则的具体含义如图5-1-7所示。

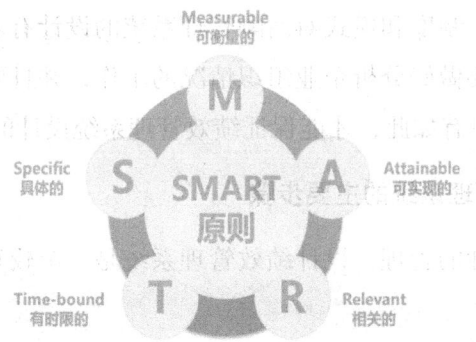

图5-1-7 SMART原则的具体含义

综上所述,绩效目标也就是需要在一定时期内实现的、可衡量的具体目标。企业与员工需要根据共同确定的绩效目标确立自己的工作方向,因此绩效目标要保持一定的稳定性。同时,需要注意的是,绩效目标也是需要不断调整的。因为企业内部状况与面临的外部环境都在变化,所以要适时对绩效目标进行调整与修改。所以,企业应该努力保持绩效目标稳定性与灵活性的统一与平衡。

(三)绩效目标设立的讨论

管理者与员工共同对绩效目标进行讨论与设立,是绩效管理沟通中的重要内容。在现实中,尽管管理者不一定需要和每一名员工面对面讨论绩效目标的设立,但至少需要将绩效目标明确告知员工,并取得员工的认同。同时,随着科学技术的不断发展,从事较复杂工作的知识型员工日益增多。知识型员工与从事简单劳动的员工相比,对企业绩效目标设立的参与欲望和认同感更强烈。因此,对知识型员工来说,参与讨论绩效目标的设立更为必要和重要。

五、绩效管理系统的设计

经过分析和诊断组织环境因素后,我们探讨了如何建立绩效目标。接下来,我们将讨论如何设计绩效管理系统。

(一)设计绩效管理系统的一般思路

绩效管理系统既是一个系统,又是一个过程,在设计时要充分考虑其系统性与过程性。设计绩效管理系统首先需要企业有明确的发展战略和经营目标,同时,它作为制度和模式的一部分,还需要企业有一定的组织制度和模式作为支撑。可见,企业的发展战略、制度和模式对薪酬管理系统的设计有着重要的影响。在设计绩效管理系统时,要做好分析企业组织情况的工作,并且要保证企业相应制度和模式的正常运行。只有如此,才能保证绩效管理系统设计的顺利进行。

(二)设计绩效管理系统的主要步骤

绩效管理是系统性的管理,设计绩效管理系统是一个较复杂的过程,主要步骤如下。

1. 明确关键作用者

对绩效管理系统进行设计会涉及较多内容。设计的第一步是要明确绩效管理系统中的关键作用者。只有先明确做事的人,才可以继续讨论如何做事。

高层管理者、人力资源管理专业人员、一般管理者和员工是绩效管理系统中的关键人员,他们分别在绩效管理系统中发挥不同的作用。

(1)高层管理者。高层管理者是企业管理的决策人,其主要是站在决策和总体层面，对绩效管理系统进行设计，其需要对绩效管理系统进行调控，根据绩效给予酬劳并对绩效管理的基本行为和过程进行规范。

（2）人力资源管理专业人员。人力资源管理专业人员是具体的绩效管理系统的设计者和组织者，其工作内容是对绩效管理的具体程序和方法进行开发和设计，同时需要引导、支持直线管理人员和员工更好地参与绩效管理，并解答他们的各种疑问。而且还要对绩效管理活动进行组织与督促，从而保证活动顺利、有序进行。最后，人力资源管理专业人员还要对绩效管理活动的实施进行总结与反思，从而优化绩效管理活动。

（3）一般管理者。在绩效管理中，一般管理者直接对员工和部门的绩效进行考评，其最了解员工和部门的绩效状况。

（4）员工。在绩效管理中，员工同时担任考评者与被考评者的角色。员工在绩效评估活动中需要进行自我评估和自我反思，同时员工也需要参与绩效管理系统的设计，并提出自己的意见，从而使绩效管理系统更具实效性。

2. 分析当前企业背景

设计绩效管理系统时，需要重点分析和判断企业目标和文化等因素，具体来说，也就是对所在企业的主要背景因素进行具体分析和评估。这些主要因素包括企业文化，现有的绩效管理活动与人力资源管理政策的匹配情况，企业愿景、目标和战略，企业管理制度、政策及报酬制度等。

3. 设立企业及其部门绩效目标

以企业愿景、目标等为导向，分析企业内外部经营环境和障碍，确定企业层面的绩效目标，特别是确定企业层面的关键绩效目标。在此基础上，结合各部门的职能定位，并与部门沟通，分解企业层面的绩效目标，制定部门绩效目标，特别是确定部门关键绩效目标。

4. 设计绩效管理流程

绩效管理流程的设计是绩效管理系统设计的重要内容，关系到绩效管理系统的应用效果。在设计流程前，首先要明确企业和部门的绩效目标。一般来说，绩效管理流程如图 5-1-8 所示。

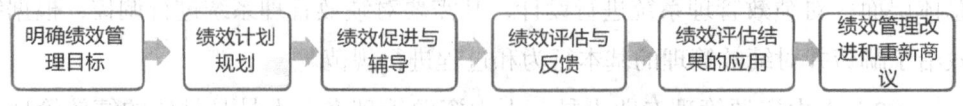

图 5-1-8 绩效管理流程

（1）明确绩效管理目标。明确绩效管理目标是建立有效而可行的绩效管理流程的第一步。企业的绩效管理目标取决于企业自身的实际经营状况，企业的绩效目标往往会因其所处的发展阶段、制定的发展战略不同而存在差异。总之，绩效管理目标是为企业的发展服务的，一般来说，包括战略性目标、行政管理性目标、开发性目标。

①战略性目标：紧密结合企业绩效目标与员工的绩效目标，层层分解及落实企业绩效目标，使员工在企业经营战略的引导下开展绩效管理的实践活动。②行政管理性目标：根据绩效管理作出人事管理决策，如人员调动、晋升、保留、辞退、解雇、奖励及薪酬管理。③开发性目标：重点在于绩效管理的未来导向和开发功能，服务于员工绩效改进、员工职业发展咨询、员工培训等。

（2）绩效计划规划。在明确绩效管理目标之后，要做好绩效计划规划。绩效计划规划关系到绩效管理工作的开展及效果的实现。在进行绩效计划规划时，要收集相关的信息，并与员工沟通，确定好每名员工的绩效目标和标准，以及绩效实现的时间，据此制订行动计划，以保证工作落到实处，为绩效管理提供指导。

（3）绩效促进与辅导。绩效促进与辅导即绩效的执行。在确定好绩效管理目标，制订好绩效计划后，要做好绩效执行。首先要使每名员工明确自己的绩效目标和职责，并收集员工在执行过程中的信息及反馈意见，根据要求做好绩效的改进。同时，员工也要根据管理者的指导，做好本职工作，实现绩效目标。

（4）绩效评估与反馈。绩效评估是绩效管理过程中的关键环节。绩效评估目标要与绩效管理目标及绩效计划相一致。结合设立的绩效目标和标准，设计合适的绩效评估方法。企业根据绩效评估目标、绩效评估对象和评估内容，设计和选择合适的评估方法。同时，选择和确定合适的绩效评估人员。事实上，并非设计和选择的评估者越多越好，也没有哪一个评估者在任何场合都能胜任评估者的角色。不同的评估者各有特点，适合于不同的情景和不同的评估目的，其参与评估的方法也不同。

在开展绩效评估的过程中，也要同时推进对绩效评估的反馈。所以，企业需要对绩效评估的反馈方式和途径进行设计。管理者根据员工岗位的不同及绩效表现的不同，需要采取不同的反馈方式，如书面、面谈等方式。

（5）绩效评估结果应用。绩效评估结果的应用设计需要根据绩效管理目标和绩效评估目标进行，并在绩效评估结果应用实施过程中跟踪、监控和总结，为绩效管理系统的更新和完善提供依据。

概括而言，绩效评估结果主要应用于以下五个方面：第一，管理员工薪酬；第二，作出员工晋升、调动和辞退的决策；第三，实施有效奖惩；第四，对员工进行培训与开发；第五，改进管理者与员工之间的工作关系。

（6）绩效管理改进和重新商议。得到绩效评估之后，就要以其为依据，对绩效管理进行一定的改进，使之更加完善，更加适应企业的需要。如有必要，还要进行重新商议。

5. 实施绩效管理的保障

完成上述步骤后，还需要设计一套保障体系来提高绩效管理流程的实效性。绩效管理培训、绩效文化支持、沟通渠道与信息技术保证和人力资源管理系统的支持是此保障体系的主要内容。

（1）绩效管理培训。为了更好地实施绩效管理，相关责任人需要具备较强的绩效管理能力，所以应该首先制订符合组织需求的绩效管理培训计划，然后开展相应的绩效管理培训。

（2）绩效文化支持。绩效文化与绩效管理是相互作用、相辅相成的关系。一方面，通过绩效管理，企业内部会形成相应的绩效价值观；另一方面，只有在绩效文化的引导和带动下，企业才能更顺利地实施绩效管理。在绩效文化的影响下，员工可以根据绩效目标确定自己的工作方向，管理者也能根据员工的绩效公平公正地评价并回馈给员工，从而增强员工工作的积极性。

（3）沟通渠道与信息技术保证。企业需要提供一定的沟通渠道来保证绩效管理的有效实施。企业应该利用先进的信息技术畅通企业内部信息网络，并鼓励员工积极在内部信息网络了解、分析与评价绩效管理的相关信息。

（4）人力资源管理系统的支持。企业的各种管理职能在整个人力资源管理系统中是相互作用、相互影响的关系，同时绩效管理在其中占据着关键地位，是其核心所在。因此,为了更好地实施绩效管理,企业应该建立健全人力资源管理系统。

第二节 薪酬管理保障企业竞争力

一、薪酬的概念及功能

(一)薪酬的概念

"薪酬"一词指组织对使用劳动力应给予的回报与酬劳。"薪酬"在英语中直接对应的词汇是"compensation",意为弥补、补偿,隐含着交换的意思,指的是组织以金钱或其他形式对劳动者所付出劳动的补偿,具体包括工资、奖金、津贴及其他形式的各种回报。目前对于薪酬概念的界定通常可以划分为三种类型。

第一种是"窄口径"的界定,即薪酬仅包括货币性薪酬(基本薪酬和可变薪酬),不包括有形服务和福利部分。

第二种是"中等口径"的界定,即薪酬包括货币性薪酬和有形服务及福利部分。

第三种是"宽口径"的界定,即薪酬是指与工作有关的所有"收益",既包括货币性薪酬,又包括有形服务和福利,还包括工作挑战和晋升机会、工作环境,以及个人对工作的感受。

从目前理论界和实务界的视角来看,人们越来越习惯运用对薪酬的窄口径界定。在运用薪酬相关概念时,往往将货币性的薪酬部分和福利部分统称为薪酬,并且将货币性薪酬称为直接薪酬,将福利部分称为间接薪酬,同时,将直接薪酬划分为基本薪酬和可变薪酬两个部分。

而在本节中,笔者也将采取对薪酬窄口径的界定方式,即薪酬仅包括直接的货币性薪酬(其中包括基本薪酬和可变薪酬两部分),而不涉及福利及与工作有关的诸如晋升机会、融洽的工作氛围等其他部分。

在现实中,我们还会遇到与薪酬概念类似的"报酬"概念。通常情况下,将员工为某个组织工作而获得的所有员工自身认为有价值的东西统称为报酬。一般而言，报酬通常分为经济报酬和非经济报酬。经济报酬概念通常就是本节中提到的中等口径的薪酬概念，经济报酬包括货币性薪酬和福利；而非经济报酬则包括富有挑战性的工作、工作环境、成长发展机会及工作的便利性等。报酬与薪酬的关系如图5-2-1所示。

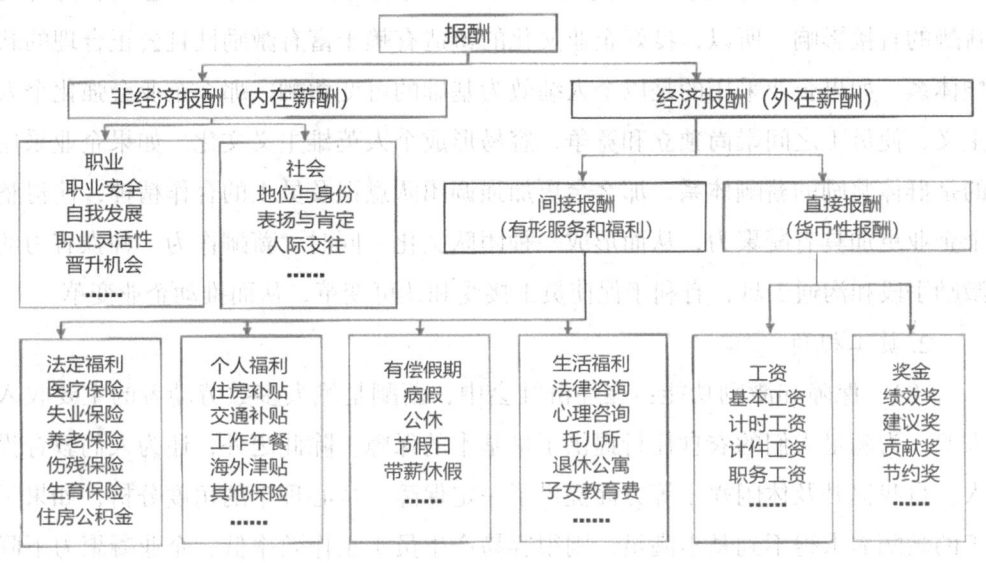

图 5-2-1 报酬与薪酬的关系

（二）薪酬的功能

薪酬是员工因向所在的企业提供劳动而获得的各种形式的酬劳，对于企业而言是一项支出，而对于员工而言则是付出劳动之后所得到的收入。所以，我们需要从企业和员工两个视角来了解薪酬的功能。

1. 企业视角

（1）支持组织战略，实现企业经营目标。一般情况下，企业首先需要制定经营战略。企业选择进入哪个行业？企业如何在这个行业中赢得竞争优势并保持竞争优势？企业中的人力资源政策如何设计？企业如何设计合理的薪酬体系来使员工行为与企业目标保持一致？在制定企业战略时，这些问题都需要考虑。如果企业选择的是差异化战略，在设计薪酬体系时就要重视对产品创新和研发部门人员给予足够的奖励，使其基本薪酬高于市场水平，以帮助企业吸引勇于创新的人才。如果企业采取的是低成本战略,那么在设计薪酬体系时,要尽量控制劳动力成本的支出,采取措施提高可变薪酬部分在薪酬构成中所占的比例。如果企业采取的是以顾客为中心的战略,那么在设计薪酬体系时应将顾客的满意度作为薪酬支付的依据,根据顾客对所提供服务质量的评价来支付奖金等。

(2)塑造企业文化,支持企业变革。众所周知,员工的工作态度和行为受薪酬的直接影响。所以,良好企业文化的塑造有赖于富有激励性且公正合理的薪酬体系。如果企业采用的是以个人绩效为基础的可变薪酬,那么企业会强化个人主义,使员工之间崇尚独立和竞争,容易形成个人英雄主义文化。如果企业采用的是群体奖励的薪酬体系,那么会更加强调团队意识及员工的合作精神,使得整个企业更加具有凝聚力,从而形成一种团队文化。同时,薪酬作为一种强有力的激励手段和沟通工具,有利于促使员工接受和认可变革,从而推动企业变革。

2. 员工视角

(1)保障和激励功能:在经济社会中,薪酬是绝大多数劳动者的主要收入来源,为满足人们的衣食住行提供了最基本的保障。除此之外,还为人们教育投入、自我提升及休闲娱乐等方面提供了一定保障。从心理学的角度分析,如果员工的薪酬需求得不到基本满足,则很容易产生员工工作效率低、企业凝聚力下降等现象;如果员工的薪酬需求能够得到满足,则员工的工作积极性将会提升、员工关系也会更加融洽。

(2)信号功能:薪酬具有社会信号功能,它在一定程度上体现个人在企业及社会中所处的地位。也就是说,员工的薪酬水平向社会传递着一种信号,人们根据这种信号来大体判断员工的职业、受教育程度、生活状况等。同时,在企业内部,员工的薪酬水平也往往代表着员工在企业内部的地位和层次,是员工能力的一种体现。

另外,员工的薪酬水平也在一定程度上反映了企业的战略选择及财务状况。

二、薪酬管理的含义及其基本目标

(一)薪酬管理的含义

薪酬管理,也就是在企业发展战略指导下,确定薪酬水平、薪酬结构及薪酬策略的动态管理过程。

薪酬管理在现代企业管理中指的是一个企业根据其所有员工的工作结果对他们的报酬结构及报酬总额进行确定和管理的过程。企业在薪酬管理过程中，将确定企业的薪酬结构、薪酬体系、薪酬水平，以及特殊员工群体的薪酬水平。而且企业还要制订薪酬计划，然后据此拟订薪酬预算，并听取员工关于薪酬管理的意见，同时还要评价薪酬系统的有效性以持续对其进行改进。

任何一个企业都需要认真实施薪酬管理，以达到三大目标，分别是合法性、有效性和公平性。企业在进行薪酬管理时，需要考虑企业的经济承受能力、不同时期的战略目标、外部市场的竞争及内部人才的定位等方面，这些都是影响企业薪酬管理的因素。

相较于人力资源管理中的其他工作，薪酬管理的特殊性主要表现为以下3个方面。

1. 敏感性

在人力资源管理中，由于薪酬管理直接关系到所有员工的切身利益，对员工的生活质量有直接的影响，所以薪酬管理是其中最为敏感的部分。同时公司中员工的工作能力与水平直接反映在其薪酬水平上，所以员工会据此衡量自己在公司的地位。

2. 特权性

在所有的人力资源管理项目中，薪酬管理是唯一只有公司领导者有特权参与的项目。

3. 特殊性

不同的公司有不同的薪酬管理系统。同时，现代企业管理中有许多的薪酬管理类型，如绩效工资型、技能工资型、岗位工资型、资历工资型等，因此每一个公司的薪酬管理都有其特殊性。

（二）薪酬管理的基本目标

薪酬管理只有达到效率目标、公平目标、合法目标这三个目标，才能发挥应有的作用。达到效率目标和公平目标，就可以发挥绩效管理的激励作用，同时薪酬管理必须在合法的前提下开展。

1. 效率目标

产出和投入是效率目标所包含的两个层面。产出层面指的是薪酬管理要实现企业绩效管理的最大价值；投入层面指的是要控制薪酬成本，从而实现薪酬作用的最大化，这也是薪酬效率目标的本质。

2. 公平目标

分配公平、过程公平、机会公平是公平目标的三个层次。

（1）分配公平。分配公平是指要在与公平性要求相符合的情况下制定人事决策及各种奖励措施。自我公平、内部公平、外部公平是分配公平的三个方面。自我公平指的是员工的工作结果与其所获薪酬相匹配；内部公平指的是不同职位的员工对公司的贡献与其所获薪酬相匹配；外部公平即同等规模、同一行业或者同一地区的不同企业中相似职位应有差不多的薪酬水平。

（2）过程公平。过程公平指的是企业应该根据公平性的原则对各种奖惩决策的标准或方法进行制定和明确，并且公开其奖惩过程。

（3）机会公平。机会公平即让所有员工平等参与各种事务，包括在决策前与员工进行交流、决策时对员工的意见进行考虑、主管站在员工的立场考虑问题及建立员工申诉机制等。

3. 合法目标

企业实施薪酬管理最基本的前提是合法，因此企业需要根据国家、省区的法律法规、政策条例制定公司的薪酬制度，具体来说就是员工必须享有最低工资保障及法定的保险福利等。

三、薪酬管理的地位和作用

（一）薪酬管理的地位

在现代企业的人力资源管理中，薪酬管理是非常重要的内容，企业通过制定合理的薪酬制度可以有效地对员工进行激励，激发其工作积极性，挖掘其潜能，还能借此招揽更多优秀的人才，从而激发整个公司的活力，提升业务水平。

1. 薪酬管理在人力资源规划中的地位

在人力资源供需平衡方面，薪酬管理可以有效助力公司的人力资源规划。调整薪酬政策可以有效调节内部人力资源供给需求。例如，设置并且增加加班工资，可以让员工主动延长上班时间，从而使公司的人力资源供给量得到增加。当然，为了防止员工只求获得更多的加班工资而消极上班，需要严格监督其正常工作时间内的工作，督促其完成定量工作。

2. 薪酬管理在招聘录用中的地位

薪酬管理可以提高招聘录用工作的质量和效率。通常人们找工作时都会首先考虑工作的薪酬，大家都会积极地向那些薪酬较高的企业投简历。所以通过薪酬管理提高员工工资，企业能够更广泛的潜在候选人，从而更顺利地招到合适的人才。

3. 薪酬管理在绩效管理中的地位

薪酬管理与绩效管理是相辅相成的关系。一方面，薪酬管理需要首先基于绩效管理来准确评价员工的绩效，然后实施激励薪酬制度；另一方面，根据员工的绩效表现及时给予相应的激励薪酬，可以使绩效管理的约束性得到增强。

4. 薪酬管理在劳动关系中的地位

薪酬问题在企业的劳动关系中是非常重要的问题，通常情况下，薪酬问题是大部分劳动纠纷的起因。所以，为了避免劳动纠纷的发生，营造良好的劳动氛围，需要进行有效的薪酬管理。而且，通过薪酬管理，可以建立更为稳定的劳动关系，同时也有利于良好企业文化的形成。

（二）薪酬管理的作用

1. 增强企业盈利能力

对于劳动者来说，薪酬就是报酬，但对于企业来说，薪酬则是成本。虽然在现代的人力资源管理理念中不再简单地将薪酬等同于成本，但是企业通过有效的薪酬管理，对人工成本进行控制，能使既定薪酬发挥出最大的价值，进而可以有效地提高组织的盈利能力以促进组织利润的增加。

2. 杠杆激励

采用浮动薪酬和绩效薪酬制度，对绩效结果优良的员工进行有效激励。尤其在服务行业，员工的绩效表现需要多元化的考核，与薪酬挂钩的绩效指标能更好地激励优秀员工继续保持企业期望的绩效表现。通过薪酬杠杆也可以抑制或者减少企业不希望出现的员工行为。

3. 留住企业核心员工

在遵循外部公平、内部公平、个人公平的原则下，对薪酬进行合理规划，有助于企业留住核心员工。

4. 吸引外部优秀人才

薪酬管理对吸引外部优秀人才发挥着重要作用。薪酬本身具有外部竞争性，在劳动力市场上，企业可以利用具备竞争力的薪酬吸引更多外部优秀人才，实现人才的筛选。

5. 改善经营绩效

不管哪个企业，要想成功实现自己的经营战略和绩效目标，都需要基于优秀的员工和员工良好的状态。而员工的工作状态、工作行为和工作业绩则受薪酬的直接影响，同时薪酬还决定了企业可以招募到的员工的质量和数量，而且企业内部的人力资源存量也是直接由薪酬决定的，高薪酬才能激发员工的工作热情以增强其对组织的归属感，因此企业的生产能力和生产效率受薪酬的直接影响。

6. 塑造企业文化

薪酬可以引导员工的工作态度和工作行为，所以公正合理并富有激励性的薪酬制度可以促进良好企业文化的形成，或在积极的方面强化已有的企业文化。同时，如果制定的薪酬政策不符合原有的企业文化，那么该企业文化将会受到冲击，甚至被重写。

7. 支持企业变革

为了更好地应对经济全球化带来的挑战，一方面企业需要重新规划企业的发展战略，同时也要对组织结构进行重新调整；另一方面，为了更快、更好地了解并满足市场与客户的需求，企业需要对企业团队进行变革。以上这些变革的顺利开展，都需要高效的薪酬管理体系的支持。借助薪酬可以从上到下对整个公司进行改革，这有利于营造出适应变革的内部和外部氛围，从而保证企业变革的顺利推进。

四、薪酬管理的相关理论

（一）现代西方工资决定理论

1. 边际生产力工资理论

19世纪末，"边际革命"在西方经济学领域引起了强烈的反响，边际效用理论的提出者为威廉姆·斯坦利·杰文斯（William Stanley Jevons）和卡尔·门格尔（Larl Menger）两位经济学家，而现代西方经济学的主要理论基础就是边际效用理论。约翰·贝茨·克拉克（John Bates Clark）是美国著名的经济学家，他基于边际理论提出了边际生产力工资理论，该理论在今天仍然非常流行。

一个充满竞争的静态社会是边际生产力工资理论提出的前提，以下是该静态社会的主要特征。

（1）在整个经济社会中，要素市场和产品市场是完全自由竞争的状态，政府和传统的协议无法在其中操纵价格和工资。

（2）假设已知各种生产资源的数量、顾客喜好不变，同时工艺状态也没有变化，也就说每一年都利用一样的生产方法产出固定数量的同种产品。

（3）假设拥有数量不变但形式可以变化的资本设备，其可以与相应的劳动力开展效率最高的合作。

（4）假设所有工人的工作效率是一样的，而且不存在分工，同一行业的工资率都是一样的，不存在其他标准的工资率。

克拉克基于上述静态社会，提出在生产中劳动和资本占据着重要地位，这两种生产要素的实际贡献量会随着其投入量的变化而发生变化，其呈现出的趋势为边际收益递减。我们在对工资水平进行解释时，可以借用劳动边际生产力递减规律，在对利息水平进行解释时，则可以利用资本边际生产力递减规律。

劳动边际生产力递减指的是，当有更多的工人参与生产活动时，最初产量会增加，但是当工人的数量达到某一临界点后，通过分摊，工人所得到的设备数量会随着人数的增加而减少，这使得每一单位劳动力只能产出更少的产品数量，追加的新工人的边际生产力会呈现递减的趋势，因此边际生产力最低的工人就是最后增加的工人。

通过边际生产力工资理论可以得知，劳动的边际生产力决定了工人的工资，也就是说，最后一个被投入生产活动的劳动单位所产生的边际产量决定了其工资，雇主雇佣的最后那个工人的所获得的工资也就是其所增加的产量。企业为了保证利益的最大化，只有在付给工人的工资小于工人所增加的产量的情况下，才会继续雇佣并在生产活动中投入新的工人，当付给工人的工资等于工人所增加的产量时，雇主将会停止雇佣行为。例如，产量在雇主雇佣5个员工之前是递增的，当员工多于5个后，产量是递减的；产量在雇主雇佣第10个员工时达到了最小，这个时候企业就会维持现有的员工数量，不再雇佣新人。

2. 集体谈判工资理论

工会与雇主或雇主组织之间进行的谈判为集体谈判。亚当·斯密（Adam Smith）等经济学家在18世纪就已经发现集体交涉在劳动力市场上会影响到工资的决定，但是他们并未对此进行深入研究。工会在第二次世界大战后逐步成为西方发达国家的重要组织，在一定程度上对工资决定有较大的影响。集体谈判工资理论的观点为，短时期内劳动力市场上劳资双方在谈判中交涉力量的对比决定了工资的决定。工业革命刚开始时，通常是个别雇员与雇主针对工资进行谈判，但由于工人之间是竞争的关系，因此工人的工资水平只会越来越低。随着经济的发展，雇佣单位和雇员的力量开始分别集合起来，双方开始以集体的形式进行工资谈判。并且劳动力慢慢都加入了工会，并将工会推举为其代表，同时工人听从工会的安排，不再进行恶性竞争，劳动力的供给量和工资量开始全由工会控制。因此，集体谈判工资理论实际上是对工会作用的强调。通常情况下，工会会通过消除雇主在劳动力市场上的垄断、提高工资标准、限制劳动供给、改善对劳动的需求这四种方式来使工人的工资得到提高。

3. 人力资本理论

人力资本理论不是一种工资决定理论，但它在一定程度上会影响到工资。人力资本理论是由美国经济学家西奥多·舒尔茨（Theodore W.Schultz）和加里·斯坦利·贝克尔（Gary Stanley Becker）在20世纪60年代所创立的。在人力资本理论的观点中，人并不是天生就具有劳动能力，个人只有通过持续努力，接受社会和家庭的培养，并消耗大量稀缺资源才能具备劳动能力。人的劳动能力的资本形态为资本存量，如劳动者的技能存量、健康存量和知识存量等。通过人力资本投资才能形成人力资本，人力资本投资具有以下三个方面的内容。

第一，有形支出。有形支出也称为实际支出和直接支出，保健支出、教育支出、劳动力国内流动（移居）支出或用于移民入境支出（为了寻找工作）等是主要的投资形式，同时教育支出是最为主要的投资形式。

第二，无形支出。无形支出也称机会成本，意为投资期间无法进行全日制的工作。

第三，心理损失。心里损失也称心理成本和精神成本，也就是说在投资时人会经历一段较为艰苦的学习，或要远离故土，或要劳心劳力寻找工作。

（二）对劳动力供求模型的理论修正

劳动力供给与需求模型虽然能够证明劳动力市场中的薪酬水平与劳动力供求关系之间存在经济依存关系，但是它无法对个别劳动者或企业所作出的选择和决策作出解释。

1. 对劳动力需求模型修正的三种理论

在现实中，为什么不同的企业支付给同种职位员工的薪酬是不同的？为什么某个企业支付的薪酬比市场平均薪酬要高？为了解释这种现象，专家们从单个企业的角度出发，对传统经济模型进行了修正，提出了薪酬差异、效率工资和信号工资三种理论。这三种理论说明了为什么一些企业的薪酬水平会高于或低于市场薪酬水平，从而揭示了单个企业薪酬决策的动机和内涵。

（1）薪酬差异理论。在亚当·斯密的观点中，每个人必须对"不同工作的利与弊"进行综合考虑，然后据此再对薪酬进行决策，从而实现"纯收益"最大化。也就是说，当某些负面特性（如较差的工作条件、较差的工作安全性、较少的成功机遇、较高的培训费用等）存在于一项工作中时，为了达到平衡，企业就需要支付更高的薪酬。因此，劳动力市场中的薪酬水平也是各不相同的。但由于很难对参与纯收益计算的各种因素进行控制，所以难以证明薪酬差异理论的可行性。

（2）效率工资理论。在传统经济模型中通常假设薪酬只能由市场所决定，同时企业必须接受这一薪酬。针对这个假设，效率工资理论提出了不同的意见。效率工资理论的观点为：当企业支付高于市场薪酬水平的薪酬时，会使劳动成本降低。通过高薪酬提高企业效益的方式主要有以下 5 种：①维持员工的数量，防止员工跳槽；②雇佣高素质的员工；③提高被解雇的代价，使员工不敢消极怠工；④增强员工对企业的认同感，激励员工认真工作；⑤对管理人员进行精简。前四种方法可以使生产中增加的劳动成本通过劳动生产率的提高得到弥补；而最后一种方法则是从外延入手，使劳动生产率得到提高。员工的努力程度取决于薪酬水平是效率工资理论的基本假设。企业在进行薪酬决策时会同时参考效率工资理论与薪酬差异理论。很多国外的薪酬专家都曾深入研究效率工资理论，通过研究他们发现"怠工"率会随着员工薪酬的提高而降低。同时，"怠工"率也会随着失业率的提高而降低，因为失业率越高就意味着员工很难在失业后找到新的工作。所以，他们认为为了降低怠工率应该提高员工的薪酬水平，但他们无法确定降低怠工率带来的收益是否能够弥补薪酬增加的成本。

（3）信号工资理论。信号工资理论则从另一方面修正了劳动力需求模型，它既可以解释薪酬水平的差异，也能解释企业设计的薪酬低于市场薪酬水平的原因。企业战略决定了企业的发展方向，信号工资理论认为企业可以在发展战略中纳入与本公司需求相应的薪酬决策。如果存在两种不同的薪酬决策，一种是基本工资比市场工资率要低，但是有更为丰厚的奖金以及更多的培训发展机会；另一种是基本工资等同于市场工资率，但其奖金为零。那么，这两种薪酬决策所吸纳的应聘者将有很大的不同。比如，更乐意承担风险的应聘者将会选择第一种薪酬决策的企业，虽然基本工资低，但是他们有信心做出更多的绩效从而获得更多的奖金。因此，根据相应企业的相对薪酬水平，应聘者可以对其工作条件、同事关系、责任权限、工作任务等岗位情况进行推测。

现实生活中，很多应聘者主要是根据企业的薪酬水平来决定自己是否要投简历。曾有研究者调查了各种类型的毕业生的薪酬意向，如保守型、自信型、物质型、冒险型等。调查结果表明，他们选择工作时，除了考虑企业的薪酬水平外，还会考虑福利保险、绩效工资、激励工资等企业薪酬的具体形式。

针对劳动力供给模型，信号工资理论也作出了相应的修正与解释。例如，学业成绩突出、训练有素或工作经验丰富的应聘者，也会给潜在的雇主传递"我正是企业所需要的优秀人才"的信息，甚至可能与企业发出的信息一样确切。所以，员工与企业可以通过传递各种信号，如薪酬混合体（福利、奖金）、薪酬水平（滞后、相当、领先）、人力资本（学历、工作经验、技能）来更好地进行信息交流。

2. 对劳动力供给模型修正的三种理论

当研究者开始以劳动力供给模型作为研究点，而不再研究劳动力需求模型时，也就是说研究者分析薪酬决策时不再以企业为研究重点，转而以员工为研究重点时，就会产生保留工资理论、劳动力成本理论和岗位竞争理论这三种微观工资修正理论。这些理论进一步说明了影响员工应聘的决策行为的因素都有哪些。

（1）保留工资理论。许多薪酬专家把薪酬描绘成"不得不支付的薪酬"。在他们的认知中，应聘者心中有一个最低工资，也被称为保留工资，如果一项工作其他方面都比较好，但是工资要比应聘者的保留工资低，那么应聘者会直接拒绝这份工作。也就是说这份工作的其他各个方面都不能弥补其工资较低的这个缺陷。相较于市场工资率，应聘者的保留工资可能更高也可能更低。

（2）劳动力成本理论。在对薪酬差异进行解释的经济理论中，可以说劳动力成本理论是影响最大的理论。一个人如果为了使自己的工作能力得到提高而进行培训、教育等自我投资，那么他将会有更高的工作能力、获得更高的薪酬，这是劳动力成本理论的前提。该理论假设边际产品的价值即人们得到的薪酬，个人的边际产品价值的提高来源于其培训投资或身体素质投资。

（3）岗位竞争理论。在某种程度上，岗位竞争理论与人力资本理论有一定的相似性，它们都认为企业劳动力成本会随着劳动力供给的减少而增加。在劳动力成本理论的观点中，薪酬水平的提高直接导致了企业劳动力成本的增加，但是工作岗位竞争理论则认为是由于企业必须承担额外的培训费用才导致劳动力成本的增加。同时，岗位竞争理论认为由于企业已经预先规定了每个岗位的薪酬，所以劳动者在劳动力市场上竞争的不是薪酬而是岗位。参与岗位竞争的应聘者需要比拼自身的各种条件，所以为了成功得到相应的岗位，每一个竞争者都会对自己进行各种投资，所以这使得竞争者之间的竞争逐渐变得异常激烈。

五、旅游企业薪酬制度设计

薪酬制度设计和薪酬日常管理是薪酬管理的主要内容。薪酬制度设计包括薪酬体系设计、薪酬策略设计、薪酬结构设计、薪酬水平设计等。在薪酬管理中最基础的工作就是薪酬制度设计，只有首先保证薪酬制度的有效性，才有可能实现预定的目标。薪酬日常管理也被称为薪酬成本管理循环，在这个循环模式中包括薪酬预算、薪酬支付、薪酬调整三方面的内容。建立起薪酬制度后，应该对薪酬日常管理中存在的问题进行重点关注，及时根据各种变化对公司的薪酬策略、薪酬体系、薪酬结构进行调整，使薪酬目标得以顺利实现，从而助力旅游企业的发展，使其早日实现战略目标。

（一）环境分析

薪酬设计的前提和基础就是环境分析，开展薪酬设计之前首先需要通过调查分析来了解旅游企业所处的内外环境的现状和发展趋势。环境分析这项重要的工作比较复杂,这主要是因为旅游企业处于一个较为复杂的环境之中。旅游企业所处的外部环境包括社会、经济、国家政治法律、劳动供给、失业率、产业政策和生活水平等因素,其内部环境包括旅游企业的发展阶段、性质、规模、组织结构、旅游企业文化、员工素质、工作特征等因素,同时这些所有的内外部因素都不是静止不变的,而是一直都在变化。所以旅游企业既要对这些环境因素的现实状况有明确的了解,同时也要基于环境因素变化的规律提前预测其未来的发展情况。

薪酬体系设计的第一步就是要进行环境分析,通过环境分析得到的各种数据及材料将成为后面几个步骤的决策依据。因此,环境分析的质量将会对之后的各种重要环节,如薪酬策略的选择、工作分析及岗位评价等造成直接影响。只有能够做到动态适应环境的薪酬体系才是好的薪酬体系。企业只有先做好薪酬环境分析,才能保证薪酬目标的顺利实现。特别是那些刚刚起步的旅游企业,其只有对环境进行准确的分析和预测,才能更好地发挥人才的价值,从而使企业有光明的发展前景。

(二)岗位评价

岗位评价也被称为岗位测评、职位评估、工作评估,主要是根据工作分析来评价工作岗位的各种特性,如所需人员的资格条件、工作强度、责任大小、工作复杂性等,从而对岗位相对价值进行确定的过程。进行岗位评价时首先需要科学分析旅游企业所有岗位的相对价值,然后据此利用排列法、配对比较法和要素计点法等对岗位进行排序。在薪酬管理中,岗位评价占据着关键地位,为了更好地激励员工,使其更加积极、认真地工作,需要充分发挥薪酬机制的激励和约束作用。岗位评价是设计旅游企业的薪酬体系时必须进行的工作。薪酬的内部公平性问题主要通过岗位评价来解决。以下是岗位评价的具体方法。

1. 排列法

排列法是指评定人员根据自己的判断,采用非定量和非分析的方法,根据工作岗位相对价值的高低,按顺序排列所有的工作岗位,从而对某个工作岗位与其他工作岗位的关系进行确定,其中不涉及分解工作内容为组成要素等内容。相较于其他岗位评价方法,排列法比较容易操作。

排列法的优点:(1)容易操作;(2)从整体出发评定各个岗位,不会进行工作要素的分解,所以自然不会引起各种争论和矛盾;(3)非常直观,当岗位较少时非常适合采用这种方法。

排列法的缺点:(1)当具有较多的工作岗位且这些岗位的内容具有较大差异时,大部分评定人员因不熟悉很多岗位职责将无法处理好这项工作;(2)评价受主观因素影响较大,其结果不具备科学性和客观性;(3)排列法本身无法助力等级划分,而且无法对工作等级之间的差异程度进行衡量;(4)不适合拥有较多生产项目或较多岗位的大型旅游企业。

2. 配对比较法

配对比较法又被称为相互比较法,也就是将所有需要被评价的岗位放在一起,然后两两配对进行比较,有较高价值的岗位将得到1分,最后对各岗位所得分数进行相加,取得最高分数的岗位就是等级最高者。按照各个岗位所得分数的高低进行排序,就可以对岗位等级进行划定。通过对平均序数进行计算,所得到的结果就是岗位相对价值的次序。

配对比较法的优点是相对比较全面;缺点是当岗位比较多时,工作量过大,且岗位之间可能不具有可比性,操作起来比较困难。

3. 要素计点法

(1)要素计点法的含义。要素计点法也被称为点数法、点数加权法,这种方法的使用率较高。这种方法是预先确定一些关键性薪酬要素的水平,并且这些要素的不同水平分别对应一定的分值,这个分值也就是所谓的"点数",然后针对上述要素评估对应岗位所达到的水平,得出相应的"点数",最后相加得到所有点数。

(2)要素计点法的步骤如下。步骤一:确定和评价要素。选取薪酬要素并对其进行定义,一般来讲,要素的数量在5~15个。薪酬要素即各岗位中所包含的有助于实现企业目标的要素。常见的薪酬要素有以下四种:工作技能、努力程度、工作责任和工作条件。通常情况下,在主要薪酬要素选定以后,还会选择其相关子要素,如工作技能的子要素包括专业知识、技术水平、经验等。薪酬要素选定以后,还要对薪酬要素进行定义。

步骤二:划定评价要素等级。等级划分的依据是企业中各岗位在薪酬要素上的差异程度。差异越大，则薪酬要素的等级数量越多。

步骤三：确定评价要素比重，通常情况是设定全部要素占比为100%，各要素用百分比表示其占全部要素的权重。应根据各薪酬要素在整个评价体系中的重要程度，确定其所占的百分比。

步骤四：各评价要素等级的点数配给。首先要确定整个评价体系的总点数。通常情况下，总点数会随着待评价岗位数量的增多而变大。然后根据各薪酬要素所占权重，计算出各薪酬要素相应的点数。最后确定每一薪酬要素内部各等级的点数值。这一过程可以采取经验判断的方法，但是为了保证评价的客观性，一般采用等比或等差等有规律的方法。

步骤五：运用报酬要素评价标准体系，评价各待评价岗位，并根据评价结果建立岗位等级结构。在进行评价时，评价者要对被评价的岗位在各个薪酬要素上所处的等级进行评估，然后相加各种等级所对应的点数，最终获得该岗位的总点数，这就是最终的评价结果。待所有待评价岗位的总点数都计算出来以后，根据点数的大小对所有岗位进行排列。

（3）要素计点法的优点：①有较强的可靠性；②由于该方法较为客观，所以人们对最终的评估结果一般没有异议；③可操作性强。

（4）要素计点法的缺点：①会耗费大量的人力，同时评估持续的时间也比较长；②要素定义和权重确定有较大的难度；③这并不是一个完全科学及客观的方法，因为主观因素会在一定程度上影响要素的选择、等级的划分和要素权重的确定；④该方法仅适用于大型旅游企业，对中小型旅游企业来说，可能不是最好的方法。

（三）薪酬调查

薪酬调查也就是企业通过收集信息对其他组织所支付薪酬的状况进行判断的过程。通过薪酬调查，相应企业可以大致了解市场上同一行业的其他企业或者竞争者的薪酬结构以及向员工支付的薪酬水平等有关薪酬的各方面的信息。

相关企业需要首先开展详细的薪酬市场调查，待明确市场行情后，再根据市场的形势设计自己的薪酬体系。只有完成上述操作，相关企业所设定的薪酬体系才能更好地吸引人才，同时发挥出其对员工的激励作用。

(四)制定薪酬策略

薪酬策略也就是分配薪酬的标准和原则,同时也涉及薪酬总体水平的策略和政策。首先应该系统分析企业的环境,然后据此制定出与旅游企业的实际情况和旅游企业战略的要求相符的薪酬策略。旅游企业首先需要根据发展战略制定其薪酬策略。水平策略和结构策略是旅游企业薪酬策略的主要内容。

薪酬水平一般指企业整体的平均薪酬水平,同时还涉及企业的各岗位、各部门薪酬在整个市场薪酬中所处的位置。薪酬的水平策略也就是旅游企业根据当地市场的薪酬行情和竞争对手的薪酬水平来确定自身的薪酬水平的策略。下面为4种主要的薪酬水平策略。

1. 市场领先薪酬策略

在同行业的市场中处于领导地位的旅游企业如果对自己的发展前景非常满意,预计旅游企业经济将持续走高,同时企业正处于市场扩张期,急需吸纳大量的人才,且具备较强的薪酬的支付能力,那么就可以采取市场领先薪酬策略。

2. 市场跟随薪酬策略

通常情况下,旅游企业如果采取这种策略,其一般有自己要跟随的标杆旅游企业,除了模仿标杆旅游企业的经营与管理模式,也会设定与之相似的薪酬水平。在旅游企业处于经济发展的平稳期,旅游企业的战略为稳定战略的前提下,采用市场跟随薪酬策略是一种较为保险的操作。

3. 成本领先薪酬策略

成本领先薪酬策略是指企业在制定薪酬水平策略时,主要考虑的是尽量使生产、经营和管理的成本降到最低,其不会考虑市场和竞争对手的薪酬水平,所以相较于市场上平均的薪酬水平,这种旅游企业的薪酬水平要更低一些。成本领先战略是这种薪酬水平的旅游企业所奉行的战略,这类旅游企业可能刚刚建立,或者正在转型。

4. 混合薪酬策略

混合薪酬策略就是旅游企业根据部门、岗位、人员的不同而采取不同的薪酬策略。例如,将市场领先薪酬策略应用于旅游企业的核心岗位,而将非领先的薪酬水平策略应用于普通岗位。

为了更好地进行薪酬管理,旅游企业需要对各类员工的薪酬水平进行明确的界定，从而确保员工与旅游企业之间的价值交换是公平的。在薪酬管理中，主要是根据员工对旅游企业的贡献来确定相应的薪酬水平。同时，为了保证企业在市场上的竞争力，企业需要根据社会消费水平的变化和劳动力市场的供求关系及时调整旅游企业员工的总体薪酬水平。

旅游企业也会根据市场的薪酬调查来调整自己的薪酬结构。薪酬体系的骨架就是薪酬结构，薪酬结构分为狭义的薪酬结构和广义的薪酬结构。狭义的薪酬结构仅指同一组织内部不同岗位薪酬水平的对比关系，而广义的薪酬结构在狭义的基础上还包括在薪酬总额中不同薪酬形式所占的比例。例如，薪酬可分为基本薪酬、福利薪酬和可变薪酬，它们之间不同的组合代表了不同的薪酬结构。通常情况下，薪酬结构也就是旅游企业以基本工资为主的固定薪酬和以绩效和奖金为主的浮动薪酬占总体薪酬的比例。下面为3种主要的薪酬结构。

（1）高弹性薪酬结构。高弹性薪酬结构具有较强的激励性，在该薪酬结构中最主要的组成部分为绩效薪酬，其后才是基本薪酬等其他薪酬（这些薪酬在薪酬结构中占有较低的比例，有时甚至为零）。所以这种薪酬结构的特点就是浮动薪酬占有较高的比例，而固定薪酬占有较低的比例。员工在这种薪酬结构中，其工作绩效的好坏基本上决定了其所获薪酬的水平。也就是说，当员工取得较为优秀的绩效时，就可以获得较高的薪酬，反之就只能获得较低的薪酬，甚至没有薪酬。

（2）高稳定性薪酬结构。高稳定性薪酬结构具有较强的稳定性，该薪酬结构的主要组成部分为基本薪酬，其后才是绩效薪酬等其他薪酬（这些薪酬在薪酬结构中占有较低的比例，有时甚至为零），所以这种薪酬结构的特点就是固定薪酬占有较高的比例，而浮动薪酬占有较低的比例。员工在这种薪酬结构中会有比较稳定的收入，正常工作就可以得到大部分或全额薪酬。例如这一薪酬结构是行政性工作岗位普遍采用的薪酬结构。

（3）调和型薪酬结构。调和型薪酬结构既有一定的激励性，也有一定的稳定性，基本薪酬与绩效薪酬在该薪酬结构中都占有一定的比例。企业若想更好地激励员工，提高员工工作的积极性，就可以增加绩效薪酬所占的比例。企业若想避免员工跳槽，就可以增加基本薪酬所占的比例。企业可以根据具体的情况，适时地调和这两者的比例。

（五）设定薪酬等级

根据薪酬设计的理论来说，基本薪酬设计的最终工作为建立薪酬曲线，按照职位评价的结果，通过薪酬曲线可以确定每个职位的基本薪酬水平。但是在具体实践中，这种做法是不现实的，尤其是当旅游企业的职位数量比较多时，如果针对每个职位都设定一个薪酬水平，会极大地提高旅游企业的管理成本。因此，在实际工作中，还需要建立薪酬等级，以简化管理工作。

薪酬等级的建立，首先需要根据职位评价的结果确定划分的标准，然后依据标准确定不同职位的等级。同一等级中的职位应该具有相近的职位评价。

旅游企业的薪酬政策、旅游企业内部职位的数量、职位评价的结果都会在一定程度上影响职位等级的划分，但是所划分出的等级必须要能够反映职位的价值差异。

确定好职位等级后，就要确定各个等级的薪酬变动范围，也就是确定各个等级的薪酬区间。首先要根据处于各个等级中间位置的职位的薪酬水平确定相应等级薪酬区间的中值。例如，在点数范围上，某职位等级为 50~150，那么 100 这个点数就是处于该等级中间位置的职位所对应的点数，之后在已建立的薪酬曲线方程中代入该点数，就可以得到其对应的薪酬水平，同时该等级的薪酬区间中值也就是这个数值。确定了区间中值后，还要确定区间的最高值和最低值，最高值 = 区间中值 × (1+ 薪酬浮动率)，最低值 = 区间中值 × (1- 薪酬浮动率)。薪酬浮动率指薪酬区间中的最高值或最低值偏离区间中值的比率。在不同的等级中，旅游企业可以采取一样的薪酬浮动率，也可以根据具体情况选择不同的薪酬浮动率。旅游企业需要根据各等级的重叠度、各等级之间的价值差异、各等级自身的价值和自身的薪酬支付能力等实际情况来确定这一比率的具体数值。

某些旅游企业为了对管理工作进行进一步的简化，又会继续划分各个薪酬等级，再确定出固定的具体薪酬数值以对应每个级别。

重叠度指相邻两个薪酬等级的重叠情况，能够反映旅游企业的薪酬战略及价值取向。一般来说，较低的薪酬等级之间重叠度较高，较高的薪酬等级之间重叠度较低。

（六）制订企业福利计划

广义的福利是指企业为了使员工的生活水平得到改善或提高，助力员工更好地开展工作，使员工精神和文化生活得到丰富、使员工个人困难得到解决而提供给员工相同的文化、物质待遇的一种社会事业。狭义的员工福利也被称为劳动福利，它是旅游企业所提供的正常工资之外的物资和服务，主要是为了使劳动者的生活需要得到满足。以下是员工福利的特点。

（1）补偿性。只有先履行了劳动义务的员工才能获得员工福利这种劳动物质性补偿。

（2）均等性。旅游企业内的所有员工都可以获得员工福利。

（3）补充性。员工福利在一定程度上可以补充按劳分配，从而缩小不同收入人群生活水平的差距。

（4）集体性。员工在对员工福利进行分享时，其方式主要是共同使用公共设施或集体消费。

（5）差异性。在同一旅游企业内部所有员工都有同样的员工福利，但是不同旅游企业的员工福利不同。

具体来说，员工福利主要有住房公积金、工伤保险、生育保险、养老保险、医疗保险、失业保险这六种法定的社会福利和法定休假，此外，以下还有旅游企业具体的福利计划。

1. 旅游企业补充养老金计划

团体养老金计划、延期利润分享计划和储蓄计划这三种形式是补充养老金计划的基本形式。团体养老金计划是指企业（可能也包括员工）向养老基金缴纳一定的养老金；延期利润分享计划指的是旅游企业根据盈利情况，定期将一笔员工应得的利润贷记在每个员工的储蓄账户上，当员工满足一定的要求后，就可以将这些收益提取出来；储蓄计划指的是员工为了保证自己以后有充足的养老金，会提前将一定比例的储蓄金从工资中提取出来，同时，旅游企业还会补贴员工，企业会支付给他们同样或者一半数额的储蓄金，这笔收入在员工退休或死亡后，会发给员工本人或者亲属。

2. 集体人寿保险计划

在市场经济国家，大多数的旅游企业都会将人寿保险作为一种福利提供给员工。一般来说，企业提供的主要是集体人寿保险，这种寿险方案非常适合集体，不仅对员工有利，也对整个企业有利。在集体的寿险方案中的人寿保险的价格要明显低于个人寿险方案中的人寿保险的价格，这对员工来说很划算，而且无论健康状况如何，所有的员工都可以享受集体寿险方案。通常来说，基本保险费是由旅游企业全额支付的。

此外，旅游企业还可以采取加入健康维护组织的方式为员工提供健康医疗保险和服务。健康维护组织在美国比较普遍，它是保险公司和健康服务提供者的结合形式，它提供完善的健康服务，包括对住院病人和未住院病人提供照顾等，和其他保险计划一样，它也有固定的缴费率，但是这种做法通常有助于降低旅游企业的保险成本。

3. 饮食服务

很多旅游企业会将饮食服务以某种形式提供给员工，员工只要花很少的钱就可以享受到较好的餐饮服务。一般来说，这些饮食服务在旅游企业内部并不是以营利为目的开展的，有的旅游企业所提供的饮食服务甚至无法收回成本。

4. 健康服务

在各种福利项目中，健康服务尤为受到关注。一般来说，健身场所、器械和健康讲座等是企业为员工提供的主要的健康服务。

5. 咨询服务

旅游企业为员工提供的咨询服务有较多的种类，如职业生涯咨询（如帮助员工规划未来的职业发展方向）、家庭咨询（如如何处理感情问题以及如何平衡家庭与工作等）、重新谋职咨询（如给被解雇者介绍当前的职业形势）、财务咨询（如如何规划和管理自己的工资）及退休咨询（如帮助退休者调整其心理），一些有能力的旅游企业还会为员工提供法律咨询。

（七）旅游企业薪酬方案举例

这里以酒店为例，根据薪酬管理的基本理论，梳理了目前酒店比较常见的几种薪酬模式，包括管理岗、前台接待岗、客房服务岗、餐饮服务岗，如表 5-2-1 所示。

表 5-2-1　酒店内部常见岗位的薪酬模式

适用人员	薪酬模式	薪酬结构	付薪理念
高层管理人员	年薪制	基本年薪＋绩效年薪＋津补贴	风险共担、利益共享
中基层管理人员、财务人员、行政后勤人员	岗位绩效工资制	岗位工资＋绩效工资＋工龄工资＋津补贴	以岗定薪、促进履职
市场营销人员、前台接待员、餐厅服务员	提成工资制	基本工资＋提成工资＋工龄工资＋津补贴	强化激励、提高业绩
厨师、工程维修人员	技能工资制	基本工资＋技能工资＋工龄工资＋津补贴	以岗定薪、体现能力
客房服务员	计件工资制	基本工资＋计件工资＋工龄工资＋津补贴	以产定薪、精简管理
保安、灵活用工人员	计时工资制	基本工资＋计时工资＋津补贴	以劳付薪、精简管理

1. 管理岗常规薪酬模式

酒店行业的管理岗位通常包括店长、总监、部门经理、主管、领班等，主要负责酒店的日常运营和管理，按照管理层级，可以分为高层管理人员、中层管理人员、基层管理人员。

高层管理人员需要对酒店经营全面负责，对于团队管理能力、领导能力有较高要求。在激励导向上，高层管理人员应重点发挥管理能力、提升酒店经营利润和品牌价值，这一岗位的薪酬模式通常会选择年薪制，将高层管理人员薪酬与酒店经营业绩深度绑定，绩效年薪作为风险收入部分，与酒店的年度利润、业绩目标达成情况等直接关联。为了鼓励高层管理人员关注酒店的长期发展，薪酬结构中通常还包括股票期权、股票奖励等长期激励措施。

中基层管理人员的薪酬结构则相对稳定，选择岗位绩效工资制，岗位工资部分体现其岗位价值，绩效工资部分与部门业绩和个人业绩深度挂钩，从而引导其积极承担岗位职责，发挥管理能力，为部门业绩负责。在有些酒店中，为简化薪酬体系，对于基层管理人员如客房主管、前台领班等，也可能选择"基本工资＋岗位津贴＋绩效奖金"的薪酬结构，其中基本工资与一线岗位核定方式一致，岗位津贴则与其管理职能挂钩。

2. 前台接待岗常见薪酬模式

前台接待岗是酒店行业的"门面",他们负责接待客人、办理入住手续、解答客人疑问等工作,承担部分销售职能。前台接待员的薪酬结构通常为"底薪+提成",底薪根据酒店的规模和地段不同而有所差异,提成则根据接待的客人数量、入住率等因素来计算。在提成/奖金方面,根据酒店管理导向可以有多样化的设置,具体如下。

会员卡提成:前台员工成功推销酒店会员卡,可以获得相应的提成。此项提成也可以分为办卡提成、消费提成两类,均衡前台人员的及时激励和长期激励,促进其引导客人长期消费。

升房提成:前台员工在接待客人时,成功推销更高级别的客房,对于超额部分给予提成。

挂牌价提成:前台员工引导客人按照挂牌价或超出 OTA 渠道价(酒店通过在线旅行平台向消费者提供的房间价格)订房,对于超额部分给予提成。

营业额超预算提成:如果酒店的整体营业额超过预算,前台团队也能获得相应的提成。

满房奖励:当酒店达到满房状态时,前台团队可以获得额外的奖励。

具名好评奖:前台员工直接为客户提供服务,获得顾客具名好评时,可以获得相应奖励。

3. 客房服务岗常见薪酬模式

客房服务岗负责打扫客房、更换床单被罩、补充洗漱用品等工作,提供酒店核心服务。客房服务岗的薪酬结构通常为"底薪+计件",底薪对应保底做房数,计件部分对应超额做房数。

根据待打扫客房状态,如 VD(Vacant Dirty,指走客房,也就是客人刚离开酒店,还未有新的客人办理入住,未经过打扫的客房)、OD(Occupied Dirty,指住客脏房,未清洁住客房)设计不同的提成金额。对于特殊房型,也会根据房间面积、打扫难度转化为标准房核算做房数量。

为鼓励员工长期保质保量完成任务,有些酒店会对优秀客房服务员给予一定认证,仅通过不定期抽查保证工作质量、简化管理过程,并设置相应的免查房奖作为激励。此外,酒店也可根据管理导向,为客房服务岗设置具名好评奖、成本节约奖等奖金项目。

4. 餐饮服务岗常见薪酬模式

餐饮服务岗负责在餐厅、水吧为客人提供点餐、送餐等服务，也承担一定销售职能。薪酬结构与前台服务人员类似，通常为"底薪＋提成"，底薪根据餐厅的规模和档次不同而有所差异，提成则根据服务的客人数量、销售额等因素来计算。常见提成项目如下。

销售额提成：根据服务人员所负责的餐桌或区域的销售额，给予一定比例的提成，以激励员工提高销售业绩。

菜品/酒水销售提成：对于成功推销高利润菜品/酒水或特色菜品的服务人员，给予额外的奖励。

包厢预订提成：对于通过指定服务人员预订包厢的，给予指定员工相应激励。

此外，也可设置服务效率奖、客户满意奖等项目激励餐饮服务人员。

第三节　激励管理点亮企业生命力

一、激励的基本过程

激励就是将人内在的行为动机激发出来，然后使之努力去完成既定目标的过程。可以发现，激励与人的行为有紧密的联系，所以，研究激励的话首先需要对行为的形成过程进行简要分析。大多数心理学家认为，人的动机决定了人的行为，而人的动机来源于人的需求，当人存在某种需求时，就会寻找能够满足自己需求的对象，从而产生相应的动机，然后人们会根据这个动机采取各种行为来满足自己的需求。当人们满足了自己的需求后，又会产生新的需求，新的动机及新的行为也会随之产生，如图5-3-1所示。

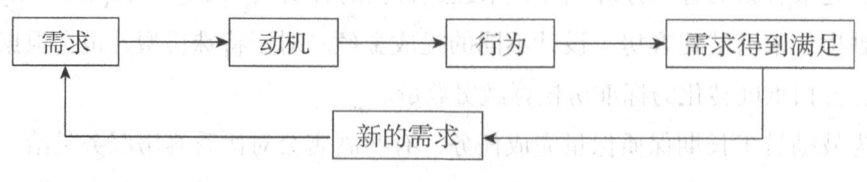

图 5-3-1　行为的形成过程

二、激励的主要理论

（一）内容型激励理论

激励的原因和起激励作用的因素是内容型激励理论主要研究的问题。马斯洛的需求层次理论、雷克顿·阿尔德弗（Clayton Alderfer）的 ERG 理论、弗雷德里克·赫茨伯格（Frederick Herzberg）的双因素理论和大卫·麦克利兰（David C.McClelland）的成就需求理论是影响力较大的内容型激励理论。

1. 需求层次理论

马斯洛在其 1943 年发表的《人类激励理论》中首次对需求层次理论进行了阐释。后来，他又在其 1954 年出版的著作《激励与个性》中进一步对需求层次理论进行了更为深入的阐释。基于该理论，他认为人们有生理需求、安全需求、社交需求、尊重需求、自我实现需求五个层次的需求，如图 5-3-2 所示。

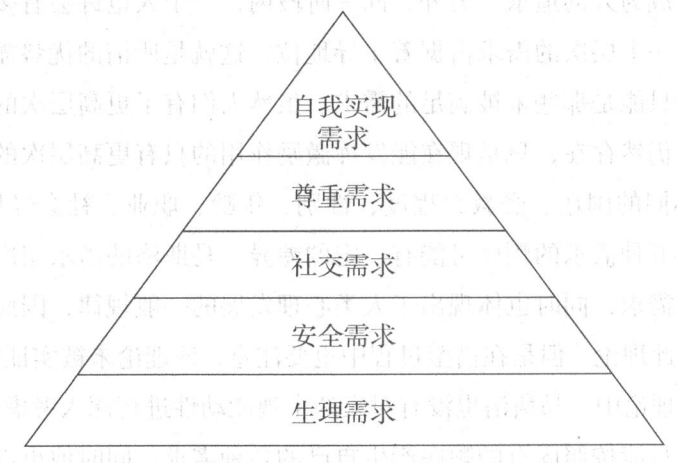

图 5-3-2　马斯洛的需求层次

（1）生理需求。人类必须通过空气、食物、水、住房等各种基本的生存要素来满足自己的生理需求，使自己得以生存下去。

（2）安全需求。安全需求涉及与人有关的各个方面，比如人类渴望自己的身体不受伤害、非常健康；希望自己不会受到威胁和刺激，有一个健康的心理；也希望自己有一份稳定的工作和一份可以养家糊口的工资，可以安稳地生活等。

（3）社交需求。社交需求也被称为爱和归属需求，如果这种需求无法得到满足，很多人会因此产生负面的心理问题。社交需求也就是人需要交朋友，需要与其他人保持良好的关系，成为某一组织的一部分，同时需要受到他人或者组织的关爱。

（4）尊重需求。尊重需求既包括自我尊重，也包括他人尊重。自我尊重即人需要有自信心、自尊心、独立权和成就感等；他人需求就是人需要名誉，需要他人的认可、重视与赞扬。当人的尊重需求被满足时，人就会很有自信，认为自己很有价值，如果人的尊重需求得不到满足，人就会自卑，并且各种效率也会降低，如工作效率、学习效率等。

（5）自我实现需求。自我实现需求是五个层次当中最高层次的需求，也就是人通过不断地学习发展及完善自我，从而成为理想中的自己。根据马斯洛的观点，人的这五种需求从低到高依次是生理需求、安全需求、社交需求、尊重需求、自我实现需求，满足需求的顺序也是如此，只有低一级的需求被满足后，更高一级的需求才会成为人的追求。另外，同一阶段内，一个人也许会有多个层次的需求，但是只有一个层次的需求占据着主导地位，这就是所谓的优势需求。可以发挥激励作用的只能是那些未被满足的需求。虽然人们有了更高层次的需求，但是低层次的需求仍然存在，只是现在能发挥激励作用的只有更高层次的需求。由于每个人拥有不同的国籍、受教育程度、性别、年龄、职业、社会经历和性格等，所以不同人的五种需求的顺序可能有一定的差异。马斯洛的需求层次理论在内容上区分了人的需求，同时也体现出了人类心理发展的一般规律，因此进行管理实践时可以借鉴此理论，但是在借鉴过程中也要注意，该理论未被实证研究所证明。而且，在这个理论中，马斯洛也没有对人的主观能动性进行深入考虑，只是简单、机械地认为人只能按照固有的顺序产生自己的各种需求；同时他也没有明确怎样才算需求得到了真正的满足，因此满足的概念不清晰的话也就无法证明他认为的"已满足"的需求不能再激励人的行为。

2.ERG 理论

美国的心理学家阿尔德弗创立了 ERG 理论。他基于大量的研究，在一定程度上修正了马斯洛的需求层次理论，在他的理论中，生存（existence）需求、关系（relatedness）需求、成长（growth）需求是人最主要的三种需求，因此根据这三个需求的英文首字母，该理论被称为 ERG 理论。其中，他认为心理与安全的需求是生存需求的主要内容；有意义的社会人际关系是关系需求的主要内容；自尊、人类潜能的发展和自我实现是成长需求的主要内容。

他认为人类最基本的需求就是生存需求，ERG 理论中的生存需求对应的是马斯洛需求层次理论中的生理需求和安全需求。

关系需求也就是与他人进行社交并保持联系的需求。ERG 理论中的关系需求对应的是马斯洛需求层次理论中的社交需求和尊重需求中他人尊重的那部分。

成长需求也就是人们渴望通过不断学习与锻炼，获得更强的能力、更高的荣誉，从而成为更好的自己。ERG 理论中的成长需求对应的是马斯洛需求层次理论中的尊重需求中自我尊重的那部分以及自我实现的需求。

在阿尔德弗的观点中，人们最希望被满足的需求往往就是那些很少被满足的需求。一般来说，人们较低层次的需求很容易得到满足，所以人们更希望那些较少被满足的高层次的需求得到满足，但是人们如果经过努力，仍然无法使自己的高层次需求得到满足，那么人们会重新产生低层次的需求，并努力满足低层次需求。因此，阿尔德弗认为在需求满足的过程中，不仅存在"满足—上升"趋势，就如同需求层次理论所说的那样，同时如果高层次的需求无法被满足，那么就会产生"挫折—倒退"趋势。而且他还认为，人的很多需求其实来源于后天的学习与培养，这点在高层次的需求中表现得较为明显。虽然关于激励行为的因素，ERG 理论假定其主要沿马斯洛需求层次理论而上升，但 ERG 理论也有与之不一样的观点。首先，ERG 理论认为占主导地位的需求可以有两种，甚至是多种。比如，激励人们行为的因素，可以同时有物质的需求（生存需求）、爱情的需求（关系需求）和工作晋升的需求（成长需求）。其次，ERG 理论认为当人们即使通过努力也不能满足自己的需求时，就会产生"挫折—倒退"机制，人们会重新追求低层次需求的满足。例如，以前由金钱（生存需求）激励的员工可能获得了一次加薪，从而满足了这方面的需求，假定他接下来试图建立友情，以满足关系需求，但如果由于某些原因他发现不可能同工作中的其他同事成为好朋友，他可能遭受挫折并且退缩，进而会去争取更多的金钱来满足自己的生存需求。

根据马斯洛与阿尔德弗的理论，公司管理者在进行人力资源管理过程中，需要首先对员工未被满足的需求以及其渴望被满足的各种需求进行调查和分析，然后通过满足员工的上述需求来实现对员工最大限度的激励，从而提高员工的工作积极性和工作效率。

3. 双因素理论

美国的行为科学家赫茨伯格创建了双因素理论，同时这一理论也被称为"激励—保健因素"理论。赫茨伯格及其同事在20世纪50年代末调查访问了匹兹堡地区9家工业企业的200多位会计师和工程师，当时主要问的问题为：在工作中，他们满意的事项有哪些，同时他们的这种积极情绪持续的时间有多长；在工作中，他们不满意的事项有哪些，同时他们的这种消极情绪持续的时间有多长。赫茨伯格根据这些回答，研究人们在工作中会因为哪些事情感到开心与满足，又会因为哪些事情感到不开心、不满足。据此研究，他创建了双因素理论，该理论认为工作本身或与工作内容有关的因素会让员工感到满意，这些因素在双因素理论中被称为"激励因素"，其主要包含六个方面的内容，分别为成就、认可、工作本身、责任、晋升、成长，如图5-3-3所示。

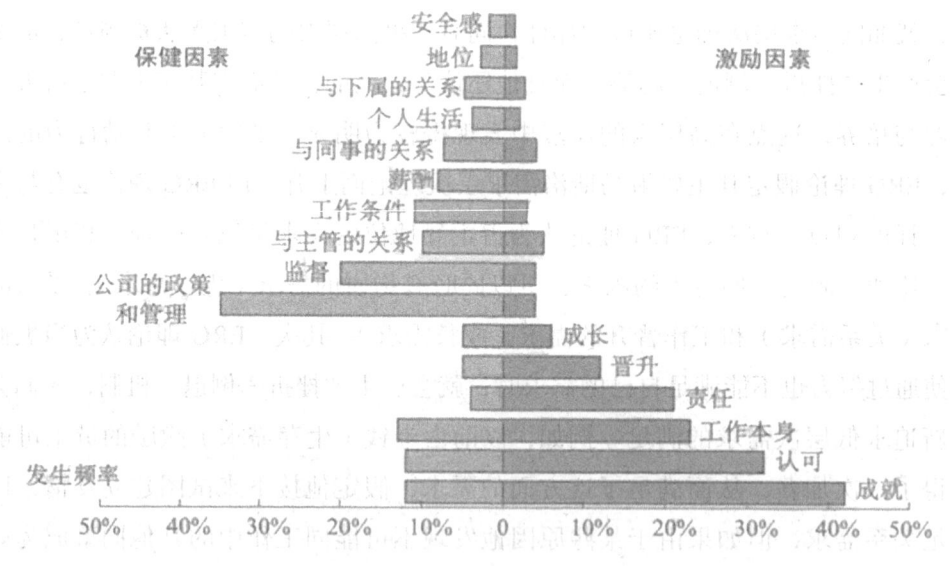

图 5-3-3 双因素的内容

同时，该理论认为，通常情况下与工作条件和工作环境有关的因素是员工感到不满意的主要因素，这些因素在双因素理论中被称为"保健因素"，其主要包含十个方面的内容，分别为公司的政策和管理、监督、与主管的关系、工作条件、薪酬、与同事的关系、个人生活、与下属的关系、地位、安全感，如图 5-3-3 所示。与卫生保健对身体健康所起的作用类似，保健因素的满足对员工也会产生相同的效果。保健即将人所处环境中的有害健康的事物消除掉，虽然人的健康水平不会因为保健而直接提高，但是通过保健可以对疾病进行预防，要注意的是预防性是其本质属性，它不具备治疗的能力。当这些保健因素的恶化水平超过某一临界点时，人们就会感到不满意。但是这些因素比较合理时，人们就不会感到不满意，但是也不会因此感到满意，此时人们处于一种类似"无情绪"的中性状态。根据双因素理论，管理者应该了解到，要想激发员工工作的积极性只能依靠激励因素，但是也要认识到为了防止员工出现不满与懈怠的情绪，必须要维持保健因素的正常水平。同时，激励因素只会让员工感到满意，也就是说当缺乏激励因素时，员工虽然会有较低的满意度或者零满意度，但是员工不会感到不满意。因此，可以发现保健因素与激励因素式互不影响，相对独立。

据此，赫茨伯格针对工作中的满意/不满意提出了自己不同的看法。传统的观点认为，"满意"的对立面就是"不满意"，因此消除了"不满意"就会产生"满意"；赫茨伯格则认为，"满意"的对立面是"没有满意"，"不满意"的对立面是"没有不满意"，消除"不满意"只会产生"没有不满意"，并不能产生"满意"。

赫茨伯格的双因素理论对于人力资源管理的指导意义在于，它能够促使管理者注意工作内容方面的因素的重要性，促使管理者在激励员工时区分激励因素和保健因素。对于保健因素不能无限制地满足，这样做并不能激发他们的动机，调动他们的积极性，而应当更多地从激励因素入手，满足员工在这方面的需求，才能使员工更加积极主动地工作。也就是说，物质需求的满足是必要的，没有它会导致员工出现不满意的情绪，但是，它的作用往往也是有限的、不持久的。要调动人的积极性，不仅要注意物质利益和工作条件等外部因素，更重要的是要注意工作安排、量才适用，各得其所，给予认可，注重给员工成长、晋升的机会。此外，在人力资源管理过程中要采取有效的措施，将保健因素尽可能地转化为激励因素，从而扩大激励的范围。例如，工资本来是属于保健因素的，但是如果将工资与员工的绩效水平挂钩，使工资成为工作结果好坏的一种反映，那么它就会在一定程度上变为与工作本身有关的激励因素，从而使工资发挥更大的效用。

4. 成就需要理论

美国心理学家麦克利兰等人自20世纪50年代开始，经过大量的调查和实验，尤其是对企业家等高级人才的激励进行了广泛的研究之后，提出了成就需要理论。由于这些人员的生存条件和物质需求得到了相对的满足，因此麦克利兰的研究主要集中在生理需求得到满足的前提下，人们还有哪些需求。对此，他得出的结论是权力需求、归属需求和成就需求。

（1）权力需求，即对他人施加影响和控制他人的欲望，相比归属需求和成就需求而言，权力需求往往是决定管理者取得成功的关键因素。

（2）归属需求，即与别人建立良好的人际关系，寻求别人接纳和友谊的需求，这种需求是保持社会交往和维持人际关系的重要条件之一。

（3）成就需求，即人们实现具有挑战性的目标和追求事业成功的愿望。

麦克利兰认为，不同的人对上述三种需求的优先级排序和比重分配是不同的。成就需求强烈的人往往具有内在的工作动机，一个企业拥有这样的人越多，它的发展就越快，获利就越多。值得注意的是，麦克利兰认为成就需求不是天生就有的，可以通过教育和培训造就出具有强烈成就需求的人。麦克利兰对高成就需求者的研究对于组织的管理，尤其是企业的管理有很大的启示。首先，高成就需求者喜欢能独立负责、可以获得信息反馈的工作环境。他们会从这种环境中获得高度的激励。麦克利兰发现，在小型企业的经理人员和在企业中独立负责一个部门的管理者中，有高成就需求的往往会取得成功。其次，在大型企业和其他组织中，高成就需求者并不一定是一个优秀的管理者，原因是高成就需求者往往只对自己的工作绩效感兴趣，并不关心别人能否做好工作。再次，归属需求与权力需求和管理的成功密切相关。麦克利兰发现，最优秀的管理者往往是对权力需求高而对归属需求低的人。如果一个大型企业的经理能做到权力需求与责任感、自我控制相结合，那么该经理有很大可能会成功。最后，可以通过对员工进行训练来激发他们的成就感。如果某项工作需要高成就需求者，那么管理者可以通过直接选拔的方式找到一个高成就需求者，或通过培训的方式培养自己的下属。

麦克利兰的动机需求理论对于管理者来说具有非常重要的指导意义。首先，在人员的选拔和安置上，通过测量和评价一个人需求体系的特征对于如何分派工作和安排职位有重要的意义。其次,由于人具有不同的需要,因此需要不同的激励方式,了解员工的需求与动机有利于合理建立激励机制。最后,麦克利兰认为动机是可以被训练和激发出来的,因此可以训练和提高员工的成就需求,以提高生产率。在进行人力资源管理时,管理者应当充分发掘和培养员工的成就需求,安排给员工具有一定挑战性的工作任务,从而使员工具有内在的工作动力。

(二)过程型激励理论

过程型激励理论关注激励是如何发生的。过程型激励理论并不试图去弄清楚有哪些激励因素,而是关注为什么人们选择特定的行为来满足其需求。具有代表性的过程型激励理论有期望理论与公平理论。

1. 期望理论

有很多学者对期望理论进行了研究,其中以美国心理学家维克托·弗鲁姆(Victor Vroom)于1964年在其著作《工作与激励》中提出的理论最具代表性。弗鲁姆认为,人之所以有动力去从事某项工作并达成目标,是因为这些工作与组织目标的达成反过来会帮助他们达成自己的目标,满足自己某些方面的需求。因此,激励的效果取决于效价和期望值两个因素,公式如下。

激励力 = 效价 × 期望值

根据以上公式,只有当效价与期望值都较高时,才会产生比较强的激励力。因此,当人们预期某一行为(个人努力)能够完成任务(个人绩效),而任务完成后能够得到组织的奖励,且组织奖励有助于实现个人目标时,个体就会有动力去实施这一行为,如图5-3-4所示,也就是说,个体是否会有动力,取决于三个关系:一是个人努力和个人绩效之间的关系;二是个人绩效和组织奖励之间的关系;三是组织奖励和个人目标之间的关系。这三个关系中任何一方面减弱,都会影响整个激励的效果。按照期望理论的观点,人力资源管理要达到激励员工的目的,就必须对绩效管理系统和薪酬管理系统进行相应的改善。在绩效管理中,给员工制定的绩效目标要切实可行,必须是员工经过努力能够实现的;要对员工实时跟进,帮助员工实现目标;同时,要能对员工的绩效进行客观、公正的评价。对于薪酬管理而言,一方面要根据绩效考核的结果及时给予各种报酬和奖励,另一方面要根据员工不同的需求,设计个性化的薪酬体系,以满足员工不同的需求。

图 5-3-4　期望理论的基本模式

2. 公平理论

公平理论是美国心理学家约翰·斯塔希·亚当斯（John Stacey Adams）于1956年从人的认识角度出发提出的一种激励理论，这一理论以社会比较理论为基础，研究个人所作出的贡献与所得的薪酬与他人（或自己）比较之后的结果，及其对员工积极性的影响。亚当斯认为，员工的工作积极性不仅受到绝对薪酬的影响，还受到相对薪酬的影响。当一个人取得薪酬以后，不仅关心自己收入的绝对值，还关心自己收入的相对值，也就是说每个人都会自觉不自觉地把自己获得的薪酬与投入的比率与他人或自己过去的薪酬和投入比率进行比较，如图 5-3-5 所示。

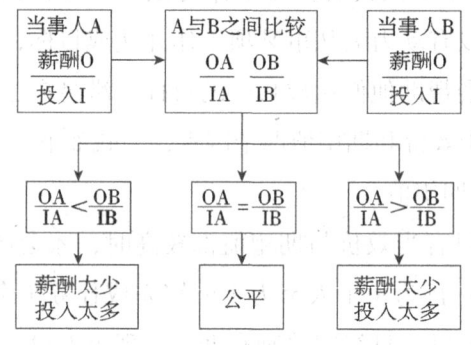

图 5-3-5　公平理论示意图

其中，O 代表薪酬，包括内在薪酬和外在薪酬，如工资、奖金、提升、赏识等；I 代表投入，如工作的数量和质量、技术水平、努力程度、时间、精力等；A 代表自己；B 代表参照系，一般是与自己水平大致相当的同事、同行、邻居、朋友等，也可以是过去的自己。与他人的比较称为社会比较或横向比较，与自己的比较称为纵向比较。比较的结果会有三种情况：当 OA/IA=OB/IB 时，人们会觉得薪酬是公平的，会保持原有的工作投入；当 OA/IA>OB/IB 或 OA/IA<OB/IB 时，人们往往会感到不平衡，产生紧张感，进而会引起动机，之后人们会采取多种方法来消除这种不平衡，寻求自己所理解的公平和合理。人们通常会采取如下 6 种方法来减少不公平感。

（1）改变投入。人们可以选择增加或减少对企业的投入来达到平衡，例如在 OA/IA>OB/IB 时增加投入，在 OA/IA<OB/IB 时减少投入。

（2）改变薪酬，由于人们一般不会主动要求降低薪酬，因此薪酬的改变主要是正向的，即通过增加薪酬来达到平衡，例如在 OA/IA<OB/IB 时要求组织给予自己更多的薪酬。

（3）改变自己对于投入和薪酬的知觉，在实际薪酬和投入没有发生变化的情况下，人们可以通过改变对这些要素的知觉来达到相对的平衡。在感受到不公平之后，我们可以改变自我评估，认为我们的贡献并不那么高，而回报则并不那么低。例如，我们也许会发现实际工作时间并不像开始时想得那么多——上班时有些时间用来社交，而不是真正的工作。

（4）改变对他人投入或薪酬的看法。例如，如果我们认为奖励不足，我们可能认为比较对象的工作时间比我们原来认为的更长——周末加班或将工作带回家。

（5）改变参照系。人们还可以通过改变比较的对象来减轻原有比较所产生的不公平感。例如，我们当前选择的比较对象也许运气好或拥有特殊的技能和能力。

（6）选择离开。也就是说，最后的出路是切换到一个完全不同的环境。换到另一个部门工作或找新的工作也许是减少不公平感的最后方法。

公平理论对管理的意义是显而易见的。首先，影响激励效果的不仅有薪酬的绝对值，也有薪酬的相对值。其次，激励时应力求公平，即使有主观判断的误差，也不会造成严重的不公平感。再次，在激励过程中应注意引导被激励者的公平心理，使其树立正确的公平观。一是要认识到绝对的公平是不存在的；二是不要盲目攀比；三是不要按酬付劳。在薪酬管理方面，就是要实施具有公平性的报酬体系，这种公平体现在内部公平、外部公平和自我公平三个方面，要使员工感到自己的付出得到了相应的回报，从而避免员工产生不满情绪。为了保证薪酬体系的公平合理，要从两个方面入手：一方面是薪酬体系的设计，如采用薪酬调查、职位评价等技术来保证公平；另一方面是薪酬的支付，要与绩效考核挂钩，"多劳多得，少劳少得"，这就从另一个角度对绩效考核体系的公平提出了要求。

早期的公平理论主要关注分配公平或者说结果公平，也就是说员工对所得到的结果的公平性的知觉。近年来，程序公平受到了极大的关注。程序公平是指员工对用来确定结果的程序和方法的公平性的知觉。莱文泽尔（Leventhal）提出了判断程序公平的六条规则。①一致性规则：对不同人员或在不同时间决策过程应该保持一致；②避免偏见规则：应该摒弃决策者个人的私利和偏见；③准确性规则：应该依据正确的信息；④可修正规则：有修正的机会及修改错误结果的申诉程序；⑤代表性规则：所有相关人员有发言的机会，并能代表所有相关人员的利益；⑥道德与伦理规则：必须符合受到普通认可的道德与伦理标准。企业在制定人力资源管理制度、政策与措施，以及日常管理过程中，可以将莱文泽尔提出的规则作为准绳，如果符合这些规则，则从程序的角度来说是公平的；如果不符合这些规则，企业就有必要进行相应的调整。

（三）行为改造型激励理论

1. 目标设置理论

目标设置理论是美国马里兰大学心理学教授埃德温·洛克（Edwin Locke）于1968年提出的。他和同事经过大量研究发现，对人们的激励大多是通过设置目标来实现的，目标具有引导员工工作方向和努力程度的作用，因此应当重视目标在激励过程中的作用。洛克提出了目标设置理论的一个基本模式，激励的效果主要取决于目标的明确度和目标的难度，目标的明确度是指目标能够准确衡量的程度，目标的难度则是指实现目标的难易程度。洛克的研究表明，就激励的效果来说，有目标的任务比没有目标的任务要好；有具体目标的任务比只有笼统目标的任务要好；有一定难度但经过努力能够实现的任务比没有难度或者难度过大的任务要好。当然，要想使目标设置理论发挥作用还必须有一个前提，那就是员工必须认可并接受这一目标。

相比公平理论，目标设置理论对人力资源管理的意义更多地现在绩效管理方面，按照目标设置理论的要求，在制定员工的绩效目标时要注意以下三个问题：一是目标必须具体明确；二是目标要有一定的难度，通俗地说就是让员工"跳一跳能够摘到桃子"；三是制定目标时要让员工一起参与，使员工能够认同和接受这一目标。

2. 强化理论

伯尔赫斯·弗雷德里克·斯金纳（Burrhus Frederic skinner）以伊万·彼得罗维奇·巴甫洛夫（Ivan Petrovich Pavlor）的条件反射论、约翰·布鲁德斯·华生（John Broadas Watson）的行为主义和爱德华·李·桑代克（Edward Lee Thorndike）的尝试—错误学习理论为基础，经过大量的研究，于1938年在《有机体的行为》一书中提出强化理论。所谓强化，从其最基本的形式来说，指的是对一种行为的肯定或否定的后果（报酬或惩罚），它至少在一定程度上会决定这种行为在今后是否会重复发生。这一理论特别重视环境对行为的影响作用，认为人的行为只是对外部环境刺激作出做的反应，当行为的结果对自己有利时，这种行为就会加强或重复出现；当行为的结果对自己不利时，这种行为就会减弱或停止。因此按照强化理论的观点，只要控制行为的后果，就可以达到控制和改变人们行为的目的。斯金纳认为，对行为进行改变可以通过四种方法来实现，具体如下。

（1）正强化，指在某种行为发生以后，立即用物质的或精神的奖励来肯定这种行为，利用这种刺激使人感到这种行为是有利的或符合期望的，从而提高这种行为今后出现的频率。

（2）负强化，也称规避，是指通过撤销负面的结果来让个体保持某种行为，或者预先告知人们某种不符合要求的行为可能引起的后果，从而使人们为了避免不良的后果而规避这种不符合要求的行为。负强化同正强化的目的是一样的，只不过两者采取的手段是不同的。

（3）惩罚，是指当某种不符合要求的行为发生后，给予相应的处罚和惩戒，以这种刺激表示对这种行为的否定，从而减少或阻止这种行为在以后的出现。惩罚虽然能够阻止某一要求行为的发生，但却不能鼓励任何一种合乎要求行为的出现，而且惩罚往往还会引起员工的抵触、厌烦情绪。

（4）撤销，指撤销某一行为原来存在的正强化，使行为逐渐降低重复发生的频率，乃至最终消失。

强化理论指出，要根据员工行为情况的不同来选择不同的强化方式，如图5-3-6所示。

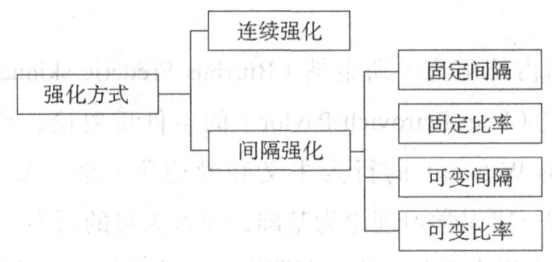

图 5-3-6　强化方式的类型

连续强化指在每次行为发生之后都进行强化；间隔强化指间隔性地进行强化；固定间隔就是在固定的一段时间后给予强化；固定比率指在确定数量的行为发生后给予强化；可变间隔指给予强化的时间间隔是变动的，但是时间的长短围绕一个平均数变动；可变比率指在一定数量的行为发生后给予强化，这一数量虽然不是确定的，但会围绕某个确定的数值变动。强化理论具体应用的一些行为原则如下。

（1）经过强化的行为趋于重复发生。所谓强化因素就是会使某种行为在将来重复发生的可能性增加的任何一种"后果"。例如，当某种行为的后果受人称赞时，就会增加这种行为发生的可能性。

（2）要依照强化对象的不同采用不同的强化策略。人们的年龄、性别、职业、学历、经历不同，需求就不同，强化方式也应不一样。例如，有的人更重视物质奖励，有的人更重视精神奖励，应就区分情况采取不同的强化措施。

（3）小步子前进，分阶段设立目标。对于人的激励，首先要设立一个明确的、鼓舞人心而又切实可行的目标。同时，要对目标进行分解，将其分解成一些小目标，对完成每个小目标的行为都给予强化，通过这种不断强化可以增强信心，不仅有利于目标的实现，而且通过不断激励还可以增强信心。

（4）及时强化。要取得最好的激励效果，就应该在行为发生后尽快采取适当的强化方法。一个人在实施了某种行为以后，即使是领导者表示"已经注意到这种行为"这种简单的反馈，也能起到正强化的作用；如果领导者不注意这种行为，这种行为重复发生的可能性就会减少，甚至消失。所以，必须在第一时间进行强化。

（5）正面强化（包括正强化与负强化）比负面强化（包括惩罚与撤销）更有效。所以，在强化手段的运用上，应以正面强化为主，必要时也要对错误的行为进行负面强化。强化理论对人力资源管理的借鉴意义在于要建立完善的绩效管理体系和奖惩制度，对员工的绩效考核不仅要注重目标，还要注重过程，要及时发现员工的有效行为和不良行为并及时给予奖励或惩罚，以达到引导和纠正员工行为的目的。其次就是要加强人力资源管理的培训活动，通过培训，有目的、有计划地训练员工的行为，通过不断强化，使员工的行为与组织的目标紧密结合起来。

三、旅游企业的激励体系整合

上述各种类型的激励理论都是从不同角度来研究激励问题的，因此都不可避免地会存在这样或那样的问题。而且，在实际工作中，人力资源管理者一般也不会完全孤立地运用某一种理论，而是会根据实际所遇到的问题，综合运用多种理论来激励员工。如图 5-3-7 所示，尝试把上面提到的激励理论进行整合，形成更系统、全面的模型。

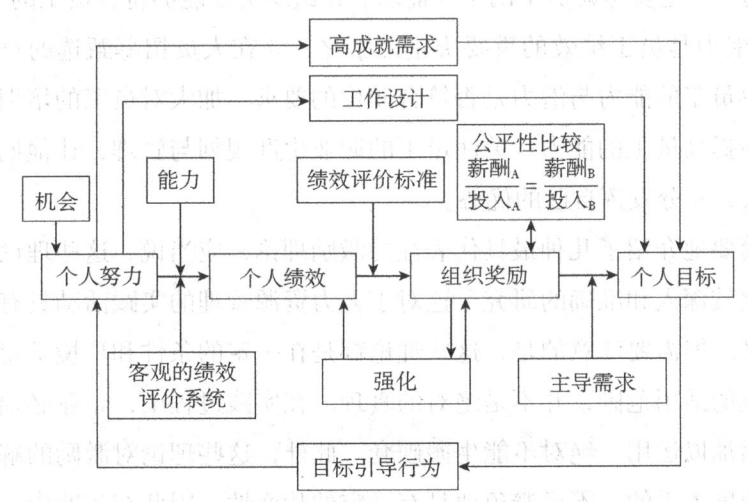

图 5-3-7 企业激励体系整合

（1）在人力资源管理的过程中，管理者与人力资源管理者需要给员工创造"机会"，这一点在中国更为明显。国内的各类单位（包括政府机关、事业单位与企业）都不缺乏优秀的人才，但是其中很大一部分人才却出现了"英雄无用武之地"的问题，要激励这些员工，首先需要为他们提供机会，创造条件，让他们能够充分发挥自己的潜能。

（2）高成就需求的人，只要从事的是自己感兴趣的事情，他们就会竭尽全力去做。他们是企业需要珍惜的人才。因此一定要想方设法帮助他们做到人岗匹配，让他们能够去从事自己感兴趣的工作。

（3）任何时候都不能忘记，工作本身很重要。在人力资源管理中，一定要注重职位设计，灵活运用工作专门化、工作轮换、工作扩大化与工作丰富化等多种手段与技术，激发员工的工作积极性。

（4）为了让员工愿意为了个人目标，去帮助企业实现目标，人力资源管理部门一定要建立科学的绩效管理体系，帮助员工设计合理的目标，让目标能够引导员工的行为；高度重视绩效跟进，确保员工能够达成个人绩效目标；建立客观的绩效评价标准与系统，以对员工的绩效进行公平的评价；绩效评价后，一定要根据员工的绩效表现，给予公平的组织奖励，以不断强化员工的行为；在对员工进行奖励时，一定要考虑员工的主导需求，让组织奖励能够符合员工的个人目标。

（5）能力是员工绩效的重要决定因素之一。在人员招募甄选的过程中，企业就要考察员工的能力与潜力是否符合职位的要求。加大对员工的培训与开发力度，以不断提高员工的能力。关注员工的职业生涯规划与管理，让他们能够有机会用己所长，充分发挥自己的优势。

上面简要地介绍了几种最具代表性的激励理论，应当说，这些理论对激励问题作出了比较深入和准确的研究，这对于人力资源管理的实践活动具有非常重要的指导意义。但需要注意的是，这些理论都是在一定的条件和环境下得出的，因此都有相应的适用范围，并不是绝对的真理。在实践过程中，企业必须根据具体的情况灵活加以运用，绝对不能生搬硬套。此外，这些理论对激励的解释基本是从不同的角度入手的，不可避免地具有一定的片面性，因此在实践中，应当综合运用这些理论。

（一）优化薪酬体系

1. 统一职级和薪酬管理，构建薪酬体系

薪酬管理部门的权限统一是保障薪酬发放科学、合理的有效保障。在薪酬管理上，企业应授予人力资源部门进行统一管理的权限，由人力资源部门对旅游企业现有各中心、各部门岗位进行梳理，统一划分层级，改变不同中心、部门层级设置不一、标准不一的格局；在年度工资总额预算范围内，对薪酬标准进行适度调整，及时向员工说明相应薪酬政策和制度，做到公开透明；同时做好薪酬管理流程梳理，取消部分中心绩效工资审核及发放权限，统一由人力资源部门进行综合管理。业务中心进行数据申报，财务部门进行数据审核，人力资源部门进行复核，分管领导审批后交由人力资源部门进行统筹发放。流程的规范化和管理的统一化，能做到及时审核和发放员工绩效薪酬，保证了激励的及时性和有效性，发挥好物质的激励作用。此外，只有规范薪酬发放和管理，才能有力保证薪酬管理的权威性，有利于人力资源管理部门管理效率和地位的提升。

2. 引入宽带薪酬结构，进行差别激励

宽带薪酬是指通过市场行业调研及相关数据分析，对不同的职位层级设置不同的薪酬区间。区间的最小数值为人才的最低薪酬，也是员工薪酬最低值，最高值为留住人才的最高值，也是员工薪酬最高值。根据岗位的价值、员工的能力和绩效在区间内进行相应定薪。

传统薪酬结构以等级制度为前提，而宽带薪酬结构能够弥补传统薪酬结构的不足，能引导员工改变传统思想及思维方式，提升自身综合素质和综合能力，发挥薪酬调整的激励作用，有利于组织的扁平化管理。宽带薪酬可以保证正向激励和负向激励的结合运用，强化激励的效果。随着员工业绩水平的逐步提升和工作经验的逐步积累，即使岗位没有调整，工资仍然可以持续增长；如在同一个工作岗位较长时间，工作积极性和绩效水平降低，薪酬也会适当降低。

3. 实现同工同酬，建立薪酬增长机制

在薪酬制度执行过程中，员工的不公平感会降低满意度和激励作用。经济报酬的公平问题能够通过系统化的方法合理解决，这些方法包括薪酬市场调查、关注生活成本、采取类似"不低于平均水平"的薪酬政策、合理设计职位分类计划等。通过这些方法，企业可以确定员工是否得到了平均水平的经济报酬，其本人也会对公平性给予认可。因此，在进行内部薪酬体系优化时，针对正式员工与劳务派遣员工同工不同酬的问题，应根据岗位实际情况进行统一调整，保障劳务派遣员工的正当权利，促进其发挥工作积极性，保障企业薪酬的内部公平性。在外部竞争性方面，应充分了解市场行业水平及物价指数，在外部薪酬调查的基础上，根据企业生产经营情况及利润情况，建立薪酬增长机制，保证薪酬对外具有竞争性，能吸引更多的人才，对内能为员工提供物质生活保障，提升员工的企业归属感和安全感。

（二）优化福利支撑体系

从企业的经营管理角度来看，福利可以协助吸引和留住员工，提升企业在员工心目中的形象，提高员工对公司的满意度。与员工的收入不同，福利一般无需纳税，相对于等量的现金支付，福利对员工具有更大的价值。从本质上看，福利是员工激励体系的重要组成部分，能提高员工的生活质量，是一种具有保护性的激励措施。巧妙运用福利措施，能够建立员工对企业的长期心理契约关系，从而增强员工归属感和组织凝聚力。

（三）优化绩效管理体系

1. 建立科学的绩效考核体系

由人力资源管理部门及相关业务部门完善公司《绩效管理办法》，综合运用KPI和BSC等绩效管理工具，运用目标考评法、等级评估法、重要事件法、序列比较法等，结合旅游企业生产经营特点和战略发展要求，构建从公司到中心、部门到员工的自上而下的绩效考核体系：明确绩效考核指标、考评办法、绩效分布、审批程序等；在季度考核基础上，增加年度综合绩效考核；对公司战略发展任务进行层层分解；将服务质量、品牌提升、财务指标等要求融入考核体系中；分解岗位的关键绩效考核指标；增加员工工作态度、工作能力、工作成果、学习成长等综合管理指标，从而将绩效管理与企业战略发展和员工个人成长融合起来，有效发挥正强化、负强化的激励作用。

2. 加强考核结果运用

通过适当的激励与有效的约束，充分调动广大员工的主观能动性与创造性，充分发挥绩效考核的鞭策作用，做到赏罚分明。不仅将绩效考核作为薪酬调整、奖励发放、年终评优的依据，还将其作为岗位晋升和聘用的重要依据，实现"能者上、庸者下"。及时淘汰不符合岗位要求的员工对于符合要求、表现优秀的员工，结合员工职业生涯发展规划制订定向培养计划，以此逐步建立人才梯队。

3. 加强绩效沟通、辅导与反馈

根据公平理论和期望理论，在明确员工的工作目标、岗位职责及应达到的绩效水平的同时，也要注重考评的结果、过程和互动公平。因此，绩效沟通、辅导和反馈是必不可少的。考评沟通是绩效管理的重要环节，是考评人/管理者和被考评人/被管理者面对面对考核结果进行确认和讨论，指出员工在工作中的优缺点和有待改进之处。通过增加沟通机会，考评人能及时了解被考评人的实际工作情况及出现问题的深层次原因，并有针对性地进行绩效辅导，为其找到提升路径，帮助其成长；被考评人也能在沟通过程中了解考评人或管理者的思路和计划，增进双方的了解和信任，在绩效辅导、沟通和反馈中实现绩效管理闭环，形成企业管理者和被管理者良性互动，从而促进企业的良性发展。

（四）建立员工持股机制

拥有员工持股计划的公司的增长速度更快。近年来，随着业务的发展，多数旅游企业的注册资本已经无法满足日常的经营需求，每年都需要向上级主管部门借款来维持运营。同时，由于旅游行业业务相对独立，为进一步扩大规模，增强经营层和核心团队的凝聚力，做到风险共担、收益共享，实现稳定持续发展的目标，引进员工持股模式迫在眉睫。因此，建议通过增加注册资本引进员工持股，调整股权结构，增强公司实力，推动旅游企业顺利转型发展。

1. 员工持股的必要性

第一，员工持股是完善企业激励约束机制的要求。在企业不断改革和发展中，企业的经营层（中高层管理人员）及业务骨干等核心人才发挥着越来越重要的作用，对核心人才建立有效的激励和约束机制是发展的趋势。目前，企业实现了部分人员的年薪制，年薪制的推行将员工的个人收入与企业的当期经济效益挂钩，但难以与企业未来业绩相连，很容易导致经营行为短期化。对经营者实行股权激励机制，让经营层持股，将企业的利益与风险同经营者捆绑在一起，将经营者的约束由外部的"事后约束"逐步转变成经营过程中的"自我约束"，形成对经营者有效的监督制约，进而提高经营管理水平，提升企业效益。

第二，经营层及骨干员工持股是推动旅游企业可持续发展的保证。旅游行业是一个完全市场化的行业，业务范围广泛，包含国内旅游、国际旅游、商务旅游、航空票务等，各块业务相对独立，其发展主要依靠业务骨干和其团队的开发和操作，其中业务骨干在包括线路设计、成本控制、营业款收取等过程中发挥着重要的作用。旅游行业又是业务骨干易流动的行业，一个业务骨干的流动往往会造成一块业务的流失，因此，业务骨干的稳定是公司健康发展的基础。通过经营层持股，构造了经营层和公司的利益共同体，经营者通过持股成为所有者，一方面有利于激发经营者的管理热情和创新意识，提高管理效率，提升公司业绩；另一方面可以稳定业务骨干队伍，为公司的发展提供相对稳定的人力资源支持。

2. 持股对象、路径

以旅游企业为载体，持股对象范围为公司中高级管理人员、部门经理、部门副经理及业务骨干。根据工作岗位的重要性，将持股对象划分为四个级别：第一个级别是总经理级；第二个级别是副总经理级；第三个级别是中心总经理、总监级；第四个级别是部门经理和业务骨干级。按以上级别划分，进行不同比例的持股。

（五）优化职业发展体系

根据全方位激励理论，对自己的职业和事业发展的期许是个体进行自我激励的最大动力来源。通过帮助员工规划职业生涯，并为其提供广阔的发展空间，可以充分发挥每个员工的才能，有效地提高员工的工作效率，进而实现公司效益的最大化。

1. 完善任职管理体系，优化晋升通道，建立轮岗机制

根据公司现行员工职位排列体系，规范岗位管理，明确岗位职责、编制和人数，细化不同层级的岗位，详细规定各层级岗位的任职条件，健全相关制度，夯实人才职业发展体系基础。建立适合各种人才特点的人才管理制度，打破单一的职务晋升模式，根据不同人才的成长轨迹，按照经营管理、专业技能两个主要序列建立"纵向畅通、横向互通"的职业发展通道体系，以激励各类人才发展并促进他们成长。

针对基础性业务岗位，在编制轮岗计划时需明确岗位的任职要求、轮岗时间安排、岗位培训、工作交接和风险控制等方面的内容。在进行综合评估后，根据员工的兴趣、工作经验和公司发展需求，经过双向沟通后进行轮岗安排。通过轮

岗机制，员工能够接触不同的工作岗位和工作内容，全面了解公司的运营情况，同时也可以激发员工的工作热情。旅游行业的复杂性导致了不同业务部门的旅游产品和团队操作方式各不相同。通过实施轮岗计划，可以帮助普通计调或销售人员不断成长，积累更多的经验，同时可以使他们了解不同部门之间工作的共同之处和特点，从而扩大知识储备量、提升个人能力。这对于公司骨干员工的培养、员工的个人发展和公司的人才储备都具有益处。

2. 对关键业务管理岗位实行岗位竞聘制度

对现有体制进行改革，推行竞争性选拔机制，定期对部门经理助理及以上职位的业务管理人员进行评估和选拔，实行"一年一考核，一年一聘用"政策，旨在激发管理人员的竞争动力和学习动力，同时为基层员工提供发展机会和成长空间。每年年底，公司会组织一个由高级管理层、职能管理团队和外部专家构成的评审小组，他们将根据"公开、公正、透明"的原则，协助组织员工参与岗位竞争评选。具有资格的员工可以自愿报名参加，经过资格审核后，需要参与岗位竞争的笔试和面试。评审小组会综合考量年度绩效、学习成长情况和岗位竞争表现，并根据统一的评价标准来确定合适的竞聘人选。评选结果确定后将被公示，若无争议，人员将被录用，进入试用阶段，试用期间表现优异者将被正式聘用。这样的招聘流程有助于改革传统管理方式和淘汰不规范的招聘方式，鼓励基层员工朝着共同目标努力，并通过工作中的不断学习，持续提升个人的业务能力和专业知识水平。这一制度可以激发员工在工作中展现出更多价值，有效地推动公司业绩的增长，同时有助于员工的个人成长并优化人员结构，促进员工的职业发展。

3. 加强人才梯队建设，打造专业化备用人才队伍

由于旅游企业员工的频繁流动，为了优化人才结构，成立一个备选人才队伍是至关重要的。此外，还需要建立一个系统性、分级的专业人才管理体系，持续创新和完善人才管理机制。通过对人员进行不同级别的培养，可以建立一个适用于旅游企业的人才培训系统，以提供逐步晋升的机会，促进人才的职业发展。针对中层业务管理职位的人才队伍，应致力于培养具备全局视野、责任感强、管理水平高、专业能力优秀的人才，以适应企业转型和提升产业发展，实行精益化管理，并确保他们能够满足公司持续发展所需要的专业化和市场化管理要求。为公

司的中层管理人员和业务管理人员提供培训，旨在提升他们的职业水平和管理能力，以培养一支人数充足、结构合理、业务能力强、具备发展潜力的备用人才队伍。设立备用人才培训制度，将培养备用人才置于部门的年度绩效考核管理之中，推动并鼓励给予备用人才更多承担责任的机会，促使他们获得更多实践经验，以加速备用人才队伍的成熟发展。为专业技能人才制订发展规划，采用灵活的管理方式，建立职业发展导师体系，指派导师给员工，充分利用导师的培训、绩效指导和个人成长功能，建立传承机制，推动个人和企业的共同发展。

（六）优化培训体系

旅游企业是一个劳动密集型产业，员工的专业水平将直接影响到服务质量，进而影响到经济效益和社会效益，因此，旅游企业应重视人才的培养，以提升其在社会中的竞争力。在企业的人力资源管理中，关键任务之一是为员工提供恰当的培训。培训有助于员工熟练掌握重要的工作技能，从而提高工作效率，提升旅游企业的服务水平。旅游企业还应重视为领导层提供培训，并确保有充足的培训经费。应建立完善的培训管理系统，定期审查培训需求，并制订专门针对这些需求的培训计划。持续改进培训体系，探索新的组织结构，调整课程内容，以促进人才培训工作的长期稳定和持续发展。通过实施全方位、多元化的培训，可以加强公司各级人才的综合素养，促进员工进步，培育并留住高素质人才。

建立稳固的培训体系，为中层业务管理人员提供综合素质提升培训，加强管理专业知识学习，提高中层管理水平。培训课程涉及宏观政策、最新行业动向、领导力发展、团队协作、企业文化转型等主题。为了提升后备人才的管理技能和整体综合能力，要重点培养他们的经营管理能力、业务技能、财务管理知识和问题分析能力，同时提升团队合作意识和执行力。为专业从业者提供专业知识和技能提升课程，以提升其职业素养，打造专业化人才团队；为新员工提供综合的培训计划，涵盖入职培训和在职培训，并充分利用内部和外部培训资源，编撰全面、细致的员工手册及专业教材用于培训。同时，将产品知识与旅游目的地知识培训相融合，并结合销售和操作技能的培训，以提高员工在岗位上的表现和发展能力。针对旅游企业员工因工作繁忙而无法集中学习的难题，可以鼓励员工利用空闲时间使用互联网进行在线学习，这样可以更灵活地管理学习进度，同时也能提升学习效果。在确保培训有效性的基础上，注重将培训结果转化为实际行动，并加强对培训成果的评估和进行员工满意度调查。利用人力资源管理 ERP 系统等最新技术手段，建立员工培训记录，以确保培训成果与员工绩效评估和人才发展之间有紧密联系。

（七）优化内部沟通机制

管理离不开沟通。沟通在企业的日常管理工作中至关重要，日常管理包括的业务管理、财务管理和人力资源管理等方面都需要有效沟通来确保工作的顺利进行。人力资源管理中的沟通至关重要，只有通过有效的沟通，才能启发员工的智慧，并挖掘员工的潜力，从而为企业创造更大的价值。针对旅游企业内部沟通不畅的情况，建议从以下 4 个方面改善沟通机制。

1. 建立上传下达的沟通执行机制，解决政令不通问题

建立并完善公司内部沟通渠道，公司领导团队可以定期召开各业务中心管理层会议，以促进信息的顺畅沟通与共享。各个中心和部门在遇到问题时要及时交流沟通，提出意见和建议，对于有效的建议应给予奖励。另外，为了避免由于沟通不畅导致业务问题的出现，需要进行相应的考核，并实施更有力度的奖惩措施，以实现政令顺畅传达，有效提高管理效率。

2. 搭建自下而上沟通反馈平台

建立各级例会和总经理信箱的沟通机制，以便员工能够提出反馈和建议，确保问题及时得到总经理的关注。此外，提高非正式沟通的频率和效率，通过运用企业微信群、QQ 群、发送邮件等方式促进员工与管理层之间的互动。不定期进行非正式沟通，能够及时发现并解决问题，以安抚员工情绪并解答疑问，满足员工的各种需求。

3. 加强员工民主参与、民主管理

参与管理可以有效激励员工全身心投入工作中，同时为他们提供表达意见、展现才华的机会，能有效提升工作效率。因此，需要通过民主选举选出职工代表，定期召开职工代表大会，让员工参与企业管理并增强他们的主人翁意识。同时，进行民主评议，定期审查公司领导层工作报告并对其进行打分评议，以实现员工对领导层和管理层的监督，增强员工自主管理企业的意识，促进企业领导层履职能力的提升，进而推动企业持续发展。

4. 梳理业务流程，加强业务管控

由人力资源管理部门牵头，各个职能部门、业务中心经理、事业部经理具体负责，对公司国内旅游业务、出境旅游业务、入境旅游业务、财务流程、航空票务业务、质量法务流程等进行梳理，形成统一的《业务管理手册》，并印刷成册，要求全体员工宣贯执行，实现业务流程简明扼要、规范透明，避免流程烦冗和重复劳动，进而使得业务沟通更加顺畅、管理更加高效。

（八）优化建设企业文化

管理的最高境界是通过塑造独特的企业文化和价值观，使员工的思维和行为方式与公司的经营理念和目标相一致，从而实现有效管理。企业文化以一种隐性的方式，通过共同的信念和行为规范来引导员工的行为，促使他们自发地参与到企业的发展中，还有利于建立全面的激励系统，包括自我激励、他人激励和互相激励。在优化企业文化建设上，针对旅游企业组织文化现状，可以从以下4个方面进行优化构建。

（1）发动员工共同参与塑造企业文化，实现企业文化的凝聚和团队协作，在鼓励全体员工共同努力、提出建议的同时，共同实现旅游企业的愿景、核心信念、使命、价值观和经营准则。特别是要激发员工的积极性，设立奖励政策以鼓励员工参与，并向提出且被采纳建议的员工给予物质奖励。随着旅游企业业务规模的扩大，近年来出现了员工流动频繁的现象。为了弥补空缺，公司会新增一些职位，并根据业务发展壮大团队规模。这些新员工具有各种社会经验和多元化的企业背景。这样的多元化将会给企业引入不同的文化观念和观点，因此必须建立一种坚固的企业文化来团结和整合员工，并通过共同的企业文化来引导和汇聚团队，实现优化企业文化的目标。

（2）加强员工思想政治建设，帮助他们树立正确的世界观、人生观和价值观，发挥核心价值观的引导作用。通过公司网站、企业社交平台等多种渠道，正确引导员工的思想，激发他们思考个人核心价值观，并在必要时调整和更新自身的价值观念，逐步让他们接受共同的价值观念，并将个人目标与企业发展和社会进步相结合，使员工在理念上保持一致，进而促进企业价值观的建设，帮助企业形成持久的竞争力。

（3）通过发挥党组织、团委和工会的作用，策划丰富多彩的企业文化活动，以此来丰富员工的精神生活。旅游企业应该采取多种方法来激发年轻党员、团员的热情，如定期举办户外拓展训练，不定期组织爬山、羽毛球、篮球等体育活动，还可以举办读书、演讲、书法、唱歌表演等文化活动。还可以为女性员工提供温暖关怀和特殊关照，策划适合女性的文化活动。除了放假并奖励员工庆祝国际妇女节外，还可以组织员工参加集体旅行或活动。建立一个"职工之家"，定期组织员工家庭日活动，提升员工凝聚力和家庭幸福感，让他们感受到企业大家庭的温暖。

（4）认可并奖励表现出色的员工和团队，使他们充分发挥典范作用。制定员工奖励制度，加强对优秀员工和团队的奖励和肯定；每年荣誉表彰优秀个人和团队，设置不同类别奖项，如最佳营销/运营奖、卓越服务奖、职业激情奖、潜力发掘奖、优秀团队奖、杰出女性奖等，扩大表彰范围，激励员工主动上进，创造更多价值；加强党组织建设，每年表彰优秀共产党员，发挥党员的先锋模范作用，营造积极合作的企业内部氛围。

第六章 旅游企业领导力创新

本章主要介绍了旅游企业领导力创新,包含领导力研究的相关理论基础、领导力概论、旅游企业实践中领导力的创新策略三方面内容。

第一节 领导力研究的相关理论基础

一、社会交换理论

(一)理论起源

社会交换理论是主张从经济学的投入与产出关系视角研究社会行为的理论。该理论将人际传播重新定义为一种社会交换现象,认为人际传播的推动力量是"自我利益",它强调个体行为出于利益最大化的目的,即个体在社会交往中通过交换资源以实现自身利益最大化。认为趋利避害是人类行为的基本原则,人们在互动中倾向增加收益、缩小代价或倾向提升满意度、降低不满意度。它主张应尽量避免利益冲突性质的竞争,应通过相互的社会交换实现双赢或多赢。

社会交换理论是产生于 20 世纪 50 年代后期并在 20 世纪 70 年代渐趋式微的一种美国当代社会理论,主要研究人们在社会交换中的基本心理过程及其交换行为之间的关系。社会交换理论本质上起源于社会学,旨在研究和阐释交换行为,因此一些社会学者试图将心理学观念融入其中。因此,在社会心理学领域中,社会交换理论被归类为社会学导向的理论。在现代社会中,社会交换理论表现出多样的形态,其中包括功能主义人类学、功利主义经济学、冲突社会学和行为主义心理学等多种研究方向。这也说明了当代社会交换理论源自多种理论基础。

社会交换理论对理解人际关系中的权衡与利益非常重要。根据该理论,个体参与社会交往的动机是寻求最大利益。这意味着人们在与他人建立和维持关系时会不断权衡成本和收益。个体会考虑自己能够获得的资源和支持，以及为此所付出的努力和成本。他们会权衡收益和成本之间的关系，并根据这种权衡决定是否继续维系这种关系。

社会交换是指个人的自愿行为，其动机是他们期望带来的回报，而且通常实际上会从他人那里带来回报。在对比社会交换和经济交换时，即在社会交换中，所涉及的义务的性质更有可能保持明确，至少在最初是这样。社会交换涉及一个人帮助另一个人的原则，虽然人们普遍期望未来的回报，但它的确切性质肯定没有事先规定。在确定行为引起了交换的可能性时，有两个关键条件需要考虑。行为需聚焦于通过与他人互动来达成目标，并且必须寻求不同途径以促进目标的实现。社会地位和权力的分化是由于个体相互之间的互惠关系，其中一些人提供有价值的商品和服务，从而获得了对应的地位和权力。

行为主义心理学家斯金纳在经济学转向社会行为学的过程中作出了重要贡献。斯金纳认为，强化是行为形成和改变的根本规律，作为研究行为的科学，心理学应当研究如何安排正负强化，实现经济、稳固地建立所需要的工具性条件反射，从而实现行为的预测并进行干预。斯金纳根据动物实验得出的一系列心理学命题几乎完全被现代交换理论所吸收。例如，在一定条件下，有机体会采取能获取最大利益和避免最大损失的行为，并在类似于曾获益情况的环境中重复有利行为，这些现象属于社会交换理论的核心原则。

霍曼斯认为："社会学的主要研究对象是人，而不是功能学派所强调的社会角色或社会结构。"[1] 他的关注点在于行为者在互动时的行为表现。他的主要目标是详细阐述社会行为的基本过程。他相信，社会群体中发生的任何事情都不应该仅仅从个人角度进行阐述，并且不能用偶然的互动事件来解释。在他尝试接受这种还原论形式时，他与布劳的观点存在显著的差异。布劳在他的社会交换和社会结构理论中主要研究了社会系统中的"涌现"特征。

（二）内涵

社会交换理论的核心思想是人们会在获得回报的预期下，参与并维持与他人

---

[1] HOMANS G C.The Humanities and the Social Sciences[J].American Behavioral Scientist, 1961, 4（8）: 3-6.

交换的关系。这个理论主要研究互相回馈的行为，也就是名为"交易"的活动以及名为"交换"的关系，这些互动过程具有双向、相互作用和互惠的特点。根据这一理论，利己主义者与他人进行交易或交换的动机在于实现个人无法单独达到的目标，如果双方觉得交换不再互利互惠，他们会立即终止这种互动。

这一理论认为每个人都拥有其他人感兴趣并有价值的物品，交易的对象和数量是由双方共同商定的。交换的对象可以是财务资源，也可以是人际资源，或两者都有。经济资源涵盖有形资源，如商品、金钱，同时也包括无形资源，如社交网络、人际关系和声誉。社会交换结果的价值取决于个体所持有的主观看法。在社会交换关系中，最有价值的成果，如社会认可和尊重，可能是无形的，而且无法用金钱来衡量。

社会交换和经济交换虽存在一些共同点，但也存在一些差异。它们的共同之处在于，都考虑了当前的贡献可能带来的未来收益。然而，在经济交易中，投资收益通常是被明确定义的，是具体化的。而在社会交换中，投资收益是不确定的，而且通常是自愿的。经济交换通常建立在等价交换的基础上，而社会交换则呈现出独有的特征。经济交换建立在短期交易上，而社会交换则建立在双方信守履行自己的长期义务的承诺的基础上。在社会交换中，短期内难免会出现一些不公平或不对等的情况，而在经济交换中则会更加公平和平等。社会交换关系具有一定的不确定性，尤其会在无法确定各方是否会对付出的努力作出相应回应时表现出来。因此，信任在社会交换理论中扮演着至关重要的角色。社会交换通常是一个循序渐进的过程，开始时会进行一些小额价值的交换，只有在彼此建立了高度信任后，才会进行更大价值的交易。信任可以通过与他人建立稳定的互惠关系来建立，并从中获取利益，还可以通过逐渐增加交换的价值进一步建立信任关系。

社会交换理论构建在以下3个基本原则之上：①交易关系引起经济或社会成果的产生（或二者兼有）；②成本效益分析是基于达到的效果来比较不同选择之间的预期成本和效益；③随着时间的流逝，通过增加收益建立互信和承诺，以加深互惠的交换关系，从而形成交换规范和期望。将社会交换和经济交换是一种选择行为，即使没有正式的讨论或书面协议，缔约方也会自觉地评估当前或潜在的交换关系的成本与收益。未来交换是否会发生主要取决于各方的满意程度能否得到保障。然而，各方并不会单一地考虑这些因素。如果人们没有履行互惠义务，就可能面临社会惩罚。然而，社会交换理论强调将个体的满意度置于维系交换关系的首要位置，将社会制裁看作次要因素。社会交换研究综合了个人主义和集体主义两种截然不同的传统观念。个人主义观点强调在交易过程中所涉及的个人心理和经济自利。集体主义强调了社会需求在群体或社会中的重要性。

互惠原则，是社会交换理论中最著名的交换规则之一，但是如何定义这个概念一直存在歧义。例如，互惠原则可以这样定义：①互为依存的交换；②文化期望；③人们必须表现的文化规范。广义互惠是利他主义的，是指无限偿还期，没有明确等价偿还，具有低自利性。平衡互惠是指同时交换等量资源。消极互惠指的是具有高自利倾向的及时和平等的资源交换。其他交换规则包括个别谈判规范、合理行动、利他主义、群体收益、地位一致及竞争。

二、资源保存理论

（一）理论起源

资源保存理论（COR 理论）的基本原则是个体倾向于积极地寻求、保持、发展和维护已有资源，并努力获取和创造新的资源。COR 理论的要点在于它是一种动机理论，认为人类的许多行为都出于对生存资源的进化需求的追求，这一概念在人类行为遗传学中具有重要地位。和其他生物一样，人类需要在个体能力和社交联系方面获得优势并保持优势。人类能够利用精细制作的工具以确保生存，并使用复杂的语言进行沟通，这种能力使人类在生活和社交中具有显著的优势。因此，人们利用重要资源不仅是为了缓解压力，还是为了在未来需要时存储可持续的资源。此外，人、家庭和组织会积极获取和保持个人资源和社会资源，从而增强他们对应对压力的能力。COR 理论在帮助人们理解个人在组织中应对压力时的重要性方面发挥了一定作用。该理论最初被作为一种压力理论，旨在为人们提供全新的视角来理解"压力"是如何影响个人的。这种观点指出，人们倾向于保护、保留和获取资源。因此，无论是实际资源损失还是潜在的资源损失，都会导致个体感到压力和紧张。具体来说，在以下三种情况下，个体会感受到压力：①当他们面临可能失去现有资源的风险时；②当已有的资源遭受实际损害时；

③尽管付出努力，但资源并未得到实质性增加时。总的来说，无论是在感知层面还是在实际层面，缺乏现有资源或未能获取新资源都有可能导致个体出现压力。COR 理论还表明，在面对压力时，人们会利用他们已经拥有的资源来获取更多资源，以减少资源的损失。在面对可能损失资源的情况下，个体也会努力维护自己已有的资源。由此可见，COR 理论的所有观点都涉及资源的保存、保护和获取。

斯蒂芬·霍布福尔（Stevan Hobfoll）最早系统地提出了 COR 理论。1989 年，他在期刊《美国心理学家》上发表了 COR 理论的奠基性文章——《资源保存：定义压力的新尝试》。2001 年，距离 COR 理论提出逾十年之际，霍布福尔在期刊《应用心理学》上发表了《压力过程中文化、社区和嵌入自我的影响：资源保存理论的发展》一文，对 COR 理论的有关内容进行了深化和拓展。在该期刊的同一期中，包括压力研究的代表性学者理查德·拉扎勒斯（Richard Stanley Lazaras）在内的多名学者通过多篇文章从不同角度对 COR 理论进行了分析，推动了该理论的进一步完善。2014 年，乔纳森·哈尔贝莱本（Jonathan Halbesleben）等人又专门围绕 COR 理论中的"资源"进行了新的阐述。在此基础上，霍布福尔等人在《组织心理学和组织行为学年度评论》上联合撰文对 COR 理论在组织研究中的应用进行了梳理和展望。

在过去近三十年间，经过霍布福尔等对 COR 理论基本观点的不断发展和完善，以及其他众多学者在各自领域对该理论的适用性的不断检验，COR 理论已成为组织心理学和组织行为学领域引用最为广泛的理论之一。按照霍布福尔最初的说法，资源是指被个人认为有价值的事物，以及可以帮助他们获取有价值的东西的途径。霍布福尔还将资源分为四种不同类型，即物质资源、条件资源、个人特质资源和能源性资源。物质资源：汽车、房地产以及工作所需的设备等具有的价值，并且这些价值主要源于它们自身的特性或者所包含的个人身份、地位等信息。条件资源：婚姻、职位和资历等，其价值取决于它们对个人未来工作和生活的潜在益处。个体特征资源：高智商、自信和积极态度等，可以帮助个人应对压力。能源性资源：时间、金钱和知识等，其资源的价值在于它们可以帮助个人获取其他所需资源。

在霍布福尔资源定义的基础上，哈尔贝斯莱本（Halbesleben）和他的团队聚焦于个体保存和获取资源的动机，重新定义了资源，即将其描述为"个体感知到有助于其实现目标的事物"①。该定义强调了个体根据对某一事物是否有助于其达成目标的主观感觉和评估来进行判断，而并非侧重于该事物实际上是否能帮助其实现目标。因此，在某种特定情境下，一些被广泛认为有价值的资源可能并非对个体有用。哈尔贝斯莱本和他的团队还提出了另外两种个体评判资源价值的方法。一种是普遍性路径，强调的是特定事物被视为资源是因为在个体文化环境中具有广泛的实用价值。健康、生活美满、家庭幸福和生命充实等是被所有人珍惜的珍贵财富，在整个社会中都被认为是宝贵的财富。另一种是特异性路径，它指出特定资源的价值在于它们与个人当前需求（或目标）的匹配程度。有些东西虽然被广泛认为是有价值的资源，但如果它们并不能帮助个人实现目标，或与个人当前需求不符，因此从特定路径来看，这些东西对个人来说是没有价值的。

在2014年，哈尔贝斯莱本等人从个体保存和获取资源的动机角度出发重新定义了资源的含义。基于此，他们总结了COR理论的核心观点，将其概括为两个原则和四个推论。2018年，霍布福尔和他的团队对COR理论进行了调整，最终将该理论的基本观点总结为一个基本假设、五个原则和三种推论（初始资源效应、资源损失螺旋、资源获得螺旋）。

根据COR理论，个体倾向于努力获取、保持、发展和保护他们认为重要的资源。这一理论的核心概念是，人们追求、保持、发展和保护资源的动机来自满足环境要求和确保生存的基本需求，这也是人类心理和行为的演变的结果。和其他社会性动物一样，人类也需要努力争取并保持个体优势以及良好的社会互动关系。与其他生物不同的是，人类可以利用精巧的工具确保个体的生存，并拥有发达的语言系统来进行交流，这对维持生存和促进社会交往都起着重要作用。因而，人们会利用现有资源来应对目前的压力，同时也会通过积极建构和守护现有资源储备（通常通过投资获取新资源）来迎接未来的挑战。

（二）内涵

资源保存理论的关键论点是，在资源充足的情况下，个体更容易获得资源，并且不太容易消耗资源。相反，资源稀缺的个体获取资源的能力较弱，同时对资

---

①HALBESLEBEN J, NEVEU J P, PAUSTIAN-UNDERDAHL S, et al.Getting to the "COR" Understanding the Role of Resources in Conservation of Resources Theory[J].Journal of Management, 2014, 40（5）: 1334-1364.

源消耗的敏感度较高。因此可以得出两种螺旋效应，一个是资源增殖螺旋，另一个是资源丧失螺旋。资源增殖螺旋是指个体拥有丰富的资源，并且其良好的资源运营能力使其更具抗风险和承压能力。研究显示，缺乏资源的个体通常承受着更大的压力，因为他们难以获得资源，同时更容易失去资源，这将导致他们的资源储备不断减少。资源丧失螺旋比资源增殖螺旋导致的资源消耗速度更快，导致资源匮乏的个体支出超过收入，资源不断减少。根据这一观点，可推断出与资源保护理论密切相关的三个重要结论。

首先是保护资源。个体更倾向于珍惜现有资源，然后考虑获取更多资源。由于资源获取具有一定挑战性，因此个体对资源的使用要更加谨慎，要有强烈的资源保护意识。因此，当个人面对资源损失风险时，为了规避不必要的损失并避免陷入资源流失的恶性循环，他们会更加努力地保护自己的财产。

其次是资源获取。尽管个体对资源保护非常重视，但增加资源获取不仅有助于增加个人资源，也有助于减轻资源损失带来的压力。在放松的工作环境中，人们可能更愿意投入努力来获取更多资源，从而推动资源的积累和增长。

最后是创造资源盈余。个体总是追求积累更多的资源，同时努力避免资源的流失，以便利用机会增值资源，以达到最终目标。在现实的工作生活中，资源有限且分配不均，人们承担着多种不同的职责。为了最大化投资回报并降低风险，个人更倾向于将资源投入能够带来更高利润的领域，从而增值并规避损失。

综上所述，资源保存理论揭示了个体保护资源、获取资源、创造资源、避免资源损失的行为动机。因此，在企业管理中，领导者因为资源、精力的有限性，会考虑采用不同的领导管理方式进行有效资源分配，从而达到企业目标。

三、自我决定理论

（一）理论起源

自我决定理论为研究不同个体的人格特点和个人行为动机提供了思路框架，是爱德华·德西（Edward L.Deci）等人在20世纪80年代提出的较为成熟完整的理论，主要围绕人的三种心理需求、三种动机展开。

该理论认为，人的三种心理需求主要是自主需求、胜任需求和关系需求。自主需求是人们都想要拥有对自身行为进行选择的自由；胜任需求是指面对当前的任务，个体有一定的把握和信心能够达到预期的结果，得到他人的肯定；关系需求是指个体处在一定社会情景中，期望被他人认可和尊重，与他人建立关系。当这三种需求均被满足时，就会激发个体动机内化的过程，从而有利于个体产生积极的行为和健康的情绪状态。

此外，自我决定理论明确了个体动机的三种核心分类：自主性动机、控制性动机及去动机。自主性动机，作为人类内在驱动力的体现，源自个体对特定目标的自发追求。它与个体的内在特质紧密相连，诸如兴趣、幸福感等积极心理状态均能激发其自主性动机，这是员工内在倾向的一种表现，独立于事件本身所附加的价值与情感之外。相比之下，控制性动机则更多地受到外部因素的影响。它源于个体希望通过完成特定任务以获取相应回报的期望，如晋升机会、奖励等，这并不一定能反映员工的真实情感与意愿。而去动机，则代表了一种非自我决定的动机状态。在此状态下，个体所从事的活动无法激发他们的兴趣，且他们难以认识到自身行为可能带来的后果，因此不会采取任何主动调整措施以推动活动的进行。

（二）内涵

"自我决定"指的是个体依据个人需求和环境信息，自主地作出行为选择。这一概念主要受人本主义心理学的启发，自我决定理论认为人本质上是积极的有机体，拥有与生俱来的成长和发展追求。然而，这种内在的积极倾向并不会自发地实现，它受到环境因素的制约。环境因素既有可能促进，也有可能抑制个体积极行为的展现。自我决定理论中关于外部环境如何影响个体行为的机制，为我们理解个体行为的形成过程提供了重要的指导意义。

第二节 领导力概述

旅游企业对于风险具有高敏感度及内在脆弱性，危机与负面威胁事件会深刻地影响旅游企业的管理策略，并促使其管理行动发生重构。这些事件迫使旅游企业全面审视并优化各类管理手段，以确保在复杂多变的逆境中持续发展与成长。

在此过程中,领导力作为核心要素,体现为领导者通过有效指引与积极影响,激励他人共同致力于组织目标的实现。在多元逆境的严峻考验下,旅游企业的领导者需勇于担当,引领下属及全体员工积极应对环境的不确定性带来的重重挑战,共同推动企业的稳健前行与可持续发展,这已成为旅游企业领导层不可推卸的重要使命。

良好的领导力和适合企业特色的领导风格,作为员工行为的外部环境因素能够直接或间接地影响个人的行为绩效。在很多研究中,都表明旅游企业领导力对员工行为的影响是多方面的,它不仅能够激发员工的潜力和积极性,促进有效沟通与协作,推动创新与变革,还能够塑造企业文化与价值观,提升员工满意度与忠诚度。

一、领导风格研究

(一) 国外研究

伯恩斯 (James Mac Gregor Burns) 通过研究将变革型领导风格基于政治导向型领导者进行了分类,他强调只有领导者的道德潜在价值观是积极的,才会对员工行为产生积极影响。相比之下,交易型领导更加注重与下属进行工作交易,而非积极激励他们去追求个人成长目标,这种方法通常只考虑短期利益。巴斯在继承了伯恩斯思想的基础上,提出了变革型领导理论。直到1993年,伯纳德·巴斯 (Bernard M.Bass) 等人提出了另外一种观点,将领导方式细分为变革型领导和交易型领导。

包容型领导风格可以被描述为一种建立在共同目标、分享愿景和相互依存基础上的领导方式,注重双赢,并强调下属在关系中的重要性。在这个基础上,"关系型领导"的核心是包容型领导。"包容型领导"主张领导在管理员工时应该把关注点放在尊重员工上,倾听他们的意见,并对员工的需求表示关心,同时领导者在与追随者互动时应该彰显出容易接近、高效和开放的态度。

此外,许多学者也研究了具有中国组织特色的企业领导方式,其中最典型的是家长式领导。家长式领导的关键特征可以概括为行为典范、倾听技巧、个性化支持和恩威并重。

魅力型领导通过出色的才能和个人魅力，在下属中悄然形成了榜样效应。他们往往具有自然的吸引力，能够影响和感染他人。在这种情况下，会产生更融洽的企业文化，这有利于提高员工绩效。然而，由于具备真正魅力的领导者并不多，因此这种领导方式的广泛运用会受到限制。另外，弗莱认为，通过满足下属对使命和成员身份的基本精神需求，领导者可以激发和推动员工提升对组织的忠诚度和生产力，这是所谓的精神型领导。

在20世纪的西方领导学研究领域，领导学研究已从品质阶段，经过行为阶段，发展到权变阶段，从20世纪80年代开始，管理学者们开始关注魅力型领导在变革型组织中的作用。围绕领导者这一核心研究主题，领导理论经历了多个层面的学术探索，包括领导者的特质研究、行为研究、权力变迁研究等。

（二）国内研究

领导风格通常指的是领导者在领导工作中展现出来的思维和行为特征，这些特征代表了个体之间一定范围内的差异，是一种相对固定的个人特质组合，可帮助个体在不同的群体和组织环境下形成特定的领导能力模式。因领导风格存在不同而被分为不同类型的领导者，被领导者则会以各种形式对领导者作出评价。内隐领导理论是一种研究领导问题的观点，它关注被领导者对领导者特质和行为的预期和信念。个体通过内隐领导将领导者与非领导者以及有效领导者与无效领导者区分开来。领导和管理虽然相关但又有不同，"愿景型""参与式"和"辱虐式"这三种领导类型经常被用来描述领导者的行为特点，但更常被用来表现领导者的风格。

目前大多数领导者研究关注领导者的积极特质，而"毁害型"（又称"破坏型"）领导风格侧重于研究领导者的有害行为和不良后果。毁害型领导是指领导者（包括主管与经理）持续展现出侵害企业合法权益的系统化行为，这些行为危害了企业的目标和任务，损耗了企业资源，影响了下属的工作动机、工作效果和工作满意度。对不同领导风格的研究有助于提升各方对正反两面领导者的认识水平，时刻牢记在关键岗位上"用好一个人，激励一大片；用错一个人，打击一大片"的效应，对形成好的选人用人导向具有重要的现实意义。研究领导风格时，学者们通常会进行接力式的研究，不同学者在某种领导风格上的研究积累到一定程度后，可能会形成阶段的综述研究成果。目前国内有关领导风格的研究情况如图表 6-2-1 所示。

表 6-2-1 领导风格类型的相关研究整理

序号	风格	含义	代表学者
1	变革型	领导者通过价值引导、激励、个性化关怀和智力激发等赋予下属工作意义，激发他们高层次需求，从而超越个人得失，实现组织目标	陈致中（2012）；陈路（2016）
2	交易型	领导者通过界定员工职务、设定员工需要达成的目标以及所能获得的奖酬，使下属通过执行任务、服从指挥完成任务作为对领导者的回报	刘金栋，郑向敏（2012）；刘小禹（2013）
3	魅力型	领导者通过自身的信仰、行为和模范作用对下属的工作态度、信仰、行为和绩效产生影响	陈致中 2013；刘小禹（2018）
4	服务型	将下属的利益置于个人利益之上，强调服务他人、满足他人的需求，从而获得下属的追随，激发下属的服务动机	里顿（Liden）(2008)，凌文辁（2008）
5	道德型	领导者通过表率和互动表现出合乎规范的行为，并通过双向沟通使下属表现出类似行为	布朗（Brown）(2005)
6	精神型	领导更加注重满足员工的高级需求，帮助员工感知自我价值，追求工作意义，不把工作当作一种利益交换的过程，而将其看作一种实现自身价值的表现	张军成，凌文辁（2011）
7	家长型	在人治氛围下，领导者表现出严明的纪律权威、如家长般的慈爱和道德的廉洁性	周浩，龙立荣（2005）；郑伯埙（2000）；陈慧敏（2013）
8	授权型	领导者通过阐明工作意义、提供自主权、传递对绩效的信心、促进参与决策等方式与下属分享权力，以提高下属的工作热情和绩效	魏华飞（2020）
9	包容型	强调以员工为中心，关怀、鼓励和支持员工，注重与员工的互动，致力于满足员工的各种工作需求，让员工保持自己的独特性，允许员工犯错，鼓励员工从失败中学习并及时给予指导和帮助	古银华（2017）；杜鹏程（2017）
10	真实型	领导更加注重领导者在道德、诚信方面的修养，通过自身素质的培养对下属产生影响，通过个人魅力为下属树立榜样来引导激励员工	许爽（2023）
11	平台型	领导者重视自己和下属的共同事业，通过拓展事业范围、提升事业质量激发自己和下属的潜能和积极性，与下属彼此成全、共同提升	郝旭光（2021）

续表

序号	风格	含义	代表学者
12	谦卑型	领导者通过正确看待自己的不足、欣赏他人的优点和向他人学习等方式激发下属的积极性，维持与下属的关系	欧文斯（Owens）（2012）
13	真诚型	领导者在与下属的互动中能够形成良好的自我意识、内化道德观、平衡信息处理和透明关系，从而促进自身和下属的共同发展	吕逸婧，苏勇（2005）；沈蕾（2018）
14	辱虐型	领导者持续表现出怀有敌意的语言或非语言行为，但不包括身体接触行为	曲如杰，王林，尚洁，时勘（2015）
15	破坏型	领导者违背组织正当利益，破坏组织任务、资源、利益和目标，损害下属工作绩效、满意度和幸福感的系统性和持续性行为	路红，凌文辁（2012）

研究不同类型的领导风格加深了我们对领导者的了解程度，并且可以基于此来进一步探讨领导风格的细分，如从性别角度来分析、通过文化视角探讨领导风格、用行业的角度分析领导风格、从不同阶段的组织发展研究领导风格。通过深入研究，研究工作和领导实践之间的结合变得更加紧密。随着对领导风格研究的深入，人们可以根据具体情况有针对性地运用研究成果，提高了这些成果在实践中的指导价值。

（三）其他相关研究

1. 领导特质理论

领导特质理论（traits theories leadership）也称素质理论、品质理论、性格理论，其理论基础来源于奥尔波特人格理论。特质理论主要研究的是领导者的个人影响力、领导者心理特质以及领导效能之间的关系。具有什么样的个人特征，什么样的个人能力才能称之为有效的领导者也是其研究的重点之一。

领导特质理论为领导研究开辟了新的视角。尽管特质理论的研究并没有详细列出某种特质理论的重要性或其优先次序，也未能建立完整的领导理论，但特质理论的研究无疑在揭示领导基本素质方面有着重要贡献。综合研究显示，拥有某种特质的领导者更可能取得成功，然而，并非所有成功的领导者都必须具备该特质，因此，没有一种特质能被视为成功的充要条件。

2. 权变理论

权变理论兴起于 20 世纪六七十年代，是经验主义学派在进一步发展的基础上构建起来的一种管理理论。在 20 世纪 70 年代后期，该理论在美国迅速崛起，并引起了学术界的普遍关注。

权变理论扩展和完善了传统领导风格理论。传统领导风格理论认为领导者的影响力主要取决于其威信、与下属的互动和工作内容等因素。而权变理论则认为，领导风格的有效性取决于情境因素，领导者需要根据不同情况灵活调整领导风格，因为情境因素是可供考虑和利用的。在不断演进的领导理论中，人们逐渐意识到理想的通用领导风格并不存在。领导风格的实际效果受多种因素影响，包括环境因素、领导者的能力和素质、被领导者的个性等，这些因素之间相互影响，相互作用，共同塑造了领导的效果。

3. 领导—成员交换理论

领导—成员交换理论由西方学者乔治·格恩（Grorge Graen）于 1975 年首次提出。这一理论主要研究了领导风格与其对过程和结果的影响。这一理论强调领导者需要了解员工对他们的信任程度及其自身所具有的技能和素质，并据此承担工作责任。格莱恩及其团队进行了一项纵向研究，探讨了在同一工作组中领导者与下属之间的关系是否持续稳定、不同领导者与员工之间是否存在着一致的双向评价。结果显示，领导和下属之间的差异主要源于他们个人的条件不同。其中一部分较为亲密，而另一部分则保持一定距离，亲近的一部分通常被称为圈内人士，而保持距离的则被称为圈外人士。圈内人士会得到领导更多的支持和关注，他们会建立一种非常亲密和默契的非正式组织，随时保持沟通以避免沟通障碍。圈外人士与领导的关系通常是建立在权力或工作基础上的，他们会在特定工作环境下相互作用，领导会监督圈外人士，如果圈外人士犯错则会受到惩罚。由此来看，领导—成员交换理论显得过于刻板，缺乏积极主动的互动，表现出的是一种对工作更为关心的导向。

4. 魅力领导理论

西方学者最早对魅力领导理论进行研究，该理论认为领导者具备极强的人格魅力，这种无形的魅力能够影响员工，使他们自愿为组织效力。并且员工会在工作过程中感受到领导所展现出来的特质，这些特质通常会对组织的决策和企业的发展产生重要影响。

二、领导力的内涵、模型及影响

（一）领导力的内涵

管理领域中有很多有关领导力的探讨和描述。美国著名的领导学专家约翰·C.马克斯韦尔（John C.Maxwell）在他的《领导人21品质》中则将领导力描述为："职位不能使一个人发挥领导力，反而是一个领导人能使职位发挥作用"[1]。美国领导力发展中心的创始人保罗·赫塞（Paul Hersey）博士则强调："领导力是对他人产生影响的过程，影响他人做他可能不会做的事情"[2]。美国哈佛商学院史蒂芬·柯维（Stephen R.Covey）博士指出领导力包括："探索航向：创造一个把使命与客户需求相结合的远景；整合体系：创造一个技术完善的工作体系；授能自主：发掘人的才能，释放能量，鼓励贡献；树立榜样：建立相互信任等四方面的能力。"[3] 管理学家斯科特·伯克（Scott Bok）认为，"领导是使组织朝向目标前进的影响行为"[4]。领导力主要体现在决策、团队建设和影响力塑造三个方面。"决策"为领导者的核心职责，在竞争激烈的市场环境下，领导者需扮演好"舵手"的角色，通过决策来指明前行道路，合理调配资源，驱动团队不断向前。"团队建设"是领导者的关键任务，领导者既要确保团队的长远发展，也要助力团队成员实现个人价值，同时在推进组织发展的过程中，培养出一支有共同目标、执行力强、团结协作且具有强烈进取心的高效团队。"影响力塑造"意味着领导者需发挥自身作用，在政府、媒体、客户等利益相关者中提升组织的声誉，为组织发展营造有利的外部环境。总而言之，领导力的核心在于影响力，它涵盖三方面能力，即能

---

[1] 约翰·马克斯韦尔.领导人21品质[M].北京：新华出版社，2003：19.
[2] 黄勋敬.领导力模型与领导力开发[M].北京：北京邮电大学出版社，2008：05.
[3] 黄勋敬，赵曙明.高层管理者"1+N"领导力模型与发展[M].北京：北京邮电大学出版社，2014：19.
[4] 黄勋敬，赵曙明.高层管理者"1+N"领导力模型与发展[M].北京：北京邮电大学出版社，2014：19.

够洞察先机、协调一致及实践执行。领导他人并非仅仅依赖职位头衔,而是需要基于个人专业技能或魅力。因此,只要能有效影响他人行为,任何人都可成为实施领导力的主体。

(二)领导力的常规模型

在本土化的中国研究领域,中国科学院的课题组经过不懈努力,依据领导流程提出了一个领导力五力模型。"根据领导力概念,领导力是支撑领导行为的各种领导能力的总称,其着力点是领导过程;换言之,领导力是为确保领导过程的顺利进行或者说领导目标的顺利实现服务的。基于领导过程进行分析,领导者必须具备如下领导能力:①对应于群体或组织目标的目标和战略制定能力(前瞻力);②对应于或来源于被领导者的能力,包括吸引被领导者的能力(感召力)及影响被领导者和情境的能力(影响力);③对应于群体或组织目标实现过程的能力,主要包括正确而果断地作出决策的能力(决断力)和控制目标实现过程的能力(控制力)。"①

领导力五力模型所涵盖的五种能力对领导者来说都至关重要,然而这些能力并不处于同一层次。在这五种领导力中,感召力是最为本质的领导能力。缺少坚定的信仰、崇高的使命感、令人敬仰的道德品质、饱满的热情、广博的知识、卓越的才能及独特的个人魅力的个体仅能担任管理者,而难以成为真正的领导者。因此,感召力被视为领导力的最高层次。然而,领导者的职责并非仅追求个人完美,更重要的是引领团队或组织实现其价值和目标。这就需要领导者能够洞察组织的发展趋势和路径,并通过影响团队成员来实现共同目标。在这方面,前瞻力和影响力可以被视为感召力的拓展与深化,它们位于中间层次。此外,领导者在指明方向之后,仍需面对实现目标过程中的各种突发状况与挑战。这就要求领导者拥有出色的决断力和控制力,以便在关键时刻能迅速作出决策、稳定局势、扭转乾坤。换言之,决断力和控制力作为前瞻力和影响力的进一步延伸,属于执行层面的领导力。

如图6-2-1所示,领导力五力模型正是由这五种核心领导能力所构成。

---

① 中国科学院"科技领导力研究"课题组. 领导力五力模型研究[J]. 领导科学,2006(9):20-23.

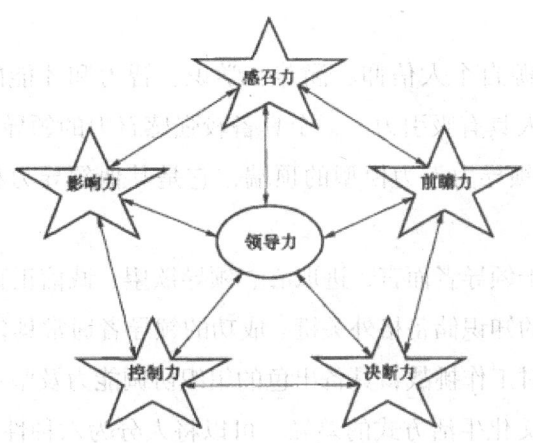

图 6-2-1　领导力五力模型

1. 前瞻力

领导者的前瞻力是指在个人战略思维的指引下，通过对组织外部环境的敏锐洞察、对所在行业发展规律的深刻理解、对组织利益相关者期望的有效整合与提升，培育并增强组织的核心能力，掌握并优化组织发展路径和组织发展的长期目标的推测能力。2002年，美国杰出的领导学专家吉姆·库泽斯（Jim Kouzes）和巴里·波纳斯（Barry Posner）进行了一项问卷调查，该调查针对全球7 500名高层领导者展开。调研结果显示，近70%的受访者认为"前瞻能力"是他们最希望具备的领导者特质。

库泽斯和波纳斯将领导者的前瞻力定义为"描绘梦想和愿景的能力"[1]，具体包括以下内容：①确定组织的目标；②共启愿景，即整合追随者和利益相关者的愿景；③了解组织的发展历史；④了解组织外部宏观环境的发展趋势和规律；⑤掌握愿景和未来规划等方面的知识。美国心理学家和领导学学者罗伯特·H. 罗森（Robert H.Rosen）在《领导的艺术》一书中把前瞻力列为"领导者必备的八项要素"中的第一要素。他认为，"领导者的前景规划是其部门的发展蓝图，是对未来可能出现的美好事物的憧憬"[2]。

---

[1] 黄勋敬. 领导力模型与领导力开发 [M]. 北京：北京邮电大学出版社，2008：43.
[2] 罗伯特·H. 罗森，保罗·B. 布朗. 领导的艺术 [M]. 北京：国际文化出版公司，2000：28.

2. 感召力

感召力是一种源自个人信仰、涵养、学识、智力和才能的内在魅力，这种人格特质往往对他人具有吸引力。一个具备较强感召力的领导者会吸引较多的追随者。感召力位于领导力五力模型的顶端，它是其他领导力相互作用而形成的结果。

研究显示，对于领导者而言，进取心、领导欲望、诚信正直、自信心、才智，以及相关工作领域的知识储备格外关键。成功的领导者通常具备强烈的成就欲望，勇于担当，敢于面对工作挑战，具备出色的组织协调能力及坚定的自信心等。

根据人们社会文化生活方式的差异，可以将人分为六种性格类型，分别是理论型、经济型、艺术型、社会型、政治型和宗教型。其中，政治型人通常是理想主义者和信念坚定者。那些政治型的杰出领导者充满自信，受理想驱动，并能引领他人共同前进。

3. 影响力

领导者的核心任务是借助对被领导者的影响来达成组织设定的目标；其影响力的强弱及范围，直接关系到领导效率与成果。现有研究表明：领导影响力在领导力中具有关键作用。影响力指的是领导者运用各种方式及技巧对追随者施加影响，并改变其思想与行动的能力，它是一种非强制性的软约束。

领导影响力与权力之间存在差异，我国部分学者将领导影响力划分为权力影响力和非权力影响力。权力影响力源于社会授予个体的职位和权力，是领导者独有的、具有法律性质的、带有强迫性的且不可违抗的一种影响力。具体而言，权力影响力的构成要素包括：①传统因素，主要指人们对领导者持有的服从感；②职位因素，即个人因职位而获得的支配下属的权力；③资历因素，是指个人过往经历对他人产生的影响力。非权力影响力的形成基于领导者的个人品质、能力和智慧，主要涵盖品行、本领、学识和情感四个方面。有学者提出，构成柔性领导影响力的基础是情感交流、关系协调和激励作用。谢晓非和陈文锋在领导者的影响方式（权力、关系和人格三个维度）上进行了实证研究，研究证实了领导者"影响下属的因素主要依赖自身魅力"①。就决定领导者影响力的因素而言，学者马

---

① 谢晓非，陈文锋.管理者个人影响力的测量与分析[J].北京大学学报（自然科学版），2002（1）：127-135.

洪波提出："就主观而言，领导者是否愿意更大范围地影响他人，是否希望更多的人追随自己行动。反映在行为上，热情地推销自己的主张，极力说服他人，喜欢拥有追随者和支持者作为内驱力，是建立在自信心基础上的对领导责任、权力和成就的追求，并且主动提高领导水平和领导艺术，提高组织效率，达到更高的领导效果，从而获得更广泛的领导力。"[1] 客观上，有三方面的因素制约着领导影响力："行业背景或从业经验""个人价值观""沟通能力"[2]。

站在社会交换的立场上，社会交换的驱动力在于期望获得他人的回馈，因此它构成了影响力的根基。社会交换中可用来交换的资源有情感、利益、技术和信息等。在交换过程中，付出较多的一方往往拥有更大的影响力。社会交换与经济交换在本质上存在不同，关键在于社会交换的客体是非明确规定的责任，而经济交换则要求双方明确待交换的物质及其数量。正是这种性质上的差异，决定了只有社会交换才能真正使个体值得信赖，且充满责任感与感激之情，而这些情感正是领导影响力的核心因素。

综合来看，影响领导力的关键因素主要有以下五点：一是动机。影响力可视为一种社会互动过程，领导者要影响他人，首先要把握追随者的内在动机。二是利益。社会交换本质上是一种利益互换，追随者追随领导者往往基于一定条件，即各种物质及精神层面的利益。三是情感联系。一旦领导者与追随者之间形成了情感纽带，追随者便有可能改变他们的看法和追求。四是权力。这里的权力基本上等同于权力影响力，是左右追随者思想和行为的有力工具。五是沟通交流。影响的根本在于领导者与追随者之间的沟通和交流。

4. 决断力

领导决断力是指领导者在面对问题时，能够迅速作出判断、选择最佳方案、执行决策并适时修正的综合能力。可以说，领导活动本质上是一些决策或决断行为的集合，而这些行为的正确与否直接决定了领导活动的成败。领导者在面临机遇或危机时，如果缺乏决断的勇气与能力，或者作出错误的决策，都可能给企业带来巨大的损失。因此，决断力是领导者不可或缺的品质。

---

[1] 马洪波. 成功领导者必备的素质（二）——影响力 [J]. IT 经理世界，1999（21）：62.
[2] 马洪波. 成功领导者必备的素质（二）——影响力 [J]. IT 经理世界，1999（21）：62.

领导决断包含五个关键要素：一是决断目标或预期收益；二是决断所涉及的风险；三是可用的决断资源；四是决断的最佳时机；五是实施决断的方法或工具。尽管其他学者还提及了其他相关要素，但它们基本上都可以归入这五个主要要素之中。

总体来讲，可将领导决断力界定为：在既定资源背景下，领导者全面考量决策风险、预期收益及决策时机，运用恰当的方式和途径，在众多可选方案中挑选最佳策略的综合能力。其中，"决"代表筹划，涉及对目标及其行动方案的探寻、提出及分析论证；"断"则指对目标及其行动方案的抉择与判断过程。

勇于决断、擅长决断是成就伟业的关键前提。正如古语所说："当断不断，反受其乱"。一个犹豫不决、畏首畏尾、行动迟滞的人，难以统领团队，更不可能取得胜利；而一个盲目冲动、仅凭个人勇武的人，同样无法获得成功。唯有那些具有强大的判断能力、决断能力与执行力的人，才能够掌握胜利的关键。快速决策体现了领导者思维的高度集中和反应的极度敏捷。他们在接收与理解信息、汇总与应用过往经验、预测与推断未来方面，都能高效完成，并迅速生成清晰的指令。领导者必须具备迅速判断和抉择的能力，如果迟疑不定、态度模糊，就难以调动下属的积极性并赢得他们的全力支持。只有领导者自身坚定，才能使他人信服；只有自己怀有坚定的必胜信念，下属才会愿意并肩作战。需要注意的是，果断决断绝不等同于轻率或莽撞，轻率和莽撞是缺乏智慧和疏忽的结果，而果断决断是经过谨慎思考和分析后果断地作出决策。

5. 控制力

领导控制力是领导者在多个方面展现的综合能力，具体包括明确和构建组织价值观、推广或确立行为规范、提拔和监察管理人员、预防和化解冲突，以及管理和应用信息等。领导者通过运用这些策略，确保组织按照预设目标运作和发展，进而达成领导意图。由此，控制力的关键性显而易见。

我国学者汪文忠从领导权力的建立和实施角度深入探讨了控制力。他主张"权力的实施就是有效地驾驭矛盾"[①]，并为了达到这一目的，他认为"可以从两方面去努力：一是从上级主管部门领导中寻求一位或几位实力人物做自己的事业导

---

① 汪文忠. 权力的基础 [J]. 企业管理，2001（9）：52-54.

师；二是通过创建总经理的团队，培养自己的干部体系"[①]。

社会控制可划分为外部与内部两大类，领导控制力的五大构成部分亦可沿用这一分类进行区分。具体来说，价值观属于内在控制的范畴，领导者无法强迫他人接受自己的价值观念，只能吸引那些与自己或企业观念相契合的追随者；信息则是外在控制的典型，领导者必须不断掌握有关追随者和企业环境的信息以进行有效控制；干部作为领导的延伸，在追随者眼中属于外部控制因素，但他们必须先进行自我的内在控制，才能承担起领导者交付的重任；规范与冲突起初只是内在控制的体现，然而领导者可以通过教导、激励，甚至强制等手段，使它们转变为追随者的内在控制。综上所述，价值观、信息、干部、规范及冲突这五个控制要素的相互作用，共同构建了领导控制力的基础模型。

（三）优秀领导力模型对旅游企业的影响研究

提升领导力的核心在于实施有效的领导行为。所以，众多研究者都致力于探究哪些领导行为能够对组织的效能产生显著的积极影响。在早期的研究中，领导行为通常被分为两大类：一是以关系为导向的行为，二是以任务为导向的行为。此外，研究者们还关注这两类行为与组织绩效、员工满意度、离职率、缺勤率等多个指标之间的关联，目的是优化领导行为，提高其有效性。

当下，领导力的成效主要体现在三个层面，即个人、团队和企业。对个人而言，领导力不仅对领导者自身有影响，对员工也会产生一定影响。学界广泛关注的对员工的影响结果既涵盖积极的方面，如责任感、使命感、认同感、信任感、心理授权感、心理所有权感、适应力、创造力、积极性、工作动力、工作成绩、专业精神、创新举动、服务导向、预见性行为、亲社会行为、组织公民行为、对组织的承诺、提出建议的行为、对组织的满意度等；也包括消极的结果，如下属的依赖性、心理困扰、情绪耗竭、压力负担、离职倾向、知识隐藏、工作与家庭的冲突、不当工作行为、沉默行为、不道德行为、反生产力行为和违规行为等。从社会交换理论和互惠原则角度考虑，领导者的积极行为往往能够为自身带来益处，提升其效用和福祉，进而促进领导者与下属的共同成长。通常情况下，领导者的收益主要分为"任务"和"关系"两大类，其中"任务"主要是指领导者自

[①] 汪文忠. 权力的基础[J]. 企业管理，2001（9）：52-54.

身的工作成效，而"关系"则侧重于领导者与下属之间的人际关系，如领导者的心理幸福感及下属对领导者的信任、忠诚、承诺等。

在团队维度上，研究人员的实证研究主要聚焦于领导力是如何影响团队的效能、互动、行为和绩效的。这些影响涉及多个积极方面，如互助行为、双元行为、创新能力、建言氛围、整体绩效、自我反思能力、知识的共享、信息的交流、团队成员的心理安全感、相互之间的信任、积极的情感氛围、对团队能力的信心、领导与成员之间的交换关系和成员的满意度等；同时也存在一些消极因素，如团队内部的冲突、沉默、负面情绪的累积和对知识的隐藏等。

在企业层面上，领导力对于营造企业创新氛围、促进企业学习、提升企业绩效、塑造企业文化、增强企业韧性，以及激发企业的创造力和创新能力都有着显著的作用。现有研究认为，真实型领导力的影响因素主要表现在个体及团队层面，这种领导力能够为领导者带来正能量，它不仅对员工的表现、行为和绩效产生积极影响，还能够正向影响团队和企业的行为和绩效。综合来看，领导力通常呈现出积极与消极两种结果导向，并且其产生的影响可以概括为对领导者自身、员工、团队及企业等多个方面的效应。

探讨领导行为的有效性时，我们必须认识到，不存在任何放之四海而皆准的行为模式。例如，注重人际关系的领导方式并不总是能够赢得员工的满意，同样地，专注于任务的领导方式也必然不会与团队效率直接挂钩。"领导的有效性受到情境因素的影响，情境因素包括领导者—成员关系、领导的职位权力和任务结构。对情境因素的关注体现出领导力研究者的思路日益缜密。在研究有效领导行为时，不可忽视文化背景、经济政治环境等宏观情境因素对其产生的影响。

考虑到这一点，我们应当依据中国特定的文化环境，并参照以往的研究成果，对有效领导行为进行更深入的探讨。北京邮电大学的陈慧教授结合中国的文化和实际情况，采用实证研究方法，提炼出了在中国环境中有效领导行为的八个关键要素"对员工的激励、对任务的控制、与员工的沟通、重视关系的建立、对员工的指导、重视团队、灵活变通、承担责任"①。

（1）对员工的激励：在工作中公正地对待每名员工；为员工创造培训机会

---

① 陈慧．有效领导行为实证研究 [J]．北京邮电大学学报（社会科学版），2006（4）：46-52．

或者给予其有益的职业发展指导；公开赞许员工的出色表现；赋予员工充分的自由以施展他们的才华；让员工在完成任务时享有一定的自主权；分配更具挑战性的工作任务和提供更多的职业晋升机会；等等。

（2）对任务的控制：搜集与工作相关的内部和外部信息，监控工作的进展和质量，并进行评估与预测；确定多项事件处理的先后顺序；明确自身和下属的工作职责；持续探索提升团队合作、生产效率和组织效能的途径；针对各项任务，确保分工明确，并将责任具体落实到个人。

（3）与员工的沟通：

重视员工的可行性建议；在工作过程中向相关员工征求意见；归纳工作中的问题并向员工进行反馈；公开影响整体的关键信息；就工作职责、目标设定、截止日期和执行预期等方面进行交流；愿意倾听并接纳员工的意见和建议；通过有效的沟通，化解与他人之间的分歧或误会；等等。

（4）重视关系的建立：领导在职业活动中重视构建和谐的上下级关系，其行为特点包括扩大自身的外部影响力，以吸引更多的支持者；采取积极策略妥善处理与上级、平级和下级的关系；行为友善且思虑周全；在员工提出尖锐问题（如直接反驳）时保持冷静；遇到冲突时能提出切实可行的解决办法。

（5）对员工的指导：对问题进行系统性的分析，协助员工寻找根源并探索解决之道；有效地指导下属的工作；及时表达个人见解，并给出合理的建议；等等。

（6）重视团队：通过树立共同的目标来加强团队成员之间的联系；提倡团队协作和集体精神的发挥；考虑其他成员的利益；注重不同班组之间的协作；等等。

（7）灵活变通：领导者能够敏锐地察觉到周边环境的变化，并实施积极的应对措施；依据任务的优先级合理分配资源，确定如何有效利用人力和物力以高效完成工作；等等。

（8）承担责任：在重要时刻为员工发声；遭遇突发事件时，敢于面对自身责任，不逃避；主动帮助员工克服难题；等等。

第三节　旅游企业实践中的领导力创新策略

一、旅游企业面临的大环境特点

（一）更激烈的全球化竞争

旅游企业不仅要面对国内市场竞争，也必须面对国际上的激烈竞争，即各个国家和地区都在加大对旅游业的投入，提升旅游产品质量和营销推广力度，争夺国际游客市场。这要求旅游企业具备全球视野，理解不同文化和市场的需求。具体来看，大型跨国旅游企业凭借其品牌、资本和资源优势，在全球范围内开展业务，形成了强大的竞争态势。此外，旅游行业还受多方面政策和法规影响，包括签证政策、旅游安全标准等，不同国家的政策、法规和地缘政治风险都可能影响旅游企业的业务运营和市场进入，因此企业需及时适应这些变化。

（二）更迅速的数字化转型

数字化转型不仅是旅游企业面临的大环境，而是几乎所有行业都在经历的变革。随着 5G 技术的成熟推广，在线预订、社交媒体营销、虚拟现实体验等数字化工具的兴起，改变了游客的决策和体验过程，企业需要紧跟技术步伐。因此，很多企业也越来越强调敏捷的数字化领导力，比如，具有数字化领导力的领导者对转型所需的结构和流程有明确的认识，他们会跟员工畅谈愿景，鼓励大家学习新技能，积极参与组织的数字化转型，从而在工作中就会更有责任感，对数字化转型也会有更强烈的使命感。从而会主动学习数字技术，改变工作方式，以适应转型带来的变化。此外，这种领导方式还能让员工在工作中表现出更高的灵活性。

（三）更多变的消费者行为

随着科技的进步和信息的快速传播，消费者获取信息的渠道变得更加多样化。社交媒体和在线旅游平台的兴起，使得人们能够更加便捷地分享和获取旅游经验和建议。这种现象进一步推动了个性化和体验式旅游的发展。随着个性化和体验式旅游日益受到青睐，消费者对服务质量和独特体验有了更高的期待。

为了满足消费者对独特体验的追求，旅游企业开始推出更多定制化的服务。例如，一些旅游企业提供私人定制的旅游行程，根据客户的兴趣爱好和需求，量身定制独一无二的旅行计划。此外，虚拟现实技术的应用使得游客在出行前就能身临其境般地体验目的地的风光，从而作出更符合自己期望的选择。与此同时，体验式旅游的兴起也促使旅游目的地不断创新。越来越多的景区和度假村开始注重游客的参与感和互动性，推出各种互动体验项目。例如，农场体验、手工艺制作课程、烹饪课程等，让游客在游玩的同时，能够深入了解当地文化和传统。

服务质量的提升同样成为旅游企业竞争的关键。从预订、接待到售后服务，每一个环节都力求做到尽善尽美。一些高端酒店和度假村甚至提供24小时管家服务，确保游客在旅途中能够享受到无微不至的关怀。此外，个性化推荐系统也在不断完善，通过分析游客的消费习惯和偏好，为其提供更加精准的旅游建议和优惠信息。

总之，随着消费者行为的不断变化，个性化和体验式旅游已经成为旅游业发展的新趋势。旅游企业只有不断创新，提升服务质量，才能在激烈的市场竞争中脱颖而出，赢得消费者的青睐。

（四）更严格的环境可持续性发展要求

随着人们环保意识的不断提升和对生态环境保护的重视，旅游企业需要更加深入地考虑其经营活动和旅游活动对环境的影响。为了实现旅游业的可持续发展，推动绿色旅游成为当务之急，这意味着旅游企业应当采取一系列环保措施，如减少碳排放、节约资源、保护自然景观和生物多样性。通过这些努力，旅游企业不仅能够减轻环境的负担，还能提升自身的品牌形象，赢得更多消费者的青睐，从而实现经济效益和环境保护的双赢局面。

二、旅游企业内部的管理要求

（一）始终强调服务导向

在当今竞争激烈的旅游市场中，旅游企业必须将提供优质服务作为其核心目标。为了实现这一目标，企业管理层需要特别关注服务流程的优化，确保各个环节高效顺畅，无缝对接。这不仅包括前台接待、客房服务、餐饮服务等各个环节的优化，还包括后台支持系统的优化，如预订系统、客户关系管理系统等。同时，提升员工的服务质量也是至关重要的。企业应通过系统的培训和激励机制使员工具备更高的专业素养和更好的服务意识。培训内容应涵盖服务礼仪、沟通技巧、问题解决能力等方面，使员工能够更好地理解和满足游客的需求。此外，激励机制应包括物质激励和精神激励，如绩效奖金、员工表彰等，以激发员工的积极性和主动性，从而为游客提供无微不至的服务体验。

总之，在旅游市场中，优质的服务是企业赢得客户的关键。企业管理层必须将优化服务流程和提升员工服务质量作为核心任务，通过全方位的努力，为游客提供卓越的服务体验，从而在激烈的市场竞争中脱颖而出。

（二）更高效地跨部门协作

旅游产品通常涉及多个方面，包括交通、住宿、餐饮、景点门票、导游服务等。这些环节需要紧密协作，才能确保游客享受到全面的服务。为了实现这一目标，旅游企业内部各部门之间需要建立高效的沟通机制和协作流程，打破信息孤岛，确保各部门之间的信息流通和资源共享。通过跨部门的紧密协作，可以更好地满足游客的需求，提升整体服务质量和客户满意度。

例如，在交通方面，旅游企业需要与航空公司、火车站、汽车站等交通运输部门保持密切联系，确保游客能够顺利到达目的地。在住宿方面，旅游企业需要与酒店、民宿等住宿机构合作，为游客提供舒适的住宿环境。在餐饮方面，旅游企业需要与餐厅、特色小吃店等餐饮机构合作，为游客提供美味的当地美食。在景点门票方面，旅游企业需要与各大景区合作，为游客提供优惠的门票价格。在导游服务方面，旅游企业需要培训专业的导游团队，为游客提供详细的景点讲解和优质的服务。

为了实现这些合作，旅游企业需要建立一个高效的、统一的内部信息平台，各部门可以在平台上发布和获取信息，以及时了解游客的需求和反馈。此外，旅游企业还可以定期召开跨部门协调会议，讨论合作事宜，解决合作中遇到的问题。

通过这些措施，旅游企业可以更好地满足游客的需求，为游客提供高质量的服务，使其感受到旅游企业的专业和贴心，从而获得美好的旅游体验。

（三）更具灵活性和适应性的管理体系

在不断变化的市场环境中，旅游企业必须具备快速调整策略的能力，以应对各种突发情况和市场变化。因此，灵活性成为企业管理的重要特征，企业需要具备敏锐的市场洞察力，及时捕捉市场动态，并迅速作出反应。同时，是否具备良好的适应性也是企业能否成功的关键，企业需要根据市场需求的变化灵活调整产品和服务，以满足不同游客的需求。通过培养灵活性和适应性，旅游企业可以在激烈的市场竞争中立于不败之地。

在这个充满挑战与机遇的新时代，旅游企业要想在竞争中脱颖而出，就必须具备敏锐的市场嗅觉和灵活的应变能力，及时调整自身的经营策略，适应市场环境的每一次变动。只有这样，才能在不断变化的市场中保持竞争力。此外，企业还需要具备强大的适应性，能够根据市场的实时需求，灵活调整其产品和服务的内容，这意味着企业要不断进行市场调研，了解游客的最新需求，并根据这些需求调整产品和服务，以确保能够满足不同游客的个性化需求。通过培养这种灵活性和适应性，旅游企业不仅能够在激烈的市场竞争中保持优势，还能够在不断变化的市场环境中找到新的增长点，从而在市场竞争中立于不败之地。

三、个人领导力的培养与提升

（一）企业常见领导力要求

1. 愿景与战略思维能力

作为领导者，必须具备远见卓识，能够制定出清晰而富有远见的愿景和战略。这些愿景和战略不仅能够指引企业顺应市场的发展趋势，还能使企业在激烈的市场竞争中脱颖而出。领导者还需要具备前瞻性的思维，能够洞察行业未来的发展方向，从而制订出切实可行的战略计划，确保企业在不断变化的市场环境中保持竞争力。

2. 创新与变革管理能力

在当今这个快速变化的商业环境中，领导者需要具备勇于创新的精神，不断推动企业进行技术、产品和服务的转型。同时，领导者还需要具备变革管理的能力，能够有效地引导变革过程中员工的心理，确保变革顺利进行。这包括消除员工的疑虑和缓解员工的抵触情绪，引导他们适应新的工作方式和环境，从而确保企业在变革中保持稳定、高效地发展。

3.跨文化交际能力

在全球化的背景下，领导者需要具备跨文化交流的能力，能够理解和尊重来自不同文化背景的员工和客户。这不仅包括语言上的沟通，还包括对不同文化习俗、价值观和行为方式的理解和尊重。具备这种能力的领导者能够更好地与来自不同文化背景的员工和客户建立信任关系，从而促进团队合作和业务发展。

4.服务意识与客户导向能力

领导者需要保持对客户需求的高度敏感，始终以客户满意为最高目标。这意味着领导者需要不断关注市场动态，了解客户需求的变化，并根据这些变化持续优化服务。通过提供高质量的服务，企业能够赢得客户的信任，从而在竞争激烈的市场中脱颖而出。

5.情感智能与激励能力

领导者需要具备情感智能，能够通过理解并管理自己的情绪、识别并影响他人的情绪，建立团队的信任和凝聚力。通过情感智能，领导者能够更好地激励员工，激发他们的潜力，营造积极向上的工作氛围。这不仅能够提升团队的整体表现，还能增强员工的满意度和忠诚度，从而推动企业的长期发展。

综上所述，旅游企业在大环境的挑战和组织管理的复杂性中，领导力的作用尤为关键，需要领导者具备多方面的能力和素质，引领企业稳健发展，满足市场和客户不断变化的需求。

（二）具体策略

1.敢于预测，提升战略决断力

首先，领导者必须深入了解自己和员工的工作内容，这包括对工作流程、职责和任务的全面掌握。为了实现这一点，领导者需要收集大量相关信息和数据，包括员工的工作表现、项目进度和市场动态等。这些信息的收集不仅限于企业内部，还应包括行业趋势、竞争对手的动态及其他外部来源。通过广泛的信息收集，可以为后续的准确预测和明智决策提供坚实的基础。

其次，领导者需要对收集到的信息进行深入分析，学会如何处理和解读这些信息。这包括识别关键数据、识别趋势和模式，以及理解不同因素之间的相互关系。通过分析，领导者可以更好地理解当前的状况和未来的可能性，从而为作出正确的预测、判断和决策打下坚实的基础。

最后，领导者需要不断地实践和训练。通过反复进行预测和决策的练习，领导者可以积累丰富的经验，提高对各种情况的敏感度和应对能力。实践表明，个人经过多次预测和决策的训练，可以有效地丰富预测经验，提高预测能力，从而提高决断力。

决断力的提高，必然会大幅提高个人在团队中的威信。当一个人能够准确地预测未来的发展趋势，并作出明智的决策时，自然会赢得团队成员的尊重和信任。这种威信的提升，不仅有助于提高个人在团队中的地位，还能有效地提升领导力。一个具有高决断力和威信的领导者，能够更好地带领团队，激发团队成员的潜力，从而达到提升整体团队绩效的目的。

2. 把握情绪，提升管理情商

情商领导力指的是领导者运用自我意识、自我管理、社会意识和关系管理等情商技能来领导团队的能力。这种领导力在旅游业尤为重要，因为旅游业注重客户服务和体验，这些都需要高度的同理心和情绪智力。

企业可以通过培训和发展计划来提升旅游从业者的情商领导力。例如，通过角色扮演、情景模拟和反思实践等方法，提高领导者的自我情绪意识和管理能力和在团队中运用情商的能力。目前有很多研究表明，情商领导力与旅游企业的绩效呈正相关。具备高情商的领导者更有激发团队的潜力，更能提高客户满意度，从而促进企业的长期成功和可持续发展。

当前，一些旅游企业已通过Voyage计划等领导力发展项目，为未来的公司领导提供实践培训和虚拟培训，全面了解酒店运营，并通过社交工具与全球同事建立联系。

3. 持续学习，提升跨文化领导力

全球化背景下，企业走向全球的先决条件之一，就是企业领导者要有"文化智能"。

多项研究明确揭示了最普遍受推崇的领导风格包括可靠性、灵活性、动机激发、智慧、决策力、信赖度及团队精神等特质。这一共识不仅体现在东方文化，亦在西方文化中得到广泛认同。相对地，不受欢迎的领导风格则包括不合作、情绪不稳定、自私自利、行为粗鲁、独裁倾向及自我中心主义，这些均是东西方领导者应努力克服并避免的领导风格。

此外，还有一些领导风格如一味服从、向上司提出质疑、圆滑处事、高度敏感及固执己见等，在评价上呈现出较大的争议性。对于服从的利弊、向上司挑战的正确性等问题，不能一概而论，因为它们受到东西方思维方式、领导风格差异、文化特性、沟通习惯及价值判断标准等多重因素的影响。在相对封闭或隔离的环境中，这些差异往往容易受到忽视，但在全球化的背景下，理解和尊重这些差异对于实现有效的跨文化领导至关重要。当今经济体系已全面融入全球化、开放化和一体化的浪潮之中，呈现出高度分工与综合集成的双重特征。交通与通信技术的飞速发展，加之IT与互联网的深度渗透，极大地拉近了人与人之间的距离。在全球化的背景下，组建国际化的团队已成为一种必然趋势。与此同时，这样的团队必然要面对员工的多样性和价值观念多元化所带来的挑战。因此，培养跨文化领导力成为一个亟待解决的核心问题。

首先，领导者应秉持客观、理性的态度，正确认识并深刻理解文化多样性的内涵，同时给予充分尊重。其次，为有效应对跨文化挑战，需强化跨文化领导的责任意识，致力于招聘与选拔具备跨文化领导能力的优秀人才。再者，沟通与互动在国际经济交流与社会生活中占据核心地位，应通过加强沟通来消除误解、增进相互理解、消除隔阂、寻求共识，以"求同存异"为原则，推动合作的深入发展。

4. 注重效率，保障令人信服的执行力

领导者如果想要获得领导权，则需展现其解决问题的能力与持续行动以达成目标的能力，即执行力。解决问题的能力，实为执行力之最佳体现。团队成员之所以依赖领导者，并非在平稳顺遂之时寻求指挥与权威，而是在面临困境与挑战时，期待领导者能够冷静应对，引领团队共克时艰。

执行力，即将组织战略转化为实际行动计划，进而实现既定目标的能力。它不仅是组织战略与目标不可或缺的构成部分，更是连接目标与结果的关键桥梁。对于卓越的领导者而言，执行力表现为一种身先士卒、亲自参与的工作态度，一种基于现实、实事求是的工作准则，一种设定清晰目标、积极进取的工作精神，以及一种快速反应、高效落实的管理方式。

至于领导者如何培养执行力，则需从多个维度入手，包括但不限于强化问题解决能力、培养持续行动的习惯、明确目标与计划、注重团队协作与沟通，以及不断反思与自我提升等。通过这些措施，领导者可以不断提升自身的执行力，从而更好地领导团队，实现企业目标。

首先，领导者需要正视企业经营过程中出现的问题，不要因为害怕面对而回避。无论是工作中出现的问题，还是下属在工作中遇到的难题，领导者都应该勇敢面对。其次，领导者需要确定待解决问题的性质，明确问题的根源和本质。这一步骤至关重要，因为它将帮助领导者更好地理解问题，并为解决问题提供方向。最后，领导者需要确定问题的优先顺序，将问题分为最重要的问题和最紧急的问题。这样，领导者可以有针对性地分配资源和精力，确保关键问题及时得到解决。

在这样的程序中反复训练，领导者可以逐渐形成自己的行事风格。通过不断实践和反思，可以找到最适合企业的解决问题的方法。同时，这种有条不紊的处理问题的方式，也会给下属留下执行力较强的印象。他们会看到领导者面对问题时的冷静和果断，从而更加愿意追随领导。更重要的是，这种行事风格和解决问题的能力，有利于构建高效的企业或部门文化。当团队成员看到领导者能够有效地解决问题时，他们会更加信任和支持领导者，从而形成积极向上的工作氛围，提高工作效率和质量。

四、组织领导力的提升与创新

（一）重视沟通机制的建立与完善

旅游企业和其他企业一样，沟通的类型无非也就是常见的六种类型：正式沟通、非正式沟通、语言沟通、非语言沟通、单向沟通、双向沟通。其中，正式沟通机制一般是遵循既定企业结构与程序的信息传递与交流活动，涵盖企业间公函往来、企业内部文件传达、严格的汇报体系及例会制度等规范化流程。而非正式沟通渠道指通过企业结构框架之外的途径进行的信息流通与思想交换，包括但不限于员工私下交流、朋友聚会中的讨论及非正式渠道的消息传播。语言沟通方式是依托语言、文字、图像、表格等多种媒介实现的信息传递与互动过程，具体细化为书面沟通与口头沟通两大类别，以满足不同情境下的沟通需求。非语言沟通手段则是采用非文字性语言符号，即超越语言及文字范畴的符号体系，进行信息传递与交流的实践，涵盖身体语言、副语言、物体操作及空间距离调整等多种形式，以丰富沟通内涵与效果。此外，单向沟通模式下，信息接收方仅负责接收信息，不向发送方提供反馈，常见于指示发布、命令下达、报告陈述及书面通知等场景，体现了信息的单向性与权威性。而双向沟通机制则强调信息发送方与接收方之间的双向互动与信息交流，通过讨论、座谈及协商等形式，促进意见的交换与共识的达成，增强了沟通的互动性与有效性。

领导者重视沟通的重要性体现在三个方面，具体如下。

首先，提高决策质量是领导者重视沟通的一个关键原因。通过有效的沟通，领导者能够更全面地了解各种情况和信息，从而作出更明智、更准确的决策。这种沟通不仅限于领导者与下属之间的交流，还包括与其他部门、团队成员及外部合作伙伴的互动。通过充分的信息交换，领导者能够更好地评估各种方案的优劣，从而选择最佳的行动路径。

其次，增强团队凝聚力也是领导者重视沟通的重要原因。良好的沟通有助于建立团队成员之间的信任和理解，从而增强团队的凝聚力和合作精神。当领导者通过有效的沟通传达共同的目标和期望时，团队成员更容易形成共识，共同为实现目标而努力。此外，及时的反馈和认可也能增强团队成员的归属感和积极性，进一步提升团队的整体表现。

最后，提升工作效率是领导者重视沟通的另一个重要原因。清晰的沟通可以减少误解和冲突，从而提高工作效率。当团队成员之间的沟通顺畅时，任务分配、进度协调和问题解决都会变得更加高效。领导者通过及时沟通，可以迅速发现并解决工作中存在的问题，避免因沟通不畅而导致的延误和资源浪费。这样，团队能够更加专注于任务本身，从而提高整体的工作效率。

综上所述，领导者重视沟通的意义在于提高决策质量、增强团队凝聚力和提升工作效率。通过有效的沟通，领导者能够更好地了解情况、建立信任、减少误解，从而带领团队达成更高的绩效。

在企业运营和管理的过程中，管理者采取的有效沟通策略表现在以下3个方面。

1. 提高思想认识

企业管理者需要提升对沟通重要性的理解，并切实改变家长式或命令式的沟通方式。建立起平等的对话机制是确保沟通顺畅和有效的根本。管理者对待所有下属应当一视同仁，且在自身与下属之间也要保持公正，真正地体现出尊重和信任。这种做法有助于将单向的、自上而下的沟通转变为双向的、平等的沟通，既包括上级对下级的指导，也包括下级对上级的反馈。唯有实现这种平等且活跃的双向沟通，才能确保信息的有效传递。此外，充分的准备工作对于沟通同样至关重要。在沟通开始之前，管理者应先设定清晰的沟通目标，并制订出详细的沟通方案。还应当鼓励参与沟通的人员展开讨论，积极搜集和分析相关信息与资料，在此基础上进行宣传和阐释，从而为企业员工创造一个和谐且积极的沟通氛围。唯有如此，才能从根本上提升企业的沟通效率，从而推动企业整体运作效率的提高。

2. 建立有效的沟通渠道

（1）倡导双向沟通，促进自下而上的信息流通。在企业正式的沟通体系里，信息的传递多采用自上而下的单一路径，这种模式下，高层与基层之间的互动交流常常被忽略，使管理者难以充分了解员工的实际需求，在进行决策时缺少必要的信息基础。

为了改善这一状况，构建高效的上行沟通渠道显得尤为重要。这需要积极倡导并实施开放、透明的企业文化，为上行沟通提供坚实的理念支撑，同时鼓励员工充分利用企业设立的正式沟通渠道，积极向管理层反馈实际情况。

此外，为了进一步优化上行沟通效果，企业还应采取一系列具体措施，包括但不限于设立专门的咨询部门，为员工提供便捷的咨询途径；制定完善的员工申诉制度，保障员工的合法权益；建立员工建议机制，激发员工的参与热情和创新思维；定期开展内部管理满意度调查，及时了解员工的真实想法和意见。

通过积极推行上行沟通，不仅能够有效纠正企业内部存在的"报喜不报忧"的不良风气，还能充分激发员工的积极性和创造力，使他们更加积极地为企业的发展贡献智慧和力量。同时，这也将为企业带来更加丰富和多元的建设性意见，推动企业在技术革新、内部管理和文化建设等方面实现持续进步和发展。

（2）提倡跨部门、跨层级沟通。企业应当积极推行合理的跨层级沟通机制，以确保员工在遇到无法直接向上级汇报的情况，或者当上级无法解决他们所面临的问题时，能够有机会向更高层级的管理人员提出申诉和反馈。这种机制的建立，旨在保障员工的合法权益，使他们能够在企业内部找到解决问题的途径。同时，企业还需要努力营造开放和包容的沟通氛围，鼓励每位员工通过电子邮件或书面报告的形式，积极向部门经理或高层管理人员提出具有建设性的意见和建议。这样的做法不仅能够促进员工与管理层之间的互动，还能够激发员工的创新思维，为公司的发展提供新的思路。此外，员工应当能够随时与人力资源部门进行交流，就他们关心的各类事项寻求解答和协助。人力资源部门应当成为员工的坚强后盾，为他们提供必要的支持和帮助，确保员工在工作和生活中遇到的任何问题都能得到及时解决。通过建立和营造这样的沟通机制和氛围，企业能够更好地了解员工的需求和期望，从而在企业内部形成一个良性互动的环境，推动企业的持续发展和进步。

（3）促进正向的非正式沟通。在企业的运营架构中，正式的工作团队是达成企业目标和保证组织运行的基础。除此之外，员工之间基于情感和共同爱好而形成的非正式群体也广泛存在，这些非正式的沟通途径在企业内部也发挥着正向的作用。然而，当企业的正式沟通体系不健全，或者高层的沟通不够充分和透明时，员工的意见和需求可能会通过非正式沟通渠道进行传播。但如果管理层对此现象缺乏重视或引导不力，这些私下的议论可能会转变为与企业文化主旨或核心价值相悖的负面言论，进而导致员工的工作积极性降低，不利于企业的团结。由此看来，企业在优化正式沟通机制的同时，应当正确处理非正式的员工交流，保证这些交流朝着有益的方向发展，进而充分利用非正式沟通渠道的积极效应。

3. 提高管理者沟通技能

（1）提高管理人员有效倾听的技能。积极倾听要求管理者设身处地地理解员工的意图，这有助于准确把握员工的观点。在倾听过程中，应保持客观理解，避免主观臆断。为了实现有效的倾听，管理者应遵循以下三个关键原则：第一，应从肯定对方的角度出发进行倾听；第二，保持开放的心态，摒弃先入为主的偏见；第三，学会及时且恰当地给予反馈。管理者要提高有效倾听的能力，首先应建立良好的倾听习惯。

（2）关注非语言信号，增强非语言沟通技巧。在倾听别人讲话时，倾听者的面部表情可能会被对方用来判断其是否在专心致志地理解对方所说的话。因此，与倾诉者进行眼神接触能够帮助倾听者保持专注，减少分散注意力的可能性，并且可以鼓励倾诉者继续表达。同时，一个优秀的倾听者会利用多种非语言方式来展示自己对所听内容的反应。例如，表示肯定的点头、表示疑惑的摇头，以及恰当的面部表情（如微笑），这些非语言的暗示都能向倾诉者表明自己在认真聆听并且理解了他们表达的内容，这有助于增强沟通的效果。

（3）强化情感层面的沟通。在日常工作中，沟通能力常常体现在管理者是否能够清晰地阐述公司的现状和未来的发展蓝图，并且通过恰当的方式让员工彻底理解公司的当前状况和长远规划。员工的归属感和认同感是管理者最宝贵的资产，也是沟通活动的核心目的。管理者需要精通口头和书面表达技巧，确保信息的传递是明确、有序、简洁且具有针对性的；同时，还应该具备优秀的倾听技巧和关注力，并对他人的意见给予尊重。除此之外，还应纠正沟通中的不良习惯，并且合理运用非语言的沟通手段，如面部表情和身体语言。在现代企业管理中，以人为本的管理理念的实施，要求管理者不仅要能够与员工进行深层次的情感交流，还要将情感因素融入管理的每个步骤中，让员工体会到自己对公司进步所作的贡献，进而激发他们的工作动力。

（4）塑造企业文化，打造理想的沟通环境。企业文化是企业传统、企业价值观和企业行为规范的综合体。首先，企业文化深刻影响着企业内部的沟通方式。其次，流畅而有效的沟通是塑造优秀企业文化的根本。鉴于此，塑造企业文化的关键在于鼓励所有员工积极思考并敢于表达自己的想法，企业应当为这种沟通提供必要的条件和机会。此外，建立专门的奖励制度来表彰那些提出创新观点的员工，可以激发员工参与沟通的热情，形成一个良性的循环。再次，建立融洽的组织人际关系对于改善沟通氛围至关重要，组织成员间应秉持尊重差异、促进理解的原则，以更有效地改善人际关系。管理者应当提倡并组织各种形式的团队活动（如户外拓展、观看演出、集体聚餐等），以增进员工之间的交流与合作，增强团队的凝聚力，并在一定程度上促进人际关系的和谐发展。

最后，工作环境作为沟通的重要媒介，其影响力不容忽视。因这些环境因素所传递的信息对沟通效果具有同等重要的影响，因此，企业需要审视工作场所的开放性和活力程度。

（5）注重沟通反馈机制的建立。反馈机制是一个完整的沟通流程不可或缺的部分，缺乏反馈的沟通不能被视为完整的沟通。为了确保沟通的完整性，首要任务是构建健全的反馈机制。

反馈机制的构建应当始于信息传递者，他们在发送信息后，需要主动提出问题并激励接收者作出积极响应，以此来搜集反馈。同时，信息传递者还应当细致观察接收者的反应，从而间接获得反馈，因为反馈既可以是直白的，也可能是含蓄的。

在交流过程中，信息接收者实际上是反馈的核心，因此，信息传递者应当积极接收并处理接收者提供的反馈，以确保组织内能够真正地实现双向交流，从而达到更为深入和高效的沟通成效。

（6）构建合理的组织架构。在思考组织的规模效应时，企业管理者必须关注由于层级过多而可能引发的信息遗失和失真，以及组织庞大可能导致的孤立现象。因此，企业应该在纵向结构上努力减少管理层级，以此缩短沟通链条，保证信息的顺畅传递，降低出现干扰、延迟和错误等问题的可能性。同时，应该拓宽沟通途径，采用多样的沟通手段来促进信息流通。在横向的部门之间，应增强跨部门的协作与交流，加强部门之间及其成员之间的联系。

另外，成立专门的沟通部门对于提升沟通效果极为关键。尽管非正式的沟通方式在某些情况下是有益的，但它容易受到管理者个人喜好和偏见的影响，这可能会严重降低沟通的效果。因此，建立专门的沟通机构，通过规范化的沟通流程来提升沟通的效率与质量是非常必要的。

（二）恰当授权

在当今社会，随着管理活动的日益复杂化，领导者逐渐认识到授权的重要性。通过授权，领导者可以把自己从琐碎的事务中解放出来，从而有更多的时间和精力去关注和处理那些更为重要的事务。这种做法已经成为实现有效领导的客观需求。

授权的过程既包含科学的成分，又涉及艺术的元素。科学性体现在授权需要遵循一定的原则和方法，确保任务能够顺利地从领导者手中转移到被授权者手中。而艺术性则体现在领导者需要根据具体情况灵活运用这些原则和方法，以达到最佳的授权效果。掌握一定的授权艺术，是确保授权工作顺利进行的重要条件之一。

所谓授权，最简洁明了的定义是"让别人去做原本属于自己的事情"。然而，这并不意味着领导者可以随意地将任务交给下属，而是在充分信任和评估下属能力的基础上，合理地分配任务，确保每个人都能在其擅长的领域发挥最大的作用。通过这种方式，领导者不仅能够提高团队的整体效率，还能培养和激励下属的成长和发展。

授权与管理之间存在着密切的联系，全球范围内，许多现代化程度较高的公司已经广泛采用了授权这一管理策略。授权为现代组织带来的是一种全面的变革。对于管理者而言，授权引发的一系列变化无疑是一笔宝贵的财富，那些追求卓越的管理者正是利用这些财富来培养他们的员工和团队，推动组织的发展。当然，在授权的辉煌表象之下，隐含着管理者们精湛的授权管理技巧，这些技巧帮助管理者在授权过程中找到了提升管理效率的良机。需要提醒的是，管理者若想在授权的全过程中建立信任，必须始终保持真诚，让员工感受到被信任。如果在授权的各个环节中言行不一、表里不一，就会损害员工的尊严，破坏与员工的关系，最终受损的还是管理者自己。具体而言，在实践授权时，领导者需要留意以下几个方面，做到心中有数。

1. 视能授权，心中有数

在进行授权时，必须仔细考虑授权的规模、界限和接受授权的人员。明确理解哪些任务和职责是适合授权的，以及应该将这些任务和职责交给什么样的人来承担，这一点至关重要。如果在这方面处理不当，没有进行充分考虑和评估，那么授权可能会产生适得其反的效果，甚至带来一系列负面的后果。因此，在授权过程中，领导者必须谨慎行事，确保每一个决策都是经过深思熟虑的，以避免可能产生的负面影响，确保授权能够顺利进行并达到预期的效果。

2. 权责明确，形式合理

在赋予权限时，领导者需要向接受授权的人明确说明任务的责任界限、完成的指标和权力的边界，确保他们了解自身拥有哪些权限、权限的大小，以及伴随而来的责任是什么。此外,授权要掌握"度",既不能过小,也不能过大。过小就压抑了接受授权人员的积极性,起不到应有的作用;过大就可能失控,导致命令、指示难以执行。

在进行授权时,我们必须根据所授权力的规模和重要性来选择合适的授权方式。这不仅包括书面形式的授权文件,有时甚至需要通过举行正式的授权仪式来完成。通过这种方式,可以达到以下三个目的。首先,当众进行授权可以向被授权者传递一部分的领导影响力,从而增强被授权者的声望和威信。其次,通过庄严的仪式可以进一步强化被授权者的使命感和责任感,使他们在履行职责时更加坚定,并全力以赴地奋斗。最后,这样的公开授权也能让下属清楚地了解所授权力的具体内容,从而方便被授权者在行使权力时得到支持和配合,顺利开展工作。这样的做法不仅有助于提高工作效率,还能确保权力的正确使用,避免权力被滥用和受到误解。

3. 有效控制,关注下属培养

"疑人不用,用人不疑",这句古语强调了在授权过程中信任的重要性。领导者在授权给下属时,必须充分信任他们,相信他们的能力和判断力。只有在充分信任的基础上,授权才能真正发挥其应有的作用。授权不仅仅是赋予下属一定的权力和责任,更是对他们的信任和认可。在授权范围内,领导者应该放手让被授权者大胆去处理事务,充分发挥他们的积极性和创造力。

然而,授权并不意味着完全放任不管。没有可控性的授权是不负责任的放权。授权者应当在授权过程中保持对全局的掌控,密切关注计划的进程。他们需要时刻关注可能出现的偏离目标的局部现象,并及时进行协调和调整。这样,领导者才能确保整个团队朝着既定目标前进,避免因局部问题而影响整体计划的实施。领导者要充分理解和运用控制权力的常用技巧。如抓大放小,把小的事尽可能放心地交给下属去完成,并通过此过程来培育和挖掘下属的能力。一个组织要实现其既定战略目标,仅靠领导者一个人的力量是不够的,要想在竞争中取得优势,更重要的是要懂得培养下属、发展员工。

同时,授权者还应对被授权者实行必要的监督。监督并不意味着对下属的不信任,而是为了确保他们在授权范围内正确行使权力,避免滥用职权或偏离既定目标。通过适当的监督,领导者可以及时发现问题并给予指导,帮助下属更好地完成任务。这样，既能保证任务的顺利完成，又能培养下属的责任感和自我管理能力。

总之，授权是一个需要领导者充分信任和谨慎控制的过程。在授权过程中，领导者应放手让下属大胆地去处理事务，同时保持对全局的掌控和必要的监督，以确保任务的顺利完成。只有这样，授权才能真正发挥其应有的作用，才能激发下属的积极性和创造力，推动团队朝着既定目标前进。

（三）建章立制与情感激励并行

通过引入良性的竞争机制，可以有效地激发员工的活力和积极性。这种竞争不仅能够促进员工之间的相互学习和进步，还能激发他们的创新思维和工作热情。同时，建立完善的激励机制，能够充分调动下属的潜力，使他们在工作中发挥出最大的潜力和创造力。当员工表现出色时，应当给予适当的奖励，以示肯定和鼓励；而当员工犯错或表现不佳时，也应当及时予以惩罚，以警示和纠正他们的行为。

此外，情感投资也是管理中不可忽视的重要方面。许多研究表明，领导的支持性行为和情感投入会正向影响员工的组织认同感和组织支持感。当员工感受到领导的关心和支持时，他们会更加认同组织，更加愿意为组织付出努力。这种情感上的投资不仅能提升员工的工作满意度，还能显著提升他们的绩效和工作效率。因此，作为领导者，应当注重与员工建立良好的情感联系，通过关心他们的工作和生活，营造一个和谐、积极的工作氛围。在采用这两种方式时要注意以下原则。

（1）激励指向明确。激励的明确性原则是指在实施激励措施时，必须确保其目标和方法的清晰性和透明度。这一原则包含以下三个方面的具体含义。

第一，明确性是激励原则的核心。这意味着在激励过程中，必须清楚地向员工传达激励的目的，即需要他们完成什么样的任务以及必须采取什么样的具体行动。这种明确性有助于员工理解期望，从而更好地调整自己的行为以符合组织的目标。

第二，公开性是激励原则的重要组成部分。特别是涉及员工普遍关心的问题，如奖金分配、晋升机会及其他物质奖励时，必须确保整个过程的公开透明。公开性可以增强员工对激励制度的信任，减少误解和不满，从而增强激励措施的有效性。

第三，直观性是激励原则的关键要素。在实施物质奖励和精神奖励时，需要直观地展示出具体的标准和指标，使员工能够清楚地了解自己在哪些方面做得较好，哪些方面有待改进。同时，奖励和惩罚的方式也需要直观地呈现，以便员工能够明确地看到自己的努力与回报之间的直接联系。直观性与激励措施对员工心理效应的影响成正比，即越是直观的激励措施，越能够有效地激发员工的积极性和参与度。

综上所述，激励的明确性原则要求企业在实施激励措施时，必须确保目标和方法的明确性、公开性和直观性，这样才能最大限度地发挥激励的作用，提高员工的工作积极性和组织的整体绩效。

（2）关注激励的时效。在激励他人时，选择合适的时机至关重要。正如"雪中送炭"和"雨后送伞"所揭示的那样，两者的效果截然不同。前者在人们最需要帮助时给予支持，能够使人产生巨大的感激和动力；而后者则在危机过后才提供帮助，虽然也有一定的积极作用，但其影响力显然不如前者。因此，激励的及时性对于激发员工的激情和创造力具有至关重要的作用。在恰当的时刻给予激励，就能有效地将员工的热情推向高潮，使他们的创造力得以连续且有效地发挥出来。这种及时的激励不仅能增强个体的动力，还能在团队中营造一种积极向上的氛围，从而推动整体目标的实现。

此外，个体的需求存在多样性，以及一个人在不同阶段也可能面临各种各样的需求。因此，相同的激励策略对不同个体的影响可能会有很大的差异。企业在设计和执行激励措施时，首要任务是深入了解每位员工的实际需求，并将这些需求进行恰当的分类和整理，随后才能制定出相应的激励方案。对于处于不同需求层次的员工，应采取不同的激励方法，以确保激励措施能够真正满足他们的需求。

具体来说，企业需要关注员工在不同阶段的需求变化。例如，刚入职的员工可能更需要培训和指导，而经验丰富的员工可能更关注职业发展和晋升机会。此外，员工的个人兴趣、家庭状况和工作环境等因素也会影响他们的需求。因此，在制定激励方案时，需要综合考虑这些因素，以便更好地满足员工的多样化需求。

在实际操作中，可以采用问卷调查、面谈等方式，了解员工的具体需求，并进行详细的记录和分析。随后，针对员工的个性化需求和特质，量身定制激励策略。例如，对于热衷于职业晋升的员工，可以提供丰富的培训课程和多样的职业发展路径；对于希望平衡工作与个人生活的员工，可以实行弹性工作制并提供远程工作的选项。总之，只有深入了解员工的实际需求，并根据这些需求制定相应的激励方案，才能真正激发员工的工作热情和创造力，从而提高团队的整体绩效。

（3）激励目标设置合理。在设计激励机制的过程中，目标设定这一环节显得尤为重要，因为它直接关系到整个激励体系能否有效运作。目标的设定必须与组织的总体目标保持高度一致，否则激励措施可能会偏离正确的轨道，无法有效地促进组织目标的实现。此外，目标设定还应当充分考虑员工个人的需求和期望，因为只有当员工感受到个人的目标受到重视并得到满足时，他们才会对目标产生真正的价值认同，而这种认同感正是激励效果得以实现的关键。

为了确保激励机制能够发挥最佳效果，组织目标与个人目标之间必须实现恰当的融合。这意味着在设定企业目标时，应当融入更多个人目标的元素，使员工感受到他们的个人发展与企业的发展是紧密相连的。同时，个人目标的达成也应当与为实现企业目标所做的努力紧密相连，这样员工在追求个人目标的过程中，也会自然而然地为企业目标的实现作出贡献。

具体来说，企业设定的目标应当具备以下三个特点：首先，目标应当具有明确性和可衡量性，以便员工能够清楚地了解自己的工作目标和期望成果。其次，目标应当具有挑战性，同时也要确保其可实现性，以激发员工的积极性和创造力。最后，目标设定还应当具有一定的灵活性，以便在必要时进行调整，以适应组织和员工不断变化的需求。

总之，只有在目标设定过程中充分考虑企业目标与个人目标的融合，确保两者之间的紧密联系，才能真正发挥激励机制应有的作用，即促进组织目标的实现的同时满足员工个人的需求，从而达成双赢。

（4）正强化与负强化相结合。美国心理学家斯金纳经过长期研究，提出了"强化理论"[1]，该理论强调管理者在激励员工时，需要将正强化与负强化相结合。正强化指的是管理者对员工展现出的与组织目标和预期相符的行为作出积极回应，如给予适当的奖励。通过这种方式来增加这种行为在未来发生的频率，从而提高员工的积极性和工作效率。例如，当员工在工作中表现出色或超额完成任务

---

[1] 李享章，石红. 管理学原理 [M]. 上海：立信会计出版社，2006：254.

时，管理者可以给予物质奖励、晋升机会或公开表扬等正向激励，以鼓励员工继续保持和发扬这种积极的工作态度。

与此同时，负强化则是指对员工违背组织目标和期望的行为进行适当的惩罚或纠正，目的是减少或消除这种不良行为的发生。例如，当员工迟到、早退或工作表现不佳时，管理者可以采取警告、扣发奖金或调整岗位等措施，以促使员工意识到错误并积极改正，从而避免类似问题再次发生。通过负强化，管理者可以有效地维护组织的纪律和秩序，确保团队良性发展。然而，负强化虽然在某些情况下是必要的，但其使用需要谨慎，因为过度的惩罚可能会导致员工产生挫败感和抵触情绪，甚至可能引发员工的消极行为和心理问题。因此，在实际管理过程中，领导者应当尽量以正强化为主，负强化为辅，巧妙地将两者结合起来，以达到最佳的激励效果。通过这种方式，管理者不仅能够直接影响当事员工的行为，还能间接地影响周围其他员工。正强化可以树立积极的榜样，激励其他员工效仿，而负强化则可以作为反面典型，提醒其他员工避免犯同样的错误。这样，整个团队和组织的行为模式将变得更加积极向上、充满活力，从而提高整体的工作效率，增强团队凝聚力。

（5）物质激励与精神激励相结合。员工不仅有物质上的需求，同时也存在精神上的需求。因此，在激励员工时应当采取一种综合性的方法，将物质激励与精神激励相结合。物质激励主要针对员工的基本需求，这些需求通常被认为是较低层次的，因为它们与生存直接相关。然而，尽管物质激励在表面上能够起到一定的激励作用，但其激励效果往往是有限的，无法深入触及员工的内心世界。

在社会生产力持续进步和员工素养日益提升的背景下，激励机制应逐步聚焦于满足员工更高层次的需求，如归属感、受到尊重及自我价值实现等方面。这些需求恰好对应了马斯洛需求层次理论中的中、高层级需求，它们能够更好地激发员工的内在动力和创造力。

在实际操作中，我们必须避免采取极端的做法。如果过于依赖物质激励，可能会导致拜金主义的盛行，使员工过于追求物质利益而忽视了精神层面的追求。相反，如果过分依赖精神激励，可能会陷入唯意志论或精神万能论的误区，认为仅凭精神力量就能解决所有问题。历史已向我们有力地证明了，过度迷信物质激励或精神激励都是片面的，甚至是有害的，企业应该在物质激励和精神激励之间找到一个平衡点，以实现最佳的激励效果。

（6）外激励与内激励相结合。根据赫茨伯格的双因素理论，保健因素和激励因素是实现外在激励与内在激励相结合的关键途径。保健因素主要作用于员工的外部环境，通过满足员工的基本需求，如薪资、工作条件、公司政策和管理等，消除其不满情绪，使员工能够在一个相对舒适和稳定的工作环境中工作。这种外部环境的改善，能够有效地激发员工的工作积极性，使他们更加愿意投入工作中。

激励因素的核心在于关注员工的自尊心与自我价值的实现，从而从内心深处激发他们的工作热情。有效的激励因素涵盖工作内容的挑战度、获得的成就感、他人的肯定与赞赏、承担的责任，以及个人职业成长与发展的诸多机遇等方面。这些因素能够激发员工的内在动机，使他们在工作中感受到自我价值的实现和满足。通过满足这些需求，员工会更加积极主动地投入到工作中，并表现出更高的工作热情和创造力。

将保健因素和激励因素有机结合，不仅能够使员工从工作本身及其环境中获得高度满足，增强对工作的兴趣与投入，还能通过任务的完成，使员工感受到光荣、自豪、成就与自我实现。这种由内外激励共同产生的工作动力，相较于单一的外激励或内激励，更为深刻且持久。因此，在激励策略的制定与执行中，领导者应以内激励为主，同时巧妙融合外激励，以期实现事半功倍的效果。

具体来说，领导者应当关注员工的个人成长和职业发展，为其提供必要的培训和学习机会，帮助员工提升技能和知识水平。同时，领导者还应当注重工作设计，使工作更具挑战性和意义，让员工在完成任务的过程中感受到成就感和自我价值的实现。此外，领导者还应当建立公平合理的奖励机制，对员工的努力和贡献给予及时的认可和奖励，从而激发员工的内在动机和工作热情。总之，通过内外激励的有机结合，领导者可以更好地激发员工的工作动力，提高员工的工作满意度和绩效，从而实现组织和个人的共同发展和进步。

上述原则就是在提升领导力，且在制度与情感两方面平衡并行时应该注意的关键点。在实践操作中，旅游企业应该把握好这个"度"，把激励效果发挥到最大，充分发挥内部领导力在提升企业绩效过程中的作用。

参考文献

[1] 张鹏.旅游企业人力资源管理[M].北京：中国纺织出版社，2018.

[2] 卢海萍，邹学家，曲丽秋.旅游企业人力资源管理[M].北京：北京理工大学出版社，2018.

[3] 陈彦章.旅游人力资源管理[M].北京：电子工业出版社，2013.

[4] 余昌国.旅游人力资源开发[M].北京：中国旅游出版社，2003.

[5] 陈秋萍.旅游人力资源管理[M].武汉：华中科技大学出版社，2021.

[6] 杨红.旅游企业人力资源激励理论与合作机制研究[M].长春：吉林人民出版社，2011.

[7] 沈雁飞.旅游景区人力资源管理[M].北京：旅游教育出版社，2012.

[8] 夏林根，张懿玮，王立龙.旅游企业管理[M].上海：上海人民出版社，2012.

[9] 夏林根.旅游经营资源概论[M].太原：山西教育出版社，2003.

[10] 徐学书.旅游资源开发与保护[M].南京：东南大学出版社，2009.

[11] 张哲源.产业融合视阈下体育旅游企业人力资源问题浅析[J].大庆社会科学，2020（4）：122-125.

[12] 童斌.旅游企业人力资源绩效管理的创新探讨[J].人才资源开发，2020（2）：53-54.

[13] 夏筵.我国农业旅游企业人力资源管理问题与改善措施研究[J].福建茶叶，2019，41（11）：221.

[14] 张芝敏.浅谈人力资源的柔性流动管理——以旅游企业为例[J].人力资源，2019（18）：20-21.

[15] 王秀苗.角色扮演法在《旅游企业人力资源管理》课程教学中的应用[J].枣庄学院学报，2019，36（5）：125-130.

[16] 潘俊. 广西旅游企业人力资源管理的问题与对策——以桂林市和贺州市为例 [J]. 沿海企业与科技, 2019（4）：17-19.

[17] 哈静, 吴珍梅. 基于优质旅游需求下旅游企业人力资源网络化管理研究——以安徽旅游企业为例 [J]. 成都师范学院学报, 2019, 35（5）：60-65.

[18] 边喜英. 基于优质旅游需求下的旅游企业人力资源测评研究——以旅行社计调人员为例 [J]. 旅游论坛, 2019, 12（2）：49-56.

[19] 于艳艳. 柯式模型在旅游企业人力资源培训效果评估中的应用研究 [J]. 商场现代化, 2018（4）：107-108.

[20] 黄勋敬. 领导力模型与领导力开发 [M]. 北京：北京邮电大学出版社, 2008.

[21] 于玲玲, 段东山, 刘秀. 管理学 [M]. 北京：北京理工大学出版社, 2022.

[22] 金环, 孙增. 管理沟通 [M]. 北京：北京理工大学出版社, 2022.

[23] 王炜. 旅游景区企业人力资源开发管理模式创新研究 [D]. 兰州：兰州大学, 2012.

[24] 尹娜. 陕西中旅人力资源质量提升对策研究 [D]. 西安：西北大学, 2012.

[25] 胡硕兵. 国内领导风格研究综述 [J]. 中国井冈山干部学院学报, 2013, 6（6）：104-112.

[26] 沈伊默, 袁登华, 张华, 等. 两种社会交换对组织公民行为的影响：组织认同和自尊需要的不同作用 [J]. 心理学报, 2009, 41（12）：1215-1227.

[27] 唐秀丽, 辜应康. 强颜欢笑还是真情实意：组织认同，基于组织的自尊对服务人员情绪劳动的影响 [J]. 旅游学刊, 2016, 31（1）：68-80.

[28] 曾楚宏, 李青, 朱仁宏. 家长式领导研究述评 [J]. 外国经济与管理, 2009, 31（5）：38-44.

[29] KIM S L, HAN S, SON S Y, et al. Exchange ideology in super visor-subordinate dyads, LMX, and knowledge sharing: A social exchange perspective[J].Asia Pacific Journal of Management.2017,34（1）：147-172.

[30] HANS H, SEO G, YOON SW, et al.Transformatioral leadership and knowledge sharing：Mediating roles of employee's empowerment, commitment, and citizenship behaviors[J].Journal of Workplace Learning, 2016,28（3）：130-149.

[31] MATIC D, CABRILO S, NESIC L, et al. Irvestigating the impact of organizational climate, motivational driversy and em-powering leadership on knowledge sharing[J]. Knowledge Management Research & Practice. 2017, 15（3）: 431-446.

[32] 魏华飞, 汪章. 精神型领导对员工知识共享行为的影响——组织认同与情感承诺的作用[J]. 山东科技大学学报（社会科学版）2020, 22（1）: 102—110.

[33] 秦伟平, 李晋, 周路路, 等. 团队真实型领导对创造力的影响: LMX 的跨层作用[J]. 管理工程学报, 2016, 30（3）: 36-43.

[34] 杜鹏程, 姚瑶, 杜雪. 包容型领导对员工工作满意度的影响——基于心理所有权的中介效应[J]. 企业经济, 2017, 36（8）: 94-101.

[35] 朱永跃, 余莉花. 数字化领导力对制造业员工敏捷性的影响: 基于认知—情感双路径视角[J]. 科技进步与对策, 2024（6）: 1-10.